World as a Perspective

世界作為一種視野

The Origins of the Modern World:

A Global and Environmental Narrative from the Fifteenth to the Twenty-First Century

現代世界六百年

15——21世紀的全球史與環境史新敘事

Robert B. Marks 馬立博

向淑容——譯

目次

導讀

從東亞環境史到全球史的捷徑

戴麗娟(中研院史語所研究員)

呈現在讀者眼前的這份中文譯本是來自英文原著的第四版，也是最新版。在短短十七年間(二〇〇二—二〇一九)，這原是為美國大學部學生寫的教材已出了四版，這現象或許說明作者馬立博(Robert B. Marks)教授確實掌握到一個需求，也成功回應了這個需求：一部不是以西方文明為主角的全球化歷史，以及一份正視當代「人類世」危機的環境史。更難得的是，面對這樣複雜的主題，作者卻能深入淺出，用明快通暢的筆調，以三百頁的英文敘述六百年的歷史。

馬立博進入威斯康辛大學就讀時，原本是機械工程學的學生，當時美國在越南已陷入激戰，美軍轟炸河內許多交通基礎建設，這讓他意識到自己不能再只是學習橋梁建設，轉而對越南和亞洲文化有興趣。後來他以中國華南農村革命為博士論文的主題，於一九七八年畢業，博論也在一九八四年改為專書出版。對長時段地方米價變化的觀察，他思索的是中國農民如何生產出足夠的糧食來支撐龐大且不斷增加的人口，而這樣做的同時，農地不斷擴展和樹木砍伐造成的生態變化，又如何改變農村生活條件和不同資源的利用。由於華南虎這種森林動物在地方志內出現的蹤跡成為他推測農民起義頻率的指標之一。由於棲息的森林和可食的動物不斷減少，造成華南虎到人類的村落覓食，但最後仍逐漸走向滅絕之路。這從社會經濟史到環境史的轉向，徹底展現在他的第二本書：《虎、米、絲、泥：帝制晚期華南的環境與經濟》（一九九八年劍橋大學出版，二〇一一年簡體中文版）。因為對嶺南環境史的深入分析，這本書成為他與世界其他地區環境史研究對話的基地。我們在其中已看到他以中國研究為踏板躍向全球史的傾向。

二〇〇二年，這本講述現代世界起源的書第一版面世。二〇〇七年，作者又出版一部從史前寫到當代的中國環境史通史。這樣的寫作和出版經歷，讓他在準備這本書的第三版（二〇一五年）和第四版（二〇一九年）時，得以添入更多環境史的關照。除了他本身對中國的一手研究外，他對世界其他地區研究的充分掌握，表現在此書處處呈現的連繫與比較中。

接觸過環境史家麥克尼爾父子（W. H. McNeill and J. R. McNeill）或加州學派彭慕然（Kenneth Pomeranz）等人作品的讀者，可能會對書中某些論點產生似曾相識之感，但此書靈活運用長時段結構、中時段局勢、短時段偶發事件的分析手法可能更是來自法國年鑑學派大家布勞岱（Fernand Braudel）的啟發。的確，馬立博曾說過，布勞岱的《地中海與菲利普二世時代的地中海世界》讓他感覺耳目一新，提供他看待歷史的全新視角。布勞岱的另一部作品：《十五至十八世紀的物質文明、經濟和資本主義》是全球經濟史家對話的對象，在此書中也多次被引用。

在布勞岱提倡的這三種時段概念中，局勢（conjuncture）大概是最不易掌握的，但馬立博在此書中的運用算是相當成功。簡單地說，局勢就是一些原本各自發展、地區性的情況在某個時間點意外地聚合在一起，進而發展出某種變化趨勢，其影響程度超過所有獨立因素可能造成的結果，而且一旦形成後，其影響範圍往往橫跨原本有獨立發展動力的各個區域。馬立博在書中第一個使用局勢概念來分析的例子就是十四世紀在歐洲造成將近兩千萬人死亡的黑死病，這可能是在蒙古的欽察汗國圍攻黑海附近城市卡法時，將這種源起於青藏高原、並在亞洲大陸已肆虐過一陣子的鼠疫桿菌傳染給要返回熱那亞的義大利貿易商。雖然傳染途徑應該不只一個，但原本富庶的南歐地區人口在短時間內銳減，鄂圖曼土耳其帝國趁勢擴張，阻絕了通往亞洲貿易的路徑，使得哥倫布之類的航海探險家必須思索開拓另一條到達亞洲的海路之可能性。一四九二年哥倫布的橫越大西洋和一四九八年達伽瑪繞過非洲好望角進入印度洋一直都被視為是促成現代世界形成的關鍵時刻，但從大局勢來看，我們就知道，這絕非以西方航海技術比較好可以解釋的。更何況作者還不忘舉出鄭和在十五世紀初就七下西洋的例子來作為比較！

書中再一次運用局勢概念來分析的例子便是一七五〇年到一八五〇年間的工業革命。其主要發生場域雖在英國，但其影響不僅造成人類掙脫了舊生態體系的束縛，也徹底鬆動原本財富集中於東方的世界體系。為了說明這個變化，作者陸續以舊生態體系中各地的成長潛力衰退、歐洲國家戰爭的擴及面、新大陸殖民地的特殊性，以及英國煤礦的絕佳位置等等因素，一一分析。這種統合的視角，與以往我們熟悉的，以西方文明為主導力量，從文藝復興、啟蒙運動，歷經科學革命，「自然而然」引向工業革命的史觀截然不同。

書中第三個有關局勢的討論，則是十九世紀貧富差距的拉大以及所謂「第三世界」的形成。促成這個局勢的原因，首先當然是工業革命的結果，造成工業化國家和尚未進入工業化國家之間財富累積的速度不同。再來也有殖民的影響，並且因為全球許多地方生產模式趨於單一化、森林砍伐到達極限，使得任何天災的發生，都可能因居民沒有任何生業替代方案而造成饑荒。偏偏十九世紀最後二十五年間，發生了五百年來強度最大的三次聖嬰現象，造成許多地方不是旱災就是水災，糧食短缺的情況下，各地饑荒頻傳。此書根據戴維斯（Mike Davis）的《維多利亞時代晚期的大浩劫》（*Late Victorian Holocausts*），估計當時亞、非、拉丁美洲在饑荒中慘死的人數總和可能有三千萬到五千萬人。氣候異常固然是禍源，但當地政府的無能與殖民政府的漠視和持續剝削，才是造成原本可以避免的浩劫變成人間煉獄的結構性因素。雖然我們所知的「第三世界」這一概念名詞是在二十世紀中葉冷戰初期出現的，但在十九世紀晚期就可看到歐洲主導的自由主義經濟和氣候因素合併造成的貧弱化現象。許多人群的革命正是這個大背景下的社會反映。二十世紀初化學肥料的發明固然突破自然界氮循環利用的瓶頸，使得農糧生產增加，可以餵養更多人口，但人口倍增形成的壓力、化學產物對環境的汙染，加上機械化生產造成的空汙和溫室效應，形成我們今日被迫面對的「人類世」危機。

除了明顯以結構和局勢概念所做的分析外，書中不少地方也提醒我們歷史中「偶然」的成分。西班牙人在殖民南美洲時發現銀礦，使得大量白銀在市場流通；英國人在發明蒸汽機後有鄰近易採的大量煤礦做後盾，因此比其他地區更快速地展開機械化生產和運輸，這些都是已知的例子。點出這些偶然因素後，馬立博在第五章結尾處呼應緒論所言：「西方崛起」其實是某些國家和民族從歷史偶發事件、地理與環境條件中受益，而有能力在某個時間點支配其他國家和民族並累積財富與權力的故事。一旦瞭解西方財富、權力及特權的偶然性後，作者認為，那些曾經從中獲利的人應該要感到謙卑，而沒有獲益的人則應該保持信心，因為未來新的偶發事件可能會對他們有利。

對於位處東亞的我們來說，馬立博此書可說是熟悉東亞史或東亞環境史的讀者通向全球史的一條捷徑。從另一個角度來看，對於已經習慣西方文明主導論的讀者而言，若要重新平衡看待東、西方發展，瞭解人類與環境互動所形成的全球史，本書無疑也是極佳入門。

在此預祝大家有個豐盛的閱讀之旅。

導讀

加州學派眼中的現代世界六百年

劉慧（國立東華大學歷史學系助理教授）

本書討論「現代世界」在六百年間的形成過程。作者多方運用不同領域學者的研究成果；以「敘事」定位本書，也表明了此書的原創性主要在於框架結構。另一方面，作者在緒論中解釋「歐洲中心主義」的「西方崛起」敘事，對照出本書採「全球史」和「環境史」的視野，以超越西方崛起之說，提供更開闊和深刻的敘事。

作者筆下的現代世界是工業化的、由民族國家組成的世界。這是相對於以煤或石油為主要能源之前的「舊生態體系」，以及相對於傳統中國、蒙兀兒等帝國政體而言。但以此二源自西方的標準來定義現代世界，為何不構成歐洲中心或西方中心？這就要回到構成本書敘事的全球史研究取徑。本書作者與《大分流》作者彭慕然同為著名漢學家，同屬加州學派。此學派主張全球史的研究方法，也就是把過去學者視為西方獨特的發展或條件，與世界其他地區對照，比較其異同，考察其連繫。除了將西方經驗放回全球脈絡的學派特點，本書進一步加入環境史的研究取向，討論人的活動與環境的關係。

與《大分流》相同，此書的核心是工業革命。在加州學派之前，對於工業革命以及其代表的效率提升、經濟成長已有許多研究。工業革命初起時的亞當・斯密和李嘉圖等古典經濟學家，已經強調自由市場、專業分工的重要性。十九世紀中到二十世紀初，馬克思批判的資本主義生產方式、韋伯提出的新教倫理都試圖解釋工業化的出現和歷程。二十世紀史學界往前探索歐洲近代、中世紀甚至更早時代的歷史，尋找工業革命的文化、技術或制度基礎。世界體系理論的學者則重視歐洲核心區如何利用邊陲區的資源或市場。工業革命的發生和發展，是突來的斷裂性改變或是長期持續累積的結果？是由物質基礎還是文化習俗所造就？是由政治財經制度還是科學技術條件來決定？歐洲內部因素和亞非美洲外部因素哪個更關鍵？學者各有看法，眾說紛紜。《大分流》一書的創見是：在英國工業革命之前，英國或歐洲先進地區與中國、印度的先進地區在生活水準和生產效率上「驚人地相似」，直到工業革命才造成了東西方的「大分流」；而英國能成功工業化，是因為美洲殖民地和煤礦（以下有簡短說明）。本書重點與此相若，但本書作者年紀較長，其研究成果亦為《大分流》一書所引用；且本書更多了環境議題、二十世紀以降的世界，及經濟史以外的發展，為讀者提供更廣泛、更易讀、也更有勸誡意味的世界工業化史。

本書除前言、緒論之外共有六章。第一、二章解釋工業化之前的「舊生態體系」和處理十五世紀末葡萄牙人到達印度之前的舊大陸貿易體系。在舊生態體系中，生產得靠人力和獸力，二者都依賴食物提供的蛋白質和能量，也就是來自太陽能和地上植物行光合作用。舊大陸的貿易以印度洋為中心，最高明的製成品來自中國和印度，最專精的商人和船員則來自伊斯蘭世界。作者強調此時的印度洋沒有指揮中心，沒有船隻需要武裝或港口需要防禦。十五世紀初鄭和下西洋，船隊中包括水師，但從不以武力排擠他國商人、干預貿易。相較之下，幾十年後葡萄牙人進入印度洋，劃時代的意義在於開啟了「武裝貿易」。

舊大陸貿易體系已經有「廣泛且具有系統的互動與連結」，十六世紀則開始涵蓋新舊大陸的全球「規律而持續的接觸」。第三章介紹十六世紀到十八世紀中晚期（一五〇〇至一七七五年）亞洲、美洲帝國以及歐洲的多國體系。帝國方面，作者從中國、鄂圖曼帝國等，介紹到美洲的阿茲特克以及印加帝國，帶出了西班牙在十六世紀初期征服後二者，占領墨西哥與祕魯，於此後百餘年間從美洲礦場挖掘出巨量白銀。

從全球史的角度，這些白銀最後大多流入中國。一方面固然是因為中國的絲織品等製成品物美價廉，吸引歐洲人消費，但也是因為明代迫切需要白銀以作為國內貨幣。作者引用弗蘭克（Andre Gunder Frank）、弗林（Dennis Flynn）、吉拉爾德斯（Arturo Giraldez）等學者的研究，讓讀者看到當時「中國是世界上最大且最多產的經濟體」，以及中國對白銀的需求可能才是「真正推動現代世界形成」的力量，因為這讓歐洲有持續的動機經營美洲，以取得白銀和中國交易。

從環境史的角度，作者細數舊大陸的天花、瘧疾、黃熱病等疾病傳入新大陸的過程，以及新大陸原住民人數大減，森林恢復，大氣中二氧化碳濃度降低，可能因此造成十七世紀全球氣溫下降，進入小冰期。

本章另一重點是多國體系。雖然筆者認為查理五世或腓力二世應該沒有將全歐洲建立成西班牙帝國的企圖，但無論如何，本章交代歐洲各國的長期軍事衝突，以及十七世紀中期西班牙、葡萄牙、荷蘭接連落敗，英國、法國脫穎而出，於是其中型規模成為歐洲其他政治體的範本。而英法兩國之間的競爭，促使它們各自採行重商主義的保護政策以增強國力，例如英國的《航海法案》就管制了美洲殖民地的航運與貿易，務以母國利益為先。

歐洲在十六世紀開始經營美洲，採礦、開闢使用非洲奴隸人工的種植園，造就蓬勃的大西洋貿易，歐洲因此有機會加強經濟實力，拉近與中、印的距離。第三章中「中國是世界上最大且最多產的經濟體」；到了第四章，主客易位，「十八世紀中國的『先進』程度不輸世上任何其他先進國家，甚至更高」，中國的先進成了驚奇之事。這句引文的立場，表現了加州學派的重點。之前學者探討工業革命成因時，著重在最早工業化的英國（或歐洲）的優勢來源，例如人口少（晚婚使然，於是各家庭有餘裕購買非必需品或用於提高生產力）或是市場發達（各地因此專業化分工，發揮比較優勢）。而加州學派研究亞洲史，指出這些種種在十八世紀的中、印也有，故不足以解釋英國工業革命的發生。本章集合作者身為加州學派一員的發現、彭慕然《大分流》中已整理的論點，加上帕塔薩拉提（Prasannan Parthasarathi）對印度的研究，融會寫成。

具體來說，在中國雖然流行早婚，但各家庭行婚內節育，人口方面，歐洲不具優勢。市場方面，中國早已興築運河，商品往來便利，期貨交易更充分證明市場的發達。然而，中國亦有其問題，使得工業革命無由發生。最根本的是舊生態體系既有的限制：一國土地面積固定，而一片地上若種穀物，就不能種棉花或保留林地（衣物或燃料的來源）。十八世紀全國人數的增加，讓土地漸漸不支。另一方面，作者指出中國有些產棉區依循男耕女織傳統，自行紡紗織布，造成城市的棉花供應不足，無從發展紡織業。筆者對於男耕女織傳統概念的影響力有些懷疑，也不禁猜想作者是否對交通便利性與市場成熟度過於樂觀，忽略了明清海禁、稅制等對市場的影響。

相較之下，英國一來有美洲殖民地而能發展棉織業，二來有煤礦的需求與開採，工業革命才得以發生。英國棉織業初發展時，產品品質遠不及印度，也尚未機械化，業者卻能透過政府立法限制印度棉布進口，確保英國國內市場，又藉著獨占與美洲的貿易，提供棉織品給種植園黑奴。美洲棉花種植園又是源源不絕的原料來源。另一方面，工業革命的新動力來源：燃煤蒸汽機也是因為幾個因素正好配合而出現。英國倫敦和周圍地區人口密集，早已沒有足夠林地供應人們木柴取暖烹煮，而需改燒煤炭。煤礦與地下水層交錯，需要不斷抽走積水才能繼續挖礦，以燃煤產生的蒸汽來推動幫浦抽水的裝置因此而生。此裝置的基本原理和設計並不難，為產生蒸汽而需消耗的大量燃料才是障礙；此時既然用於煤礦坑，煤的來源無虞也無需成本。有了初步的機型後，各個礦坑近一步改善蒸汽機，很快地提高了蒸汽機的效率。有效率的蒸汽機能讓其他產業採用，加速了棉紡織業的生產，也造就了鐵路、蒸汽船等新運輸工具。

繼英國之後，其他歐洲民族國家在十九世紀的工業化過程及其結果，是第五章的內容。歐洲各國競相發展工業，政府紛紛在一八七〇年代開始抬高關稅以保護新工業。各國競爭之下，搶奪非洲殖民地、搶奪中國租界、各自生起「我的族人最優秀」之心。此時的關稅壁壘雖嚴重，但不到之後一九三〇年代大蕭條、全球貿易瓦解時的嚴峻，主因是英國還能堅持十九世紀中開始的自由貿易原則，不跟著提高關稅。而英國此舉背後原因，作者根據一篇早期的研究，認為是英國販賣鴉片到中國的巨額收入，讓他們能負擔與美、德等國繼續進行貿易，而不需提高本國關稅。這一點固然呼應了前述十六世紀時中國的白銀需求對歐洲經貿的貢獻，但此處作者似乎對於政府在經濟發展的角色，尤其是高關稅的利與弊，可以有更深入的討論。

歐洲工業化的同時，世界其他地區成為歐洲的原料供應地與製成品市場。發展不了工業的地區，除了殖民母國的限制，同時又有偶發的聖嬰氣候現象雪上加霜。聖嬰引起乾旱，帶來饑荒，而殖民統治者忽略救災，讓現在稱為全球南方的許多地區受到不小打擊。

最後的第六章處理二十世紀以來的世界，從世紀初人造肥料發明，到兩次大戰與冷戰，到二〇一八年的COP24聯合國氣候變遷大會。本章重點實如作者於前言部分所說，是為了提供二〇一六年左右美國、巴西、匈牙利、波蘭等國選出了民族主義色彩濃厚的領導人之事一條歷史脈絡。此外，本章提及兩次大戰和戰間的經濟蕭條讓最先工業化的歐洲地位下降，美國取而代之；先是冷戰時一方領袖，在冷戰結束之後，美國更成為世界領袖，帶頭維護世界和平、促進政治民主和經濟繁榮。美國固然功不可沒，但作者暗示放眼未來，重點應是維護持續的和平民主繁榮，而非維護美國的領袖地位。

本書可以說是大眾版、更具社會關懷的《大分流》。少了許多經濟史細節，卻多了全球環境一體，息息相關的提醒。對於想以不長的篇幅讀到現代世界起源與形成全面性介紹的讀者，本書相當適合。

前言與謝誌

為何推出第四版？

過去或許不會改變，但我們寫出的歷史會變。歷史——亦即史家寫下的記述——對我們意義重大，是因為史家在選擇要撰寫過去的哪些事物和決定撰寫方式時，會受到他們自己對當今世上各種爭議與問題的關注程度所影響。

二〇〇〇年我正在撰寫本書的初版時，環境歷史學家約翰．麥克尼爾（John R. McNeill）出版了《太陽底下的新鮮事——二十世紀的世界環境史》（*Something New Under the Sun: An Environmental History of the Twentieth-Century World*）。在那本書裡，麥克尼爾說他認為到了一百年後，也就是二十一世紀末，史家與世人在回顧二十世紀時，印象最深刻的不會是兩場世界大戰、法西斯主義與共產主義的興衰、人口的爆炸性增加或女權運動，而是人類與地球自然環境之間的關係變化。同樣身為環境歷史學家，我認為他的說法令人信服，也在我的書中納入環境主題。世上出乎意料的事情很多，但有一件不得不提，那就是麥克尼爾的預言遠比料想中更快成真。不用一個世紀，而是只消短短數年，人類與自然環境關係變化的重要性就顯現出來，成為我們理解晚近歷史的關鍵，也為我們在地球歷史上所處的紀元賦予了一個新名字——人類世。

我之所以能夠開始撰寫這本書，是因為有一個新的亞洲研究學派興起，讓我們得以重新思考「現代世界的起源」這個問題向來的標準答案：「西方世界崛起」。這個新的亞洲研究學派——葛斯通（Jack Goldstone）稱之為「加州學派」（California School），因為我們之中有很多人在加州生活、工作，或是出版著作——提出了一些問題，內容是關於現代世界如何、以及為何發展出它現在的基本特徵，也就是在政治方面形成民族國家，在經濟方面則以工業資本主義為核心。我們發現亞洲社會具備的許多特徵，本來是其他人認為只有歐洲才具備並藉此「促成」「歐洲奇蹟」的特徵；這個發現讓我們認為同樣的特徵不可能造成差異，也使我們開始尋找其他的答案來解釋世界是如何、以及為何發展成現在的模樣。弗蘭克（Andre Gunder Frank）和彭慕然（Kenneth Pomeranz）以這個學派的觀點寫出兩部重要著作，改變了我們今天對世界運作方式的認知，破除了歷史的歐洲中心主義論述。本書第一版與第二版（二〇〇二及二〇〇七年）的貢獻中，有一個就是用一種全新的眼光為教師與學生敘述現代世界的起源，而這種眼光具體呈現了加州學派的主張。

第三版（二〇一五年）繼續維持這種敘述方式，此外也更加著重描述環境的部分。氣候學家到了一九八〇年代才開始認識聖嬰現象；到了一九九〇年代才知道工業與車輛排氣管排出的二氧化碳增加，可能導致全球氣候暖化。自最初意識到人類正在加速全球氣候變遷至今，我們逐漸發現人類也在改變、摧毀、置換地球上的其他自然進程，其規模在人類史上前所未見。熟悉本書頭兩版的讀者或教師會注意到，第三版從頭到尾都可看到探討環境議題的單元，以及強調非洲與所得不均現象的章節。由於增補了內容，書末也列出完整注釋，所以第三版必須重新編排頁碼和目錄。

同樣的，近期的事態發展讓我提出了為本書修訂第四版的想法。二〇〇八年的金融危機引發稱為「經濟大衰退」（The Great Recession）的長期影響，動搖了全世界許多人對二戰後全球經濟運作的信心。受創最嚴重的是因工廠倒閉或遷移到薪資及環境保護標準較低的國家而失業的人，或者鄉下居民。鄉下的農場收入大減，年輕人缺少就業機會，許多人搬到市區；這種現象讓民眾倍感不公，對那些放任下行壓力不斷累積的人相當憤怒。

在世界上許多地方，全球化經濟和資本、人力的大量流動顛覆了人民的生活，令他們對全球化世界和被認定操作全球化世界的菁英分子產生了抵制心態。這些怨恨往往透過因強烈民族主義色彩而上臺掌權的特定人士（例如美國的川普和巴西、匈牙利、波蘭的領導人）和英國脫歐這樣的運動，發洩出來。英國公民在投票中以些微差距通過退出歐盟。

我嘗試在第四版中，以本書所採用的長時段觀點來記述這些挑戰。如此我們便能看出，最能深入瞭解川普先生和其他民族主義領導人的方法，就是從全球化的歷史和民族主義勢力在國內與國際上造成的差別效應去分析。我還增加了三個談過去移民模式的段落（分別在第三、五、六章），把當前的移民政治化現象放進一個較寬廣的歷史脈絡。此外我也重新審視了民族主義，還有一九三〇年代經濟大蕭條及其前後兩次世界大戰的重要性；這樣做有助於我把目前民族主義在全世界抬頭所帶來的潛在危機脈絡化。這些修訂內容為第六章增加了一些頁數與段落。我選擇不要把第六章拆成兩到三個小章節，而是維持不變，但是把內容重新安排成四個主要部分，並且為讀者提供詳細的目錄，逐一列出每一章的標題。這樣應可幫助讀者與教師規劃最適合每一章的閱讀方式。

我描述本書的各種修訂經過，並不是為了幫出新版找理由，而是為了指明歷史是活的，而且對當下的各種事務意義重大，不是某些人所謂的「陰魂不散的往事」。新學派和新議題都會促使我們重新檢視過往，並且因應這兩者的變化，重寫歷史。如此一來，我們敘述的過去才會一直對當下的我們有意義，也有助益。如果不是這樣，那又何必寫歷史？我們需要的幫助不嫌多；若要活出當下、創造更好的未來，歷史觀點便是必要的幫助。

除了感謝弗蘭克、彭慕然和約翰．麥克尼爾給我思想上啟發，我還要感謝他們親自參與本書的第一版。幫忙構思本書的人還包括Dennis O. Flynn與Arturo Giraldez，他們探討白銀在全世界流通情形的著作為我和其他學者打開了新眼界；他們策劃的一九九八年太平洋世紀研討會在加州史塔克頓的太平洋大學舉行，會議期間我們在用餐時反覆研究許多想法，本書的構想也源自當時。其他閱讀過第一版並提出看法的人包含我在惠提爾學院的同事José Orozco和Dick Archer；西南大學歷史教授Steve Davidson；以及Rowman & Littlefield出版公司「世界社會變遷」書系主編Mark Selden。Erik Ching、Bradley Davis、Kathryn Davis、Peter Lavelle、Ray Patton和David Pizzo提供了很有用的意見，也建議我在第四版中表達得更明確清晰，引導學生理解我的論述。

感謝選修「歷史一〇一：世界史導論」且閱讀過本書第一、二、三版並提出看法的大一及大二同學；也謝謝我的同事Elizabeth Sage教授和José Ortega教授，他們與我合作授課，我向他們學到許多拉丁美洲、歐洲及大西洋世界的歷史。「歷史四八〇：高級研討班」的歷史主修學生和先前的學員一樣，廣泛且深入地閱讀本書主題的相關內容，探討環境史（二〇一〇年春季班）；早期現代世界（二〇一二年春季班）；艾瑞克 霍布斯邦（二〇一三年春季班）；「十七世紀全球危機」（二〇一四年春季班）、哥倫比亞匯率（二〇一五年春季班）；二十世紀在全球、經濟與歷史上的展望（二〇一六年春季班）、早期現代世界的環境史（二〇一七年春季班），以及現代世界的帝制與環境（二〇一八年春季班）。我要特別感謝這一期高級研討班的同學（二〇一九年春季班）。他們讀了第三版和許多第四版的修訂稿，並且提出評論。我認為他們的意見與評論非常寶貴。我要對這些學生說「謝謝」：Michael Atwood、Trent Beauchamp-Sanchez、Koren Dalipe、Brianna Drakopulos、Carlos Gonzalez、Madeline Kirkwood、Mikaela Malsy、Alicia Pennypacker、Jonathan Ramirez、Kelsey Sherman、Carly Stevens、Daniela Vega、Astra Yatroussis，以及Jourdan Zelaya。我也要特別謝謝Kenneth Curtis教授，他邀請我和他在加州州立大學長堤分校指導的研究生會面。他們針對本書修訂草稿所激發的構想，和我做了很精采的討論。

我撰寫第一版時，得到國家人文學術基金會的補助。Philippe Beaujard好心（而且神速）地准許我使用一幅他製作的地圖（見地圖2.2）。Rowman & Littlefield出版公司的Susan McEachern竭力協助前三版付印，時常告訴我學生與教師閱讀和採用本書後的心得感想，並且鼓勵我動筆修訂第四版。我要感謝Robert Entenman教授和Yuhin Ng教授，他們專注細節，指出了第三版中需要訂正的錯誤。第四版中若還有任何缺失，都是我的責任。Joyce Kaufmann不斷給我陪伴、愛與支持，她深知在首重教學成效的大學院校教學同時寫書是什麼情況。同樣陪我、愛我、支持我的還有我們心愛的忠實狗夥伴Budd、Rembrandt與Stanton，Seger現在則提醒我要期待每個新日子。

緒論

西方崛起？

比工業化之前升高攝氏一．五度，亦即升高將近華氏三度，全球暖化科學家告訴我們，那是世界可以容許的範圍；一旦超過，人類社會的穩定就會陷入未知且極度危險的境地。[1]過去十年來，全球氣溫不斷上升（紀錄上有二十個最熱的年分出現在過去二十二年當中），[2]對天氣模式造成了可見的效應——有些地方的夏天變得乾熱，有些地方則潮溼且多暴雨。海平面上升也已令海洋國家的領袖及國民感到憂心。強烈颶風、颱風和長期大旱出現的頻率愈來愈高，導致災民失去糧食保障，還衍生出後續的社會與政治分裂。我們知道全球暖化由人類活動引發，主要是燃燒化石燃料，還有將二氧化碳排放到大氣中，然而稻田釋出和從乳牛及肉牛腸道排出的甲烷也是成因。大氣中的二氧化碳濃度早已超過百萬分之三五〇（350 ppm）的安全標準，現在更是高於百萬分之四〇〇（400 ppm）。由於二氧化碳是一種溫室氣體，所以專家推測地球會比原先預料的還要早面臨全球暖化及嚴峻挑戰。在擔任美國太空總署戈達德太空研究所（NASA Goddard Institute for Space Studies）所長至二〇一三年的漢森（James Hansen）看來，這個問題亟需關注，因為我們所謂的人類文明，大部分是在大氣二氧化碳濃度為百萬分之二八〇（280 ppm）左右的溫和全球氣候中發展出來的。不僅如此，漢森與其他氣候學家還斷定大氣二氧化碳濃度升高的原因，是過去兩個世紀以來因為工業化而出現的人類活動，特別是二十世紀中期至今的這六十年。[3]美國全球變遷研究計畫（U.S. Global Change Research Program）於二〇一八年發表的氣候報告便提出急切警告，表示全球暖化的衝擊會來得比先前預估的更早，也更嚴重。[4]有一個強大的手段能抑制和減少二氧化碳排放，那就是課徵碳稅。這個新制度在好幾個歐洲國家和加拿大部分地區實施，中國很快就會跟進。美國也有幾個州課徵這種稅，但是不久前才因為碳稅相關研究而獲頒二〇一八年諾貝爾經濟學獎的經濟學家諾德豪斯（William D. Nordhaus）認為，[5]包括美國在內的所有國家都需要盡快開徵碳稅，然而這個做法在美國面臨巨大的政治障礙。[6]全世界的年輕人無疑都很清楚全球暖化帶來了難題，也導致他們自身和孩子未來生活的世界變得不安全、沒有保障，所以他們不斷示威，催促長輩「現在就行動！」[7]

世界是如何走到人類活動竟能影響全球環境發展這步田地，其中的原委很複雜，但並不難懂。歷史可以幫助我們理解我們所生活的世界——現代世界——是如何及為何演變成現在的模樣。這份理解有助於我們尋找方法，創造一個對所有人來說都更美好、更安全、更永續、更公平的世界。但是我們需要從長時段的角度審視，才能完全瞭解過去，還有過去與現在的關聯，也才能為未來設想其他的可能性。[8]

現代世界的故事主要圍繞在四個主題相互關聯的歷史發展。第一個主題牽涉到世界上某些地方率先工業化的時間、經過和原因，以及上述步驟後來如何被其他地方的人學走與運用。這條故事線還在發展中，並且與另一條故事線息息相關。另一條故事線是關於民族國家的出現；過去兩世紀，人們在政治上自我組織的方式中，最重要的就是創立民族國家。工業起初讓一些西歐與北美國家的財富、勢力與日俱增，以致在世界上最富裕和最貧窮的國家之間出現一道極大的差距，並且還持續在擴大。這道「差距」的故事與差距造成的後果是本書要討論的第三個主題。

第四個主題探討以下兩者之間的相互關係，一是現代世界組成要素得以產生的環境條件，二是人類及人類活動反過來改變環境、並且持續改變環境的方式。人類在地球各個生態系留下的印記如此之深，以致一些學者認為我們正進入一個新的地質年代——人類世。在這個紀元，「人類……變得數量龐大、極度活躍，對地球系統運作造成的衝擊現已不遜於一些強大的自然力量。」[9]

僅僅兩百五十年前，全世界的人口還不到十億，兩個亞洲國家——印度與中國——包辦了世界經濟產出的三分之二。從當時到今日，僅是一段短暫的歷史時間跨度，全球人口卻已增加到七十幾億（到了二〇五〇年會突破九十億），世界上也出現了一場運勢大逆轉：以往掌握最多經濟優勢的是亞洲國家，今日卻是西方國家和日本，儘管中國和印度正在迅速重新崛起。問題的關鍵在於這種情況是怎麼發生的。工業與被稱為民族國家的歐洲國家模式——而不是像中國和印度這種高度發展的農業帝國——如何成為定義我們世界的力量？過去兩個世紀，歐洲與美國在經濟、政治上占盡優勢，這是相對短暫的異常現象嗎？而中國（或者說整個亞洲）近來的崛起，是否意味著將回歸到先前的世界秩序？

由此看來，要瞭解我們的世界，除了必須認識民族國家與工業如何塑造出現代世界，還需弄明白歐洲那些組織世界的方式如何及為何能夠取得主宰地位。說法有很多，但是在過去兩個世紀的大半時間裡，「西方崛起」一直是西方最主流的答案，包括美國在內。我們將會看到，新近的研究已證實這個答案不再令人信服，卻大概是多數讀者最熟悉的說法，所以我會花些時間加以探討，並且提出建構另一套說法的根據。

西方崛起

西方崛起這一概念所具備的基本理由和故事情節，旨在用來解釋現代世界的形成，以及現代世界為何主要是以歐洲的特徵來定義。此一概念背後的想法很簡單，而且在西班牙人征服美洲後不久就出現了，那時正值十六世紀義大利文藝復興時期。歐洲人眼見幾百個西班牙征服者就摧毀了強大且十分富裕的美洲文明，尤其是阿茲特克與印加文明，甚為驚訝。墨西哥中部的兩千五百萬人口，有將近九成死於天花和流感等歐洲疾病，但由於當時歐洲人對疾病的細菌理論和墨西哥「大滅絕」現象的原因茫然不知，所以先是將自己的優勢歸功於基督教信仰。後來在十七、十八世紀的啟蒙運動期間，他們又把優勢歸功於承襲了世俗、理性、科學思想等希臘遺產。

十八世紀晚期，這一故事情節繼續發展。一七八九年的法國大革命強化了歐洲人的自覺意識，不僅認為歐洲人與其他地方的人不同，更認為歐洲人在迅速「進步」，而其他地方的人似乎停滯不前；歐洲人就是比其他人特殊——甚至更優秀。自由、平等、博愛被許多人視為法國大革命理想的普世訴求，十九世紀的歷史學家受到這些訴求感召，回頭研究希臘人、他們的民主共和制度，以及他們偏好從科學而非宗教角度來理解自然界的理性主義傾向。在「西方崛起」故事的開頭部分，情節走向彷彿是一場接力賽：源自希臘的民主觀念傳給羅馬人，羅馬人掉了接力棒（羅馬帝國滅亡，隨後是所謂的黑暗時代），但基督教信仰上場撿起接力棒繼續跑，在封建時期創造出一種獨特的歐洲文化。希臘遺產在文藝復興時期重獲重視，在啟蒙時期發揚光大，最終在法國、美國的革命及「西方崛起」後功成圓滿。

若說西方是在十八世紀「崛起」，那麼這個上升過程可說是在十九世紀完成攀頂。十八世紀後期與十九世紀初期，工業革命剛起步的時候，英國古典政治經濟學家——亞當・斯密（Adam Smith）、馬爾薩斯（Thomas Malthus）、李嘉圖（David Ricardo）和他們的追隨者——發展出另一條後來被織入西方崛起情節的故事線：他們主張資本主義的工業發展就是「進步」，西方是「進步的」，而亞洲（沒有明說，但應該也包括非洲和拉丁美洲）則是「落後」、「專制」。的確，以西方之優越對比數落東方之缺陷可能早從古希臘時期開始就存在，但十八世紀歐洲人對亞洲國家的財富和統治方式曾是欽羨不已的，尤其對中國。隨著十九世紀歐洲經濟加速變革，而亞洲許多地區卻陷入內部衰弱，於是歐洲社會理論家逐漸視西方為充滿活力、有前瞻性、進步、自由，亞洲則是停滯不前、落後、專制。

就連批判新興資本主義世界秩序的兩大權威馬克思與恩格斯也認為，十九世紀歐洲的擴張主義是在為全世界帶來「進步」。他們在一八四八年出版的《共產主義宣言》中寫道：

> 憑著所有生產工具的一日千里，藉著交通運輸工具的驚人進步，〔歐洲的〕資產階級把所有的民族，包括其中最野蠻未開化的，一併席捲入文明之中。廉價商品是它的

重炮，轟垮了中國人的萬里長城，逼使有著最激烈、最頑固仇外心理的野蠻人乖乖投降。它迫使所有設法救亡圖存的國家採取資產階級的生產方式；迫使它們在自己的土地上推行所謂的文明，亦即，讓自己也變成資產階級。一言以蔽之，資產階級根據自己的面貌創造出一個世界。[10]

不過，在西方人將自身歷史概念化的過程中，更重要的人物是韋伯（Max Weber），他是一位德國社會學家，於十九、二十世紀之交奮筆著書立說。韋伯雖然和馬克思同樣熱中於闡述資本主義在歐洲——而且只有歐洲——發展出來的經過和原因，但他的看法與馬克思不同。他的解釋不像馬克思那樣著重於「唯物主義」，而是將西方的價值與文化視為資本主義興起的關鍵，尤其是理性主義與工作倫理，而他認為二者與新教有關。然而韋伯對西方崛起的看法，並不僅僅以對西方的研究為基礎，他實際上還考察了中國與印度的社會，然後與歐洲比較，最後斷定至少上述兩個社會缺少了資本主義所必需的文化價值，同時暗指所有的非歐洲社會都是這樣。韋伯認為儘管如此，這些社會依然可以「現代化」，但是必須經歷一場痛苦的文化轉變歷程，擺脫那些阻擋資本主義發展的文化「障礙」。

「差距」及其成因

歐洲的社會理論家後來注意到，自十九世紀中期以後，工業化國家與其他國家之間有一道逐漸擴大的差距。亞當・斯密、馬克思和韋伯在二十世紀的追隨者認為西歐人——而且只有西歐人——找到了現代化的祕訣，[11]而其他地方的人也可以學習這個祕訣。他們進而提出「傳播」理論來解釋世界歷史是如何發展的：歐洲人透過工業化，率先找出致富之道。日本和其他一些地方向歐洲人學習並趕上了他們，而世上每一個地方最終也都會趕上（近三十年來「中國崛起」的故事似乎證明了這一點），只要它們能找出妨礙其邁向現代化的本土制度和文化特徵，並加以消滅。

對生活在二十一世紀初的我們來說，這些想法顯得很沒有說服力，首先世界上最富裕地區和最貧窮地區的差距仍持續擴大，再者工業化對環境的傷害也正在報應到人類身上。然而，下面這個事實很重要：這些十八、十九世紀的歐洲理論家——亞當・斯密、馬爾薩斯、李嘉圖、馬克思及韋伯——全都接受了歐洲例外論，並且把闡釋這個理論作為他們首要的學術研究目標之一。這些人是現代社會科學理論的奠基者，而二十世紀，幾乎所有的社會科學，特別是社會學和經濟學，其基本假設都包含了歐洲例外論思想。

二十世紀的歷史學家試圖往「科學」靠攏，於是在歷史研究中採納、應用了這種社會科學見解，因此也迷上尋找歐洲例外論的起源和成因。不過我們將會發現，歐洲人並沒有特別優秀，關於一八〇〇年之前的世界史，其中一個最重要的事實是亞洲與歐洲可以相提並論的地方隨處可見，兩者之間更多的是驚人的相似性，而非富有意義的差異性。但是今日仍有一些歷史學家在努力探究為什麼歐洲人當初被視為例外並最終勝出的答案，儘管現在已有許多人認為這是問錯問題。

在二戰戰後時期，這類歷史研究造就了一大批學者，他們都在尋找某位經濟史學家所謂的「歐洲奇蹟」之所以發生的關鍵。[12]這些學者的研究都是從西方崛起這一他們眼中的客觀事實出發，但是對「崛起」或「奇蹟」開始的時間和原因提出了不同的回答。我們會先討論時間的問題，因為時間在許多方面對推敲原因有重大影響。

亞當．斯密認為一四九二年和一四九八年（分別為哥倫布航行到美洲與達伽馬繞過非洲航行至印度的年分）是歷史上最重要的兩年。他在《國富論》（一七七六）中寫道：「發現美洲，以及通過好望角航行至東印度群島，是人類史上最重大的兩個事件。」馬克思也認為這兩年至關重要，而幾位研究上遵循馬克思主義傳統的二十世紀學者則指出，隨後在美洲和亞洲出現的歐洲殖民主義、奴役、殖民地剝削，就是西方崛起的主要原因。

許多非馬克思派學者質疑「歐洲崛起是剝削其他地區得來的結果」這一觀點，[13]試想倘若屬實，情況會有多麼棘手尷尬。所以，他們把注意力從以西班牙征服新大陸為開端的歐洲殖民主義，轉向更早的歐洲文化層面。

為了避免將西方崛起歸功於殖民探險——亦即與固有優勢無關——可能帶來的難堪場面，二戰後許多探討西方崛起原因的學術研究在回顧歐洲歷史時，會追溯到更遙遠的時期；有些人研究十一、十二世紀的中世紀時期，甚或更早的希臘時期，尋找只能歸諸於歐洲自身優越發展的因素。由此找出來的因素，除了韋伯討論過的文化價值外，還有環境因素（氣候溫和促進人努力工作，或者土質不佳刺激出農業革新）、科技因素（犁、馬鐙、放大鏡）、政治軍事因素（封建主義導致君主專制，以及後來的民族國家與戰爭科技的演進）、人口因素（小家庭促進資本累積）。有些歷史學家認為，是所有這些因素或其中某些因素在綜合起作用。[14]

這一大堆研究成果似乎在說，歐洲具有一些其他地區沒有的特徵，使它且只有它得以率先現代化，它也因此有道義與權力將「現代性」傳播到世界上因為文化、政治或經濟「障礙」而無法自主發展出現代性的地方。所以，這一故事情節旨在為西方崛起而後稱霸全球做出解釋、論證和辯護。上述理論是錯誤的，本書將揭示至少在一七五〇年之前，亞洲大部分地區在工業方面占有的優勢勝過歐洲，這個理論錯得有多離譜就更清楚了。

除了近來關於亞洲的學術研究在改變我們對現代世界發展過程及原因的理解之外，還有另一個觀點在改變我們對發展結果的看法，即環境史。廣義來說，環境史著眼於人類與周遭環境的相互作用，包括環境如何影響人類社會、人類如何反過來改變環境以滿足自身需求，以及那些環境衝擊如何造成新的難題迫使人類面對。環境史這一新的研究領域出現於一九七〇年前後，當時工業帶來的空氣汙染、水汙染、土壤汙染等環境問題在美國與歐洲日漸嚴重，促使歷史學家質問這種情形如何、又為何會發生。而近來，由於人類對全球生態過程造成的衝擊日趨明顯，諸如碳循環和氮循環，也使環境史學家愈來愈常從全球視角展開研究。[15]

在開始談這一切為什麼重要之前，讓我先談一下本書所使用的地理單位。先前我提到「亞洲」與「歐洲」之間的比較，言下之意即這兩個單位是可以比較的，而且雙方各自具有某種單一本質，在兩者間造成明顯的區別。這個假設是有問題的，對亞洲來說尤其如此，因為亞洲包含大量各式各樣的社會，從東亞的中國、日本到中亞的游牧民族，再到南亞的印度和以穆斯林為主的西亞（中東）。就算是歐洲，如果把從葡萄牙到俄羅斯的所有國家涵蓋在內，也不會有什麼單一性。此外，一直到我們故事的很後面（至少到一八五〇年左右），亞洲都涵蓋了全世界三分之二的人口，幾乎在每個方面都比歐洲還大。在這個意義上，歐洲和亞洲是無法比較的。再者，我在本書提出的一個最重要論點是，要瞭解現代世界的起源，需要以全球視野審視以下問題：首先廣大的歐亞大陸與非洲是如何相互連繫的，其次在一五〇〇年之後，新大陸是如何融入這個故事中。最後，就連「中國」、「印度」和「英國」或「法國」這些地理名詞，也掩蓋了許多存在於它們各自內部的差異，包括不同的民族、多種語言或方言，以及懸殊的財富與權勢落差。儘管如此，我還是會使用這些地理名詞來指出故事發生的地方，但是讀者需要知道，建立在大範圍地理單位上的概括性描述，並不一定任何時候都適用於該區域，也不一定適用於該區域涵蓋的所有地方，實際上我們真正拿來相互比較的事情是發生在中國的某些地方、英國或荷蘭的某些地方，以及印度的某些地方。

讀者也許想知道西方崛起這個問題為什麼重要。的確，為什麼還要研究歷史？簡言之是因為我們對過去的認知——我們是誰、來自哪裡、為什麼在這裡——決定了我們對自己當下身分的定義，而且對我們為了塑造未來而採取的行動或者以我們名義採取的行動具有實際的影響和用處。因此，以長遠的眼光檢視過往——已故法國歷史學家布勞岱（Fernand Braudel）稱之為「長時段」（longue-durée）——相當有助於脈絡化世界是如何變成今日的模樣，以及檢討那些與之相關的解釋。[16]「西方崛起」的故事孕育出一些觀念，被用來解釋我們所處世界的本質，特別是市場資本主義和民主制度的價值；這些觀念被認為單獨源自西方文明，卻適用於全世界——不僅對西方「好」，而且對人人都好。按照這個假設，現在世界上幾乎所有問題的解決方案就是採行私有財產制和自由市場，至少有些美國及歐洲政治領導人是這樣說的。[17]所以，西方領導人對蘇聯解體後的俄羅斯，對中國的共產黨領導人，對墨西哥、奈及利亞和印尼的領袖都說過，他們面臨的所有問題都要靠「更多的民主和自由市場」來解決。這背後的想法是，他們以為推動了西方崛起的那些制度與價值是普世皆準的，所以能夠——實際上是必須——為全世界所採納。那是一種政治意圖。

但是，如果這種對現代世界形成過程的認識——西方崛起，然後將西方制度（建立在西方自認具有的文化優勢上）向世界其他地方傳播出去——是錯誤的呢？一批新研究成果表明，尤其是過去四十年的新研究成果，錯誤的可能性是存在的。

如今，已不是所有歷史學家都將世界描述成僅僅是在延續幾個世紀前始於歐洲的一股普遍、必然的趨勢。許多人現在看到的反而是一個直到一七五〇或一八〇〇年為止，人口、工業及農業生產都集中在亞洲的世界。因此，工業資本主義與由民族國家構成的歐洲世界都是近期的事，而且逆轉了先前長期對亞洲有利的歷史趨勢——不過能逆轉多久，仍是個大問題。[18]歐洲人所描繪的西方崛起圖像，或許掩蓋了歷史原作，但是亞洲實力與經濟活力的圖樣將再一次顯現出來。藝術家把一幅原畫或它的局部從覆蓋其上的畫作顯現出來這一現象稱為「原畫再現」(pentimento)。本書企圖傳達，隨著我們多用新的觀點檢視世界及其過往，西方崛起在我們腦中所描繪出來的畫面，將愈來愈遮不住被它掩蓋的另一幅風格迥異的畫作。也就是說，想要看到那幅畫作，我們必須著手破除歐洲中心論的觀點。[19]

歐洲中心主義

「西方有某種獨特的歷史優勢，某種種族、文化、環境、心智或精神上的特質，讓這個人類社會永久優於其他所有社會。」一位評論家曾說上述想法是個迷思——歐洲中心主義的迷思。[20]另一位評論家則把歐洲中心主義視為一種意識形態，或者是一種對真相的扭曲，被西方用來掩飾其全球霸權；[21]還有一位評論家認為歐洲中心主義是一種「理論模型」，是解釋世界運作方式的其中一種說法。[22]本節要從兩個面向來詳細檢視評論家所謂的歐洲中心主義：第一是何謂歐洲中心主義，第二是歐洲中心主義在多大的程度上可以被視為是錯誤的，是一種迷思、意識形態、理論，或者主導敘事。

根據那些評論家的說法，歐洲中心主義的本質不單單是從歐洲觀點（即「中心主義」）來看歷史——它不只是諸多種族中心主義世界觀的其中一種。純粹的種族中心主義承認世界上有許多不同的民族與文化，但是我們自己的東西比較好，因為它們來自我們的民族與文化。它們是我們的，我們的比較好，不是你們的。歐洲中心主義還強調西方文化的優越性，認為所有好的、進步的、創新的事物都只發源於歐洲，卻又認為西方文化的內涵適用於全世界，於是西方文化並未成為歐洲特有、範圍局限的文化，到了二十世紀時已傳播到全球大部分地區。

評論家說，若進一步深究的話，以歐洲為中心的世界觀把歐洲視為世界歷史唯一的積極塑造者，要說它是世界的「源頭」也行。歐洲採取行動，世界上其他地區做出回應。歐洲有「行動力」，其他地區是被動的。歐洲創造歷史，其他地區等到與歐洲接觸後才開始有歷史。歐洲是中心，其他地區是外圍。只有歐洲人才有能力開啟改變或現代化，其他地區的人則沒有。

評論者認為，在更深的層次上，歐洲中心主義不只是一種無論過去或現在歐洲都具有優越性的信念，還是「一門……學問」（亦即一種既定「事實」）。[23]它不是一種「偏見」，而是一種辨別真假的方式。就這個意義而言，歐洲中心主義是一種認知方式，為其奉行者所認為的「事實」確立了標準。因此，歐洲中心主義是一個典範（paradigm），一套關於世界如何運作的假設，從中產生的問題可以藉由查明「事實」加以回答。[24]

最後，美國人對歐洲中心論關於世界和世界如何形成今日樣貌的觀點深信不疑。事實上，美國歷史經常被描繪成西方文明的顛峰和最純粹、最優秀的表現。學生或老師無論認同與否，他們學習或教授的歐洲歷史、甚至世界歷史，大多時候是以歐洲中心論的觀點呈現。而且在通常情況下，這種歷史書寫被認為是「真實」的。光是蒐集更多事實並不足以消除歐洲中心論觀點的影響，因為從內部找出的事實都傾向於證明其所處母體的真實性。就算蒐集到一些與母體衝突的事實，但這類事實大多只會被屏棄，或者被當作異常（意外）而無視。歐洲中心主義也是如此。如果歐洲中心主義的西方崛起觀念是錯的，我們要怎麼知道？知道的方法就是跳脫歐洲中心論對世界如何變成現今樣貌的解釋框架，並且思索其他的方式來理解那些塑造了我們這個世界的重大轉變。

讀者看到這裡，可能會覺得有些矛盾。一方面，我一開始就指出現代世界的關鍵特徵源自歐洲，而我認為可以透過歷史來解釋工業、民族國家、貧富差距和人類對地球環境與日俱增的衝擊是如何、又為何定義了我們的世界。另一方面，我剛剛又否定了關於現代世界起源的常見歐洲中心論解釋。一個具有歐洲特徵的世界，要怎麼融入非歐洲中心主義的解釋？一個簡單的答案是，我們可以藉由擴展故事情節來納入那些到目前為止一直被排除或忽略的地區，亦即，我們可以從別的地方開始和結束這個故事。[25]我們那樣做了之後就會發現，一個放眼全球、灌注新意的故事情節——不以歐洲為中心——才能充分解釋現代世界的起源。

故事與歷史敘事

對歷史學家而言，很重要的工作是建構一套敘事，也就是一個有開頭、中段與結尾的故事，這樣才能釐清我們是如何知道我們所知道的事情，以及我們是如何判斷哪些關於過去的描述是正確的。[26]西方崛起是一個故事，而且無疑是占據歐洲中心主義核心位置的一個故事，這個故事提供了一種汰選標準，據此決定哪些事情與故事相關哪些無關。然而由於西方崛起論述充斥於前面提到的所有其他歷史研究，所以它不僅是一個故事或敘事；歷史學家喬伊斯．艾波比（Joyce Appleby）、林．亨特（Lynn Hunt）與瑪格麗特．雅各布（Margaret Jacob）稱它為「主導敘事」、「一個用來組織歷史詮釋與書寫的宏大模式」、「影響廣泛的起源故事」。[27]

因此，判斷「西方崛起」這個故事是否錯誤的唯一方法，就是建構另一套敘事來說明世界如何演變成現在的樣子，亦即我們必須跳脫西方崛起的框架。這樣做將完成三個目標。第一，提供一種獨立的方式來判斷西方崛起這一論述範式中，哪些部分可以保留（如果有的話），哪些需要屏棄。第二，幫助讀者以批判的眼光審視他們自己對於世界運作方式的假設。第三，喚起我們思考一個更普遍的問題，即關於世界及世界歷史，我們所知道的一切究竟是從何而來。以上就是這本簡明世界史想要達成的任務。在緒論接下來的篇幅中，我將大略描述這另一套敘事的要素。

首先我需要介紹三個附加概念：歷史的偶然性（historical contingency）、意外（accident），以及局勢（conjuncture）。我們先從偶然性談起。西方崛起的故事情節中有一個很強烈的暗示，但是極少明確表現出來，那就是世界發展到今天所走的道路，是唯一可行的道路。因為歐洲人大概自羅馬帝國滅亡以來，或是遠從希臘時代開始，甚或在歐洲人的基因發源時就享有歷史優勢，所以這種詮釋意味著西方崛起是必然的事。也許經歷過一些曲折起伏，發展得斷斷續續，但是西方遲早都會超越世界其他地區。

雖然我們也必須考量歐洲與其支系（例如美國）過去兩百年來在政治、經濟與軍事上的主導地位，但是沒有理由認為那種現象是必然的，或者還會持續下去。事實上，西方主導看似必然，只是因為那條故事線以歐洲為中心。然而一旦從更寬廣的全球視角來看就會知道，西方主導不僅發生得比較晚，大概是一七五〇到一八〇〇年，甚至要到十九世紀初期；此外，我們也將更清楚地看到西方崛起現象取決於世界其他地區各自的發展狀態。

最重要的，推動全球貿易，以及隨之而來的思想、新糧食作物與製造品交換的經濟引擎是在亞洲。大概早在公元一〇〇〇年時，中國的經濟和人口成長就刺激了整個歐亞大陸的發展；另一波急遽成長大約發生在一四〇〇年後，並且持續到一八〇〇年左右。亞洲需要大量白銀，以維持中國和印度的經濟成長，同時也是全世界最大的製造品（尤其是紡織品和瓷器）與香料來源。在我們的敘事中同樣意義重大的還有伊斯蘭教的開端，以及伊斯蘭帝國從七世紀到十七世紀的擴展：西至地中海、東至印度洋的印尼。亞洲吸引了歐亞各地商人的關注和興趣，但是伊斯蘭帝國封鎖了歐洲通往亞洲財富的直接途徑，歐洲人因而開始渴望尋找新的海上路線前往印度洋和中國。

如果哥倫布「發現」美洲和達伽馬繞過非洲抵達印度洋後，歐洲人沒有在新大陸發現大量的白銀，用來購買亞洲商品，以及在歐洲疾病導致大部分美洲原住民死亡後，沒有非洲奴隸可填補勞力空缺為新大陸的種植園工作，那麼哥倫布與達伽馬的成就對歐洲的運勢也不會有什麼幫助。我們將會看到，歐洲少數先進地區創建了一系列制度，找到了新的財富與權力來源，從而得以支配世界上其他地區，而所有這些都仰賴上述事件的發生及另外一些進展。

直到一七五〇年，歐洲部分地區才達到了亞洲核心地區的發展水準；此時，歐亞大陸所有最為先進發達的地區——有的在歐洲，有的在亞洲——都開始遭遇到環境限制，只有英國除外。得益於方便取得的煤炭儲藏，英國人因而能以蒸汽這個新動力來源為基礎達成工業化，從而擺脫了環境的束縛。十九世紀初，這種新能源開始應用在軍事上，然後，也唯有在那之後，占優勢的一方才變成不是亞洲人；歐洲人在英國人的率先領導下，逐步邁向完全主導全球的地位。也就是說西方崛起並非必然，而是有高度的偶然性。也就是說，我們現今生活的世界是可能有另一副面貌的；從歷史來看，沒有任何證據——除非你接受西方必然崛起這個說法——顯示世界注定要發展成由西方制度來主導。

此外，如果西方崛起不是必然，而是偶然的話，那就意味著未來也是偶然的，這就是我們如何看待過去很重要的原因。如果任何人所做的一切都不會改變歷史的演變，那麼我們現在無論做什麼都無法塑造我們的未來：一切都只是現存事物進一步的擴張與延伸，我們受困其中，除非有某個意外的重大歷史事件將我們推往另一個方向。一方面來看，如果歷史——以及我們所認識的歷史——具有偶然性，那麼我們在當下採取的行動確實會有可能改變世界。我們沒有被困住，相反的，我們（這是指世界上所有民族，而不只是美國人或西方人）能有所作為。如果過去可以是不同的，那麼未來也可以。要瞭解上述所說，我們必須用長時段的眼光來檢視過去——這也是本書建構的敘事會跨越六個世紀的原因。此外，西方崛起具有「偶然性」不是指歐洲在過去兩百年主導世界的地位只是個「意外」，因為那樣的發展有很多原因，本書也會加以闡明。[28]

但這並不表示具歷史意義的「意外」不會發生，因為確實發生過。我先講兩個本書後面會討論的例子。世界上大多數地區一直到很晚近都還是農業社會，而在農業社會中，氣候變遷可能對收成量造成極大的影響。不僅是一年，而是長達數十年。比較有利的條件可以創造較多產量，為大家降低糧食價格並刺激經濟成長。惡劣的氣候條件，例如十七世紀發生在世界大部分地區的「小冰期」，使全球經濟處於龐大的壓力下，進而導致嚴重的世界危機。這部分在第三章會提到。我們現在的氣候問題具有人為因素，所以原則上可透過人類的行動加以改善，但過去的氣候突變是既無法預測也超出人類控制範圍的，因此屬於「意外」。

另一個「意外」則對煤，以及煤與工業化之間的關係影響重大。煤礦在數億年前由地質作用形成，煤礦所在位置若與人類生活的地方重疊，純粹是機緣湊巧的意外，過去一百年來人類使用的主要化石燃料石油（以及其他所有礦物）也是如此。有些煤礦的位置靠近人類需要又懂得如何使用的地方，有些則很偏遠以致無法利用。舉例來說，荷蘭人有泥炭，但是沒有煤炭。這是十八世紀荷蘭經濟成長趨緩，英國經濟成長則加速的一個原因。英國正好擁有規模龐大、位置便利且容易開採的煤礦。由此看來，就人類歷史而言，煤礦的分布地是無法預測的意外，但是對於哪些國家能成功工業化哪些國家不能，無疑影響甚鉅。

接下來講「局勢」這個概念。數個原本各自獨立發展的事件匯聚在一起並相互影響，進而創造出一個獨一無二的歷史時刻，局勢就出現了。請把世界想成有幾塊或多或少獨立自主的區域，而各區域都有自己的歷史。例如，中國官方於十五世紀初決定以白銀為貨幣制度的基礎，這個決策是在特定的中國歷史背景下出現，但到了十六、十七世紀卻對全球造成影響；當時歐洲人在新大陸發現數量龐大的白銀，接著發現中國的白銀需求更龐大。結果白銀流入中國（以及印度），而亞洲的絲綢、香料和瓷器則流入歐洲及新大陸，開啟了第一個全球化時代。*上述就是一個局勢：世界上不同地區因為各自內部情勢而發生的事情，後來卻造成全球性的重大影響。

當原本各自獨立發展的事件匯合在一起並開始互相影響時，也可能促成局勢在某個特定地區內出現。舉例來說，民族國家作為歐洲主流的政治組織形式，其成因和導致工業化的原因互不相干。然而當兩者在十九世紀交會時，特別是在它們共同奠定了歐洲軍事優勢的基礎後，一股極為強大的全球性力量隨之成形。兩者的交會，即是攜手創造了一個局勢。

關注偶然性、意外和局勢，是因為我們在闡述現代世界形成過程中的重大發展時，要從多方面而非單分面分析原因。單一原因的說明太簡略，難以道清民族、社會及歷史變遷的複雜性。因此我們不應尋找工業革命的「唯一」起因，因為是不會找到的。反之，我們要找的是一系列對解釋工業革命大有幫助的複雜因素。我說「大有幫助」是因為我們必須要對其他可能性保持開放態度：隨著我們知道的更多或是觀點改變，或許也會發現本書所提供的解釋有所不足。[29]

因此，本書中關於現代世界形成過程的敘事——工業資本主義、民族國家體系與國際戰爭、我們這個世界的貧富差距愈來愈大、人類對環境的衝擊與日俱增——將會包含偶然性、意外，還有局勢。我們的世界本來可能是另一副與今日迥異的面貌。直到大約兩百年前，亞洲、非洲、中東和美洲的陸權帝國仍掌握著人類世界最成功的組織形式和促進人口增長方式。要不是一連串的歷史偶然性、意外與局勢發生，我們或許還生活在一個由農業帝國構成的世界。

不過，除了情節或故事線之外，敘事還要有開頭、中段和結尾；這三者的選擇對講述出來的故事影響很大。本書選擇從一四〇〇年左右開始講述關於現代世界如何形成的故事。之所以這樣選擇，是因為這個時間早於十六世紀前期的環球航行，讓我們得以檢視在全球連結首度真正實現之前的世界，及其發展動力。故事的中段以一七五〇至一八〇〇年工業革命的開端為核心，解說為何最具決定性的那些事件首先發生在英國，而不是別的地方。在本書的初版中，故事結束於一九〇〇年左右，因為在那時工業資本主義和民族國家已遍及全球大獲全勝。第三版則將故事延續到二十一世紀。

本書的世界史敘事也力求成為一種建立在環境基礎上的非歐洲中心敘事，亦即要在現有由「西方崛起」敘事主導的故事情節之外，提供另一種選擇。然而這重要嗎？我們為什麼要花心思，為現代世界的形成建構一個非歐洲中心主義的新敘事？這個問題可以分成幾個層次來回答。首先，總的來說，西方崛起的故事基礎可能就有誤導之嫌或者根本是錯誤的，儘管也許有些部分正確。舉例來說，關於「歐洲奇蹟」的發生原因，近來最有影響力的解釋之一聚焦於家庭和每個家庭所養育的子女人數，論點大致是這樣：在十四世紀中期的黑死病過後，各種經濟及環境壓力導致歐洲人晚婚，也因此縮減了家庭的規模。孩子變少，意味著農耕家庭得以開始累積資本，歐洲就此步上「勤勉革命」（industrious revolution）之路。根據最近一個歷史研究的說法，「由於延後結婚時間，歐洲農民鋪成了一條將他們與其他地方居民區隔開來的道路。」[30]

也許西歐農民的確晚婚，並藉此擺脫了據稱導致其他民族人口過剩且陷入貧窮的「本能行為模式」（亦即無節制生育），但是要說這種行為是歐洲農民獨有的，那就顯然有問題。關於中國的一些學術研究顯示，中國的農村家庭也同樣會限制家庭規模——而且可能比歐洲人早得多——只是做法不同。[31]光憑這個例子，認為歐洲人與眾不同的說法和歐洲人「崛起」的原因就失去了一個重要依據。事實上，學者已經證明「歐洲奇蹟」擁護者所認定的每個因素，幾乎也都存在於世界上其他地區；[32]也就是說，那些因素並非歐洲獨有，所以不能用來解釋歐洲崛起。

本書敘事並非以歐洲為中心，也是因為本書有一大部分內容會致力於展現歐洲之外的其他地區，比歐洲最發達的地區更先進，或者至少程度相當，而且時間長達好幾個世紀，至少到大約一八〇〇年為止。要是沒有大量以英文發表的亞洲、非洲及拉丁美洲學術研究為非歐洲中心敘事提供了基礎，本書便無法寫成。因此我們很幸運，我們對世界的理解不用再仰賴一個「意外」：那就是過去兩百年來歐洲人寫下的歷史著作，其中大部分是他們為了探索自身歷史而寫下的。正如一名評論家所言，歷史學家到不久前都像在路燈下尋找遺失車鑰匙的醉漢：警察問他為什麼在那邊找，他說「因為燈光在這裡」。幸好，近來學者已將大量的燈光投向世界其他地區，我們不用在黑暗中摸索了。憑我們現在對世界其他地區的瞭解，已足以對西方崛起這一主導敘事提出有力質疑，並且開始建構另一個非歐洲中心的敘事。

如果說西方崛起的概念不能充分解釋西方與西方制度何以成為過去兩百年來主導世界的力量，它就更不能解釋東亞在過去四十年的持續攀升了，[33]那麼繼續使用這個概念就是在延續一個神話。有的神話很可能無害，或者至少被認為無害，就像我們覺得希臘或美國原住民的星座故事很迷人。但是如果一個神話延續的是像西方崛起理論所內含的固有觀念：某個族群幾百年來、甚至幾千年來都特別優秀，其他族群都比較低下；這個神話就對其他人造成了傷害，應該予以拋棄。

以環境為基礎的非歐洲中心敘事所具有的要素

首先，我們要以世界總體為分析單位，而不是特定國家，甚至區域（例如「歐洲」、「東亞」）。[34]我們會有機會探討特定國家及帝國的發展，但一定是從全球性的脈絡來看。例如，我們會看到儘管工業革命肇始於英國（是在英國沒錯，但只是其中一個地區），但原因並不在於英國人的膽識、創意或政治因素，而是與包括印度、中國與新大陸殖民地在內的全球發展有關。此外在工業化之前，幾乎全世界最先進的經濟體都面臨了嚴重的環境限制，難以繼續成長。換句話說，工業革命是由全球力量促成的一個歷史偶然，其實很有可能根本不會發生。

然而，採用全球視角並不代表世界之間的連繫是環繞著單一中心，而發展與進步就從這個中心傳播到較不發達的區域。相反的，應該把一四〇〇年的世界想成是由多個區域體系組成的，換句話說即是「多中心」，這樣就合理多了；[35]每個區域體系都有人口稠密、工業先進的核心地帶，其需求由周邊地區供給。雖然貿易與文化交流確實意味著世界上大多數的區域有所互動，或者邊緣地帶有所重疊（美洲內部的各區域體系除外，它們彼此之間有互動，但一四九二年後才與歐亞非大陸有往來），不過這些區域裡發生的事情，多為當地特有情勢所造成。

一四〇〇年的世界是多中心，以及歐亞大陸多數地區在發展水準和環境限制上接近而能進行廣泛比較，這兩個假設有助於我們理解一個日益一體化的世界是如何形成的，以及西方人最後如何並為何能夠支配這個世界。歐洲中心論模式的言下之意是發展與進步源自歐洲，而後向外傳播，涵蓋世界其他區域：歐洲人行動，其他區域則是被動的或停滯的（直到不得不對歐洲有所反應）。[36]

本書敘事與歐洲中心論相反，我們將看到中國與印度扮演了特別重要的角色，而且我們必須先瞭解亞洲的發展，才能夠瞭解世界如何及為何發展成現今的樣貌。我們將知道中國如何及為何對白銀有如此大的需求欲望，從而創造了全球性的需求，把全世界的白銀都吸引到中國，並且使全球市場充斥著中國產品。我們還會研究其他商品及它們的全球供需情形，尤其是蔗糖、奴隸（很不幸，人在當時也成為商品），以及棉織品；這些商品起初都生產自歐洲以外的地區（而且生產效率更高）。生態環境至關重要。

本書會特別強調歷史的偶然性與歷史局勢；中國與印度；以及白銀、蔗糖、奴隸和棉花，發展出以環境為基礎、非歐洲中心論的現代世界形成圖像。

*「全球化」一詞的起源、歷史和用法有諸多爭議。目前先這樣說應該就夠了：我認為「全球化」這個概念有助於描述早期現代世界與現代世界。讀者會發現，我並未將這個概念與資本主義興起及民主思想或制度傳播的誇大故事混為一談。

第一章

CHAPTER 1

一四〇〇年前後的物質世界與貿易世界

我們出生、成長的環境並非我們自己選擇或創造，而人文界與自然界都包含在這些環境裡面。我們面對的人文界是由社會、經濟、政治與文化結構組成。這些大結構通常改變得非常慢，而且極少是由單單一個人有意識的行為所造成，幾乎都是由難以察覺的大規模進程所導致；這些進程，或是由持久的大型社會運動促成，或是在我們將看到的種種歷史局勢（historical conjunctures）中發生。此外，世界在一四〇〇年時由一個生物圈構成，涵蓋地球上所有生命，包括人類；人類從周遭環境取得充足的能量與養分，不僅是為了生存，也是為了盡可能增加自身的數量，在這一過程中，人類持續改變環境，環境也日益人性化。

要瞭解伴隨現代世界起源而發生的那些巨大改變，我們得從一四〇〇年人類在生老病死過程中所需面對的一些自然與人文結構談起。當然，我們不可能檢視當時人類生活的每一個小面向，所以必須精挑細選。我選擇著重於世界在一四〇〇年時的兩個主要結構性面向：第一是多數人賴以生活的物質環境與自然環境，那是一個放諸四海皆然的農業世界，也可稱為「舊生態體系」（biological old regime）；第二則是將舊大陸大部分地區連結起來的貿易網絡。因此，本章要介紹兩種世界：一種是物質與環境的世界，多數人在這個世界裡過著相當局限的生活；另一種是貿易或商業的世界，這個世界讓全球各地有了愈來愈多的接觸。為了證實這兩種世界之間的相互關聯，本章在結論會探討十四世紀中期西歐與東亞黑死病大流行的原因和後果，那是人類社會曾遭遇過的大災難之一。

本章也會介紹幾個貫穿全書的關鍵概念。這一章大部分的內容著重於物質世界，尤其是人口規模，以及多數人賴以生存的經濟、社會與環境條件。這裡要介紹的概念包括：文明的崛起和農業革命、城鎮或城市與鄉村的關係、統治菁英與農民（也稱為務農者或鄉下人）的關係、文明與游牧民族的關係，還有人與環境的關係。這些關係綜合在一起，組成了舊生態體系，其運作成效在十四世紀黑死病大流行時受到考驗。

我們也會檢視一四〇〇年前後所存在的世界體系。今日，針對全球化的利弊，相關討論相當多。在這個脈絡下，許多人似乎將全球化視為一種新現象，無論他們認為全球化的影響整體來說是有益還是有害。然而，我希望讀者閱讀本書後能得到一個觀念，那就是「全球化」並不新：它已經持續發展了非常久。本章用到的關鍵概念為多中心（用來描述具有多個中心的世界），以及核心與周邊（可以套用於單中心或多中心的世界體系）。

關於十五世紀的世界，另外一個重要論點是，當時大多數人，無論他們在哪裡生活，屬於哪一個文明，或是風俗習慣有多不同，他們所面對的物質世界是基本相同的。那是因為人必須進食，而世界在一萬一千年至四千年前轉為農耕之後，多數人都是以農業為生。可以肯定地說，無論主要作物是小麥、黑麥還是稻米，所有農民在面對大自然、統治菁英，以及彼此的時候，遇到的難題都很類似。因此，本章主要著墨於想要瞭解約一四〇〇到一八〇〇年的物質世界，所必須知道的社會、經濟與政治結構，以及環境限制。後面的章節會繼續描述一四〇〇年之後發生的故事；我們在本章要先建立一條物質生活的基準線，作為評估世界變化的尺度。

舊生態體系

地球上的人數是重要指標，可以指出人類在創造物質條件上的成功程度；在不同的物質條件下，人口可能會增加，也可能會減少。當然，人口增減的情況會因時間和地方的不同而有極大差異，本章將探討其中一些例子。但首先我們從對全球人口總數的粗略估計開始。[1]

數字的重量

先來瞭解一下數字的重量（the weight of numbers）[2]以取得一幅總體圖像吧。現在地球上有七十幾億人口。六百年前，也就是一四〇〇年時的人口只有那個數字的六%，三億八千萬人左右，略多於二〇一〇年的美國人口三億一千萬。到了一八〇〇年，人口已增加超過一倍，來到九億五千萬。[3]此外從一四〇〇到一八〇〇年的四百年間，有多達八〇%的人口是農民；他們以務農為生，是自己與非農業人口的糧食直接生產者。當時的世界是農業一統天下，用於生產糧食的可利用土地和養分是限制任一特定時刻人口數量的恆常因素。在這段時期的大半時候，人口增減波動很大，而且每次都持續幾個世紀，不過從長遠的趨勢來看，增加的幅度很小，減少卻總是發生得又猛又急。寬泛地說，我們可以看到過去一千年間有三波人口大幅增減。人口從大約九〇〇到一〇〇〇年開始增加（可能在中國與歐洲同時發生），延續到一三〇〇年左右，然後在大約一三五〇年時由於黑死病而遽減。另一個人口增加的時期始於一四〇〇年左右，持續到十七世紀中期才往下降。第三次人口增加大約從一七〇〇年開始，至今尚未停止，不過人口專家預計人口會在二〇五〇年達到九十至九十五億的顛峰。

氣候變遷

現在看來，氣候變遷是前現代時期人口增加的一個普遍因素。有鑒於我們現在面臨的全球暖化問題備受關注，歷史學家與氣候學家重建了過去的氣候，也確實發現一些溫度和降雨的重大變動。[4]氣候變遷與人口變化之間的關聯很複雜，但是在一個八到九成人口都以務農為生的世界，糧食生產無疑是兩者之間的主要連結。溫度、輻射和降雨的變動會影響所有植物，無論是樹木、小麥，還是稻米。較溫暖的氣候條件會提高收成，而寒冷或乾旱導致的歉收則可能釀成災難。因此，長期的轉冷趨勢會嚴重縮減糧食供給，進而削弱社會維持既有人口的能力，導致人口減少。另一方面，氣候普遍溫暖就可以預期農作豐收、人口增長。[5]然而，我們也會看到從一七〇〇年開始，氣候變遷對人口成長的影響就減少了，因為新大陸的資源和工業化鬆開了從前限制人口成長的束縛。

人口密度與文明

生活在一四〇〇年的三億八千萬人並不是平均分布在地球各處，而是集中在極少數人口稠密的小塊地區。事實上，地球上六千萬平方英里的陸地中，大多數人只生活在其中的四二五萬平方英里上，只占七％。原因自然是那些土地最適合耕作，其他都是溼地、乾草原、沙漠，或者覆滿了冰。

此外，地球上那些人口稠密的區域只能對應到十五個高度發展的文明，最著名的是

（由東到西）日本、韓國、中國、印尼、中南半島、印度、伊斯蘭西亞、歐洲（包含地中海與西歐）、阿茲特克，以及印加。而且一四〇〇年時的三億八千萬人幾乎全都生活在少數幾個面積只占地表極小比例的文明裡，相當令人訝異。更令人訝異的是，情況到現在依然沒有太大改變：全世界七十億人口中，有七成生活在和當時同樣的四二五萬平方英里土地上。[6]

我們在第三章會看到，前哥倫布時期的美洲在一四九二年之前有幾個很大的人口中心。除了美洲以外，一六〇〇年時人口密度最高的地方是在歐亞大陸（現在大體上還是）：東方的中國、西方的歐洲、南方的印度；中國與歐洲的人口在歷史上的許多時期都大致相當。那三個區域的人口相較於其他區域實在顯得過於龐大，光是中國就占了全球人口的二五％到四〇％（後者是在十八世紀達到的），歐洲則有二五％，印度大概占二〇％。換句話說，一四〇〇年時光是那三個中心就包辦了全世界約七成的人口，一八〇〇年時則增加到八成左右。上述驚人數字非常有助於說明中國、印度和歐洲的發展為什麼在本書中扮演如此重要的角色。

那十五個人口稠密且高度發展的文明有幾個共同特徵，其中最重要的是生產糧食的鄉村居民與消耗餘糧的城市居民之間的關係，儘管城市菁英為確保鄉村生產的糧食順利進入城市所設計的手段大不相同。這種榨取式的城鄉關係由來已久，可以追溯至農耕剛出現的時候。

農業革命

大約在一萬一千年前，首先從世界上一個被貼切稱為「肥沃月彎」的地區（今日的伊拉克）開始，人類逐漸學會自己種植糧食及畜養動物，可利用的糧食因而增加。從狩獵採集社會到定居農業社會的轉變經歷了很長的時間，而且分別在世界上至少七個區域發生：大約一萬一千年前在底格里斯河與幼發拉底河畔的肥沃月彎、大約九千五百年前在中國北方、大約五千五百年前在現今中美洲的墨西哥，以及大約四千五百年前在現今的美國東部。這個轉變可能也分別發生在非洲、南亞和新幾內亞的部分地區，但不是每個地方都有：適合放牧動物的草原就一直保留原來特徵，進入二十世紀好一段時間後仍是如此。[7]

農業發展經歷了一段相當漫長的時間，即使在農業的發源地也是如此，所以有些人不贊成使用「革命」一詞，[8]但農業發展在人類生活、社交、死亡等方面影響巨大，確實是一項革命性轉變，因為農業進步使直接生產者所生產的糧食數量不斷增加，超過他們自身每年所能消耗的量——換句話說，就是開始有「剩餘農產品」——於是，不用為自己生產糧食的社會群體應運而生：祭司、統治者、戰士，以及外來的劫掠者，通常是游牧民。有剩餘農產品就意味著其他人可以拿走它，若有必要就用武力，更常見的是作為稅賦。無論用哪種方式，都使農民與不負責生產的統治菁英在社會上出現了明顯的分工：農民的工作是生產糧食和餘糧，祭司的作用是說明原始世界形成的原因與經過，而統治者要負責防止餘糧被外來入侵者劫走。

農業革命也帶來了其他兩個「文明」的關鍵特徵：城市與書寫。祭司與統治者毋須自行生產糧食，因此可以和鄉下人分開生活，住在自己的宅院裡。統治者也把工匠找到自己身邊生產所需衣物、武器和建築物，形成了更大的人口聚落，後來被稱作「城市」。菁英可以在城市統治他們的土地，同時掌握農民的數量、農民的糧食產量，特別是他們欠繳的稅賦，因而發展出會計與書寫系統。書寫除了用來記錄人口和稅賦的數量，也有助於祭司記載他們的起源故事、為農業和儀式推算日程，以及預測未來。

一座城市及其外圍的農業地區通常無法自給自足，所以居民會和其他城市、游牧民或其他牧民進行貿易，換取原料（例如製造青銅要用到的銅、錫等金屬，或者後來的鐵礦）或動物（尤其是馬）。如果需要的物品同時也具有戰略性，也就是關係到軍事力量的來源時，統治菁英通常不傾向透過貿易，而傾向將產地納入自己的掌控下，以永久取得這項戰略物資，必要的話就動用武力。久而久之，這股動力造就了帝國：土地遼闊，由單一統治菁英支配與控制的政治單位；在這個政治單位中，受支配的子民將自己的剩餘農產品獻給統治者與地主菁英，通常是以稅賦和地租的形式。

一四〇〇年的城鎮與城市

雖然世界上大多數的人口生活在鄉村，但是不同規模與功能的城鎮與城市確實存在，而我們可以把城鎮與城市的數量及規模當成非常粗略的指標，用來衡量一個社會的總體財富（換句話說，就是衡量農民階級生產足夠餘糧來支持不自行生產糧食者的能力）。一四〇〇年的全球二十五大城市名單沒有什麼意外之處，因為上榜的有多數至今仍是大城市，只是一四〇〇年那些最大城市的人口總數只比全球人口的一％略多一些。[9]然而，可能會令人驚訝的是，當時全球最大的城市有九個在中國，包括榜首南京。第二大的城市在印度（維查耶納加爾〔Vijayanagar〕），第三大的是開羅。要到排名第四的城市（巴黎）才輪到歐洲，前二十五大城市中有五個在這裡。其他的大城市還包括位於地中海的君士坦丁堡；歐亞各地東西貿易路線在中亞的樞紐撒馬爾罕（Samarkand）；同樣是重要貿易城市的巴格達；以及位於摩洛哥、在非洲貿易路線中扮演重要角色的菲斯（Fez）。我們現在也知道，阿茲特克帝國的首都特諾奇提特蘭（Tenochtitlán）在一五〇〇年時大概有二十五萬人（見第三章）。

這些一四〇〇年的最大城市（規模從八萬人到最多的將近五十萬人）人口只占全球總數的一%，而另外有九%左右（三千萬人）生活在五千到七萬五千人的城鎮與城市。毫無意外，這些城市也大多位於亞洲，其中又以中國、日本和印度最多。相較之下在歐洲，德國最大的城市科隆（Cologne）只有兩萬人。若以城市的數量和規模來衡量，一四〇〇年時世界的財富集中在亞洲。

對鄉下人而言，城鎮與城市有些不可思議；這些地方的人很富有，吃著農民只能夢想的食物；穿著的衣物品質精良，令農民的粗劣衣服相形見絀，而大多數的菁英都沒有從事任何可見的勞務。當然，這些城鎮與城市是靠農民付出的稅賦、什一稅和地租在養，而農民也知道這一點。糧食從生產的農田轉移到消耗的城市，也牽涉一個環境層面：耕種期間被作物從土壤中吸走的養分如果沒有回補，可能導致土壤耗竭、農業衰退，對那些社會裡的人造成危機。部分學者稱這種現象為城鎮與鄉村之間、消耗城市與耕種農村之間的「代謝斷裂」（metabolic rift）。[10]

游牧民

以農為本的文明占去了歐亞大陸各地最適合發展農業的土地。在歐亞大陸由東向西綿延的那片廣闊草原稱為乾草原；乾草原和沙漠、溼地雖然都因為含水量太少（或者太多）而不適合農耕，卻也不是無人居住。尤其是在乾草原上，有一些族群仰賴土地生活，靠採集、狩獵、隨牧群移動維生。[11] 對這些游牧民而言，騎馬帶著他們的馬群、綿羊群、牛群和山羊群遷徙到有青草的地方，是一種生活方式。他們的生活方式無法完全自給自足，因為他們需要城市裡的物品（鹽、炊具、紡織品及其他製品），得以馬、肉品、蜂蜜或他們可以取得且備受城市人珍視的其他產品來交換。於是，歐亞大陸各地的文明與游牧民有了一種共生關係——他們仰賴彼此。

這兩個族群之間的關係大致和平，但是游牧民可以組成可怕的戰鬥力量。他們要狩獵，所以是騎馬與射箭高手。當氣候變遷使他們的放牧地變乾燥、威脅到他們的糧食供給時，他們也樂於劫掠文明社會所儲存的糧食，無論對方是城市還是帝國。當然，文明社會的統治菁英有軍隊——也有義務——保護糧食儲備，不讓游牧民劫走。對身處文明中心的人來說，這些游牧民看起來就是文明的對立面：他們沒有城市，既粗魯又無知，可能還很迷信。簡而言之，游牧民就是「蠻族」。當文明自身因為各種原因而衰落時，不僅會變得容易被游牧民劫掠，還很容易遭到侵略、破壞與征服，而這一切確實都發生了。著名的例子包括羅馬帝國與中國漢朝的滅亡（公元三〇〇至六〇〇年；不在本書討論範圍內），以及我們很快就會談到的十三世紀蒙古對中國與歐洲的侵略。當「文明」中心衰落時還會出現一種可想而知的情況，即有時統治者會把游牧民戰士吸收進自己的戍邊軍隊，但這反而進一步削弱了文明，形同敞開大門方便已部分同化的游牧民從內部征服自身。[12]

向文明地區提出挑戰的不只有游牧民。在森林、溼地、叢林和山上還有其他族群，他們有別於游牧民，通常能夠自給自足，而且可以從周遭環境取得需要的一切。但是他們仍與文明勢力有所接觸，尤其是當人口增長促使農民或帝國尋找新土地以容納更多人口時。例如中國人就有長期與這類族群接觸的歷史，實際上中國人後來還把非中國人的「蠻族」分成兩類：「熟蠻」是指願意接受部分中國文明禮俗的人，不願意接受的就是「生蠻」。[13]

野生動物

儘管世界上大多數人口集中生活在少數幾個各自獨立的高度發展文明之島，但這些文明之間的廣袤區域仍有社會組織迥異的人群居住其上——不管差異有多大，總歸都是人。實際上，到一四〇〇年時，人類遷徙的腳步已行經或抵達地球上幾乎每一個地方了。獵人與游牧民生活在人口密集文明地區之外的廣闊地帶，人數很少，也很分散，於是為各種野生動物留下大量空間。以下舉三個足以充分說明的例子。

狼曾在歐洲大部分地區漫遊，《格林童話》可以證實這一點。然而更可怕的是在人口減少時，或者嚴冬導致糧食對人類與狼而言都很珍貴的時候，狼群可能會、也真的會進入城市，巴黎在一四二〇與一四三八年都發生過這種事，甚至到很後來的十八世紀仍有類似事件，根據一份當時人約於一七七九年寫下的文字記載，法國在十八世紀發動了一場滅狼戰役，「就跟他們六百年前在英國的所作所為一樣」。[14]在中國，老虎一度遍布大部分地區。每當人類砍伐森林擾亂了老虎活動的生態系，導致老虎獵不到牠們最喜歡吃的鹿或野豬時，牠們就會週期性地攻擊中國農村和城市，搶走仔豬與嬰兒。老虎在滿洲的數量一直很多，皇帝的狩獵隊一天就能獵到六十隻老虎和一千隻公鹿，此外，直到一八〇〇年都還有中國南方農村遭老虎襲擊的事件傳出。[15]

在我們現在討論的這個時期，也就是一四〇〇到一八〇〇年，地球上動物物種最多樣、密度最高的兩個區域是非洲和美洲，儘管原因大不相同。在非洲，人類與動物是一起演化的。非洲雖然土壤相對貧脊，但每單位面積的動植物物種和總生物量都比地球上任何其他地區來得多。在非洲，大象、犀牛、長頸鹿、獅子等大型動物是和人類一起進步的，在人類成為高超的獵人後，這些動物也學會警惕並保持距離。[16]因此在進入現代之後，非洲仍一直有大型動物；反觀世界許多其他地方，尤其是大型動物從未與人類共處過的地方，牠們在人類遷入後很快就被殺光了，學者稱之為「大型動物滅絕事件」（megafaunal extinctions）。[17]

在美洲，動物數量龐大的原因牽涉到哥倫布於一四九二年出航後，美洲原住民在接下來那一個世紀裡的遭遇。這個故事在第三章裡會有更詳細的說明，但是簡而言之，歐洲人把大量傳染病帶到了美洲，造成原住民——他們從未感染過這些疾病——相繼死去，數量驚人。一四九一年的美洲可能有多達七千萬人，到了一六〇〇年卻只剩下八百萬左右。[18]少了這麼多人之後，森林重回大地，覆蓋了荒棄的農田；從魚、禽類到狼、鹿等各種動物的數量，也在還原後的自然環境中遽增。首批造訪北美洲的英國人對上述的事一無所知，還特別描述了魚、鳥、鹿、熊和樹木的「驚人」數量與規模，[19]這個充滿自然生機的環境一直持續到十九世紀末。

因此，從一四〇〇到一八〇〇年，地球人口從三億八千萬增長至九億五千萬的同時，所有種類的野生動物仍擁有大量生存空間。儘管如此，人類與野生動物之間的數量關係顯然成反比：人愈多，野生動物就愈少，尤其當「文明」人（中國人、歐洲人和北美洲人）產生穿戴毛皮或食用珍禽異獸和各式海產的欲望後。大規模的狩獵探險行動就此展開，對象包括鯨魚、老虎、野牛、河狸、信鴿、鯊魚、狐狸等等，且名單愈來愈長，目的是為取得牠們的皮、肉及各個身體部位。這類行動持續至今，只有已滅絕或在某些地區受到保護的物種不在其獵捕範圍內。

所以，地球人口擴張意味著土地變少，其他物種可以棲居的地方也隨之減少。我們的生存要仰賴環境，而我們也不惜為了自己的生存空間（Lebensraum）而犧牲其他物種。[20]有時候，物種滅絕像是一聲槍響，被清除之後並沒有改變自然環境，如同狼在英國、法國或威斯康辛州及野牛在北美大平原被撲滅時那樣，森林和平原都完好無缺——損失了一些生機，但是環境沒有受損。但有時候，物種滅絕是一場大規模屠殺，不斷擴張的人口砍伐、燒毀了整個生態系，將之化為農地，華南虎就是這樣消失的。然而，在十四世紀中期與後來的十七世紀中期，曾各出現一次人口銳減的情況，而每一次野生動物的數量都會自動恢復，並且再度增加。不過，全球人口從十八世紀中期至今一直穩定成長，對所有倖存的野生動物造成壓力。人類對環境造成的衝擊裡——衝擊很多，我們會在第五和第六章討論

——影響最深遠的大概就是物種滅絕與生物多樣性降低。土地汙染、空氣汙染和水汙染基本上都能加以減輕和補救，就連溫室氣體排放造成的全球暖化難題，也是可以處理的；但是一個物種一旦滅絕，就永遠消失了。

人口成長與土地

人口無論增加還是減少都會為社會帶來某些好處與造成某些困難。一方面，人類跟其他任何生物一樣，如果數量有所增加就代表成功從生態系取得更多食物能量。人口數量增加與人口密度提高，成就了文明、城市、教育和貿易，也讓人類對人文界與自然界有了更多的認識與瞭解。因此，人口增長往往伴隨著大多數人生存條件的改善與生活水準的提高，至少在碰觸到臨界點前是如此，即碰觸到面對日益增加的人口，有限的土地數量與土壤養分所能承擔的極限。當人口持續成長，其數量很可能超出土地可以養活的能力範圍，導致人類生存條件惡化，也更容易死於疾病與饑荒。隨著人口減少，需要養活的人口數量與種得出糧食養活他們的土地數量之間，又會重新形成較好的平衡。

日益增長的人口需要更多的糧食與能量供給來支持，以一四〇〇年的農業科技來說，增加的糧食與能量只可能有三個來源：開闢更多可耕地、在既有耕地上投入更多勞力（包含挑選較好的種子），或者增加水或肥料的用量。舉例來說，中國在一四〇〇至一八〇〇年這段期間，人口從八千五百萬增加到三億兩千萬至三億五千萬，近乎是原來的四倍；其人口得以維持成長有兩個旗鼓相當的原因，一是增加了可耕地的數量，一是更密集地利用既有耕地與施肥。[21]

當然，開闢新的可耕地就意味著人要遷徙到新土地，必要時得跟野生動物搏鬥、趕走牠們，還要與高山、森林和叢林那些「不文明」的人群爭鬥。不過，也有一些遷徙進行比較平順，特別是當新土地人口稀少、防衛薄弱，或者遷徙人群背後有帝國軍事力量支援的時候（中國就是如此）。然而有些區域實際上去不得；例如歐洲人就不能把眼光望向太東邊的地方，因為東方的土地已經被許多強大的游牧民族占領：土耳其人、塔塔爾人（Tartars）、蒙古人都讓多數歐洲人和亞洲人打從心底懼怕他們。

總體來說，一四〇〇年時的全球三億八千萬人口幾乎全部都是農民；他們生產糧食，也為手工業生產原料，以支持自身及人數寡少的統治菁英階級，後者拿走一部分收成當作稅賦（給國家）和地租（給地主）。農家經常製作紡織品，自用以外也拿來在地方市集交易，換取他們自己無法生產的物品。有時候他們的紡織品會進入一些路程極遠的貿易路線，我們很快就會談到。在風調雨順、連年豐收的情況下，農家有可能想要擴大家庭規模，[22]尤其是如果附近就有其他可利用土地，或者政府鼓勵長距離遷徙且願意保護他們免受野狼、老虎及游牧民侵擾的話。人口若是增長太多或太快，超出土地可以支持的範圍，幾次歉收就會導致饑荒，人也會更容易得到流行病，就像十四世紀初那樣，而且同樣的狀況在十六世紀末、十七世紀初又發生了一次。

飲食和熱量攝取，加上流行病、饑荒、戰爭及其他災難，使得當時人類的平均壽命比現在短很多。許多前現代世界最富裕先進的地區，從東亞的中國、日本到歐洲的英國、德國，人的出生時預期壽命是三十到四十歲，[23]是現今已開發國家大多數人壽命的一半。當然，當時的人壽命很短，多半是因為嬰兒與幼童的死亡率很高：婦女生育多個孩子，如果有一半能活到十五歲就算是很幸運了。只要度過幼年時期因病死亡的危機，許多人便可預期活到六十幾歲——前提是農業狀況要好。

饑荒

缺糧、物資貧乏、饑荒對大多數活在一四〇〇年的人而言，都是攸關生死存亡的現實。把這些災難全部歸咎於「自然因素」無疑是太簡化了。那時，全世界有八到九成的人口是為數龐大的農民，這些務農者為社會生產糧食與產業原料，而且每年必須把部分收成以賦稅的形式繳交給國家代理人。此外，除非他們運氣夠好，能夠擁有自己的土地，否則還要向地主繳交地租及服勞役。[24]在歐亞大陸（中國、歐洲與印度）大部分人口最稠密的地區，農家繳交給國家的賦稅或地主的地租多達其收成的一半。[25]

在年景好或好轉的時期，農家也許能夠維持收支平衡，在供應自身生活所需、盡了繳稅和繳租的義務之餘，還能有餘糧在市場上出售。但是歉收的時期要怎麼辦？一個「好」政府或「好」地主應該要意識到，拿走他們平常收取的量會把農家逼到最低維生水準之下，於是便減少或取消那一年的賦稅與地租。然而，如果政府或地主不能或不願這麼做——例如因為有其他負債需要償還——就會產生壓榨。事實上，曾有日本地主形容農民就像芝麻：愈用力壓榨，擠出的油就愈多。我們在第三章會看到更多這類情況，在十七世紀「全球危機」期間的歐亞大陸各地，即使異常寒冷導致農民收成減少並死於隨之而來的饑荒，國家統治者仍堅持徵收賦稅以支應戰爭開銷。

所以，農業社會的饑荒與其說是「自然」現象，倒不如說是一種「社會」現象。[26]我們必須瞭解這一點，因為農民主要是在這樣的背景下，對於他們在社會上應當享有哪些權利，以及在什麼條件下他們可以爭取這些權利，發展出他們自己的想法。由此看來，我們所認識的農業世界並不是統治菁英創造出來的，而是國家代理人、地主、農業生產者之間互相影響、互相理解、互相協議（檯面上和檯面下的都有）的結果，同時也是人文社會與自然環境之間互相影響的結果。[27]

氮循環與世界史

一四〇〇年時的世界，如我稍前所述，是一個深受「舊生態體系」物質條件束縛的世界。那些限制當中最重要的兩項是能量與養分，尤其是氮和磷。我在此先談氮，第六章再討論磷。我已稍微提過，在前工業世界，人類工作所需的能量大多來自開發利用貯藏於樹木和其他植物中的生質物（biomass），用以取暖、烹飪與製作物品。大部分的工作都是人類自己來，但世界上有些地方也用馬、驢子、騾子及其他動物來犁田或搬運物品。[28]風帆、水車、風車也分擔了部分工作，但大多數情況下，工作、尤其是農業方面的工作，是由人力和畜力完成的。[29]因此有位歷史學家稱當時的世界為一種「體內能機制」（somatic energy regime，somatic意思是「身體的」）。[30]促使肌肉發育與動作（工作）的兩項不可或缺要素是食物能量（熱量）和氮，氮是形成胺基酸基底的必要化學物質，胺基酸則是肌肉組織的基本構成單元。

人類（以及其他動物）透過食用植物或動物蛋白質（即吃下曾經吃過植物的動物）來

攝取氮。簡單地說，植物利用一種叫作葉綠素的物質來吸收太陽能，將二氧化碳和水轉化成碳水化合物（被人和動物吃下就會成為一種熱量來源）。植物用來製造葉綠素的化學物質之一是氮。沒有氮的話，植物就不會有葉綠素，也無法將太陽能轉換成可利用的形式；我們所知的生命若沒有氮就不會存在。因此，可利用的氮的極限，就是自然界中可生長植物種類和數量的極限，亦即是人類可種植與消耗糧食數量的極限。

雖然我們呼吸的空氣有七八%是由氮組成，我們或許也認為氮的量極度充足、隨手可得，但是大氣中的氮是以兩個氮原子緊貼在一起的分子型態（N_2）存在，惰性很強；我們呼吸氮分子時不會發生任何事。在這種分子型態下，氮不會和其他物質起化學反應，所以也不能被植物用來製造葉綠素或蛋白質。要能被動植物所用，氮必須以活性的單一原子型態（Nr）存在並與其他原子結合形成其他物質，如植物中的葉綠素和植物中的其他胺基酸。問題是自然界中活性氮 Nr 的量並不多，因為天然形成活性氮的方式僅有寥寥數種。閃電可以提供充分能量打破氮分子 N_2 的分子結構；植物死去並分解後會把自身的活性氮 Nr 釋回土壤中；而豆科植物（例如豌豆、豌豆、苜蓿）和一種附著在其根部的細菌演化出了共生關係，這種細菌可將氮分子 N_2 轉化成活性氮 Nr，豆科植物便能直接吸收。人類及其他動物則在維生的過程中，代謝能量和養分，然後排出廢物，也就是含有氮的糞便與尿液，於是氮又回歸到環境中。生物學家將這個把氮利用、再利用、化合、分解的過程稱為「氮循環」，我們現在也已知道這是一種全球性的循環。[31]

自然環境中的活性氮供給有限，使得農民可以種出的糧食數量受到嚴重限制，也造成一些重大問題；農民和他們的社會圈必須解決這些問題，才能生存下去。農民偏好挑選某些植物來種植，因為這些植物可供人類食用，提供人類能量與營養素，尤其是以胺基酸形式存在的氮，這是蛋白質與肌肉形成的基礎。種植作物、收成、將收成運往別處供人食用，等於都在消耗作物從土壤中吸收的每一分氮。如果被吸收的氮沒有回補，土壤中的氮（和其他養分）就會枯竭，最終導致土壤劣化、無法耕作。

為了年復一年耕種同一片土地而不用遷移到新的未開發土地，農民必須想辦法補充土壤中的養分。在十九、二十世紀土壤學發展起來之前，農民並不清楚那些養分是什麼，但他們透過反覆試驗，找到了他們認為（通常）能夠維持農地肥沃的方法與物質。歐洲農民採用「三田輪作」制度，在自己的農地上以三年為一週期的方式進行輪作；三分之一的地休耕，三分之一讓動物吃草（和排便），三分之一用來耕作。亞洲農民年復一年耕種同一片土地，但是他們學會了添加動物糞便、人類排泄物（通常從城市收集而來）及「綠肥」（切碎的豆科植物），以維持田地肥沃。墨西哥中部的阿茲特克農民從湖底耙出富含氮的淤泥。簡而言之，舊生態體系下的農民必須當個處處留心的資源回收者。

舊生態體系的關鍵在於，自然過程限制了活性氮的可得性，同時也就限制了人類可取得的能量及養分供給數量。在一四〇〇到一八〇〇年期間，農民與他們的統治者竭力增加人類可取得的糧食供給，主要是透過砍伐森林來創造更多農地（其次是透過更密集地耕種既有土地）。[32]從一四〇〇到一八〇〇年的四百年裡，人類在全球各地（主要是溫帶區域）將農地增加到原本的將近三倍，從一億八千萬公頃變成五億四千萬公頃，而世界人口也以幾乎同樣的倍數增加，從三億八千萬來到了九億五千萬。[33]我們在第六章會談到，自然對促進植物生長的活性氮所加諸的可得性限制，在二十世紀初因為氮肥合成方法的發明而解除，並隨之帶來更多的糧食供給，地球人口也在短短一個世紀內從十六億激增到七十幾億，而且工業製造的活性氮（你從住家附近家用品賣場就能買到的袋裝肥料裡就有）已超越了自然過程產生的活性氮。

流行病（瘟疫）

舊生態體系的農民階級占了全世界八到九成的人口，無論在中國、印度、歐洲各個地區，還是中美洲皆是如此，他們支撐著統治、打仗、主持儀式、進行貿易的菁英階級。

用一名歷史學家的話來說，農民階級讓各種形式的人類「巨寄生物」（macroparasites），例如地主和政府，可以依靠他們生活。此外，人類全體都很容易患上微寄生物（microparasites）攜帶的流行病，例如黑死病大流行時的鼠疫病菌、天花或流感病毒、引發登革熱或痢疾的細菌，以及所有在當時引起疾病、但現在因為已經突變或絕跡而無法辨識的微生物和病原體。[34]

想當然耳，相較於農民或城鎮和鄉村的窮人，城鎮和鄉下的富人有更多辦法避免死於流行病，但流行病能夠、也確實衝擊了全人類。流行病也傳播到全世界，起初速度很慢，因為文明中心之間的貿易與接觸進行得相當緩慢；緊接在羅馬帝國崩潰和中國漢朝滅亡後的一段時期就是如此，那時天花與麻疹從位於歐洲的發源地傳播到了中國。隨著世界的連結在十三世紀因為長途貿易而愈來愈緊密，單一流行病可以、也確實更快地從歐亞大陸的一端傳播到另一端：黑死病只花幾年就從東亞傳到歐洲，進入歐洲後更是在一三四七到一三五〇年的短短三年內，肆虐整個區域。要瞭解黑死病為何、如何能如此迅速地通過歐亞大陸在歐洲蔓延，我們必須先瞭解將歐亞大陸大部分地區連結起來，讓物品、思想和病菌得以從大陸一端移動到另一端的貿易網絡。

一四〇〇年左右的世界及其貿易體系[35]

十四世紀期間，舊大陸——歐亞大陸與非洲——被三大子系統底下八個相互間有連繫的貿易區給連接起來。[36]東亞子體系連接起中國、位於赤道東南亞的香料群島和印度；中東—蒙古子體系連接起從地中海東部到中亞和印度的歐亞大陸；歐洲子體系以法國香檳（Champagne）的市集、義大利城邦熱那亞（Genoa）與威尼斯的貿易路線為中心，將歐洲與中東和印度洋連接起來。此外，這三個子體系也有部分重疊，北非、西非與歐洲及中東子體系有連結，東非則與印度洋子體系有連結（見地圖1.1）。

三大子體系由三條主要貿易路線連接起來，所以我們可以說當時已形成一個一體的世界貿易體系：三條路線都終止於地中海東部。北方路線向北穿越黑海，然後走陸路穿越蒙古帝國，在蒙古人的允許及庇護下抵達中國。舉個例子，十三世紀晚期馬哥孛羅就是走這條路線遊歷到中國的。中央貿易路線穿過巴格達（一二五八年之後被蒙古人控制），然後經由波斯灣進入印度洋，讓貿易商能夠取得東亞和東南亞的香料及產品。南方路線則是從馬木路克帝國（Mamluk empire）控制的開羅出發，從陸路向南到紅海，再從紅海進入印度洋。

這個在十三世紀連結歐亞非大陸大部分地區的世界貿易體系之所以引人注目，原因有三。第一，對於那些專注於研究世界上某個特定區域，例如中國、印度或法國的歷史學家來說，這個系統的存在本身就很不可思議。以前歷史學家進行研究時都是以當前民族國家（及其歷史發展）作為分析單位，而不是站在一個較為全球視野的角度。就連那些率先採用全球視角來研究一五〇〇年後歷史、並且發明「世界體系」一詞的歷史學家也主張，世界體系是在哥倫布與達伽馬航海之後才逐漸形成；在那之前，在全球各據一方的帝國之間基本上沒有連繫，就算有也極少。[37]他們認為，即使這些帝國有貿易往來，買賣之物也僅限於最後送到一小撮統治菁英手中的貴重商品。今日有許多歷史學家已認同這個更早的十三世紀世界體系的存在，但由此也引發了該體系與一五〇〇年後發展出來的世界體系之間關係為何的問題：亦即，一五〇〇年後的世界體系是全新產物，還是從先前那個體系的基礎上發展出來的？我傾向後者，在下一章將清楚說明。[38]

十三世紀世界貿易體系另一個顯著的特徵，就是它的運作沒有受到任何中央勢力控制或支配。對那些認為現代世界體系是在單一國家或國家集團主導下發展出來的人而言，一個體系可以在沒有控制中心的狀況下運作，是相當奇特的情況。[39]的確，每個貿易圈都有一個居於支配地位的集團——歐洲系統中的義大利人、中東貿易圈的阿拉伯人、東亞

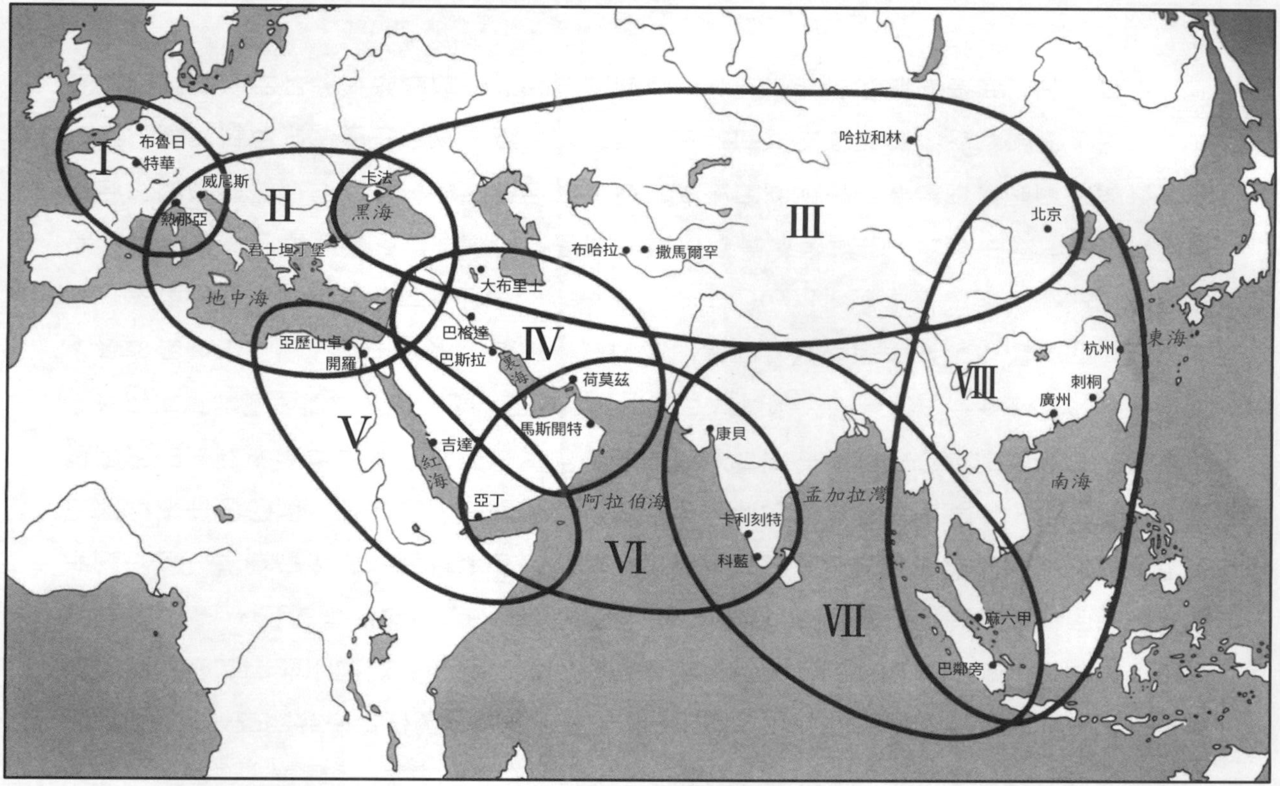

地圖 1.1　十三世紀世界體系的八大區域

資料來源：Janet L. Abu-Lughod, *Before European Hegemony: The World System A.D. 1250–1350* (New York: Oxford University Press, 1989), 34.

貿易圈的中國人——但是沒有任何一個集團可以控制整個體系。因此，儘管許多地方的統治者會為貿易商、商隊和商船提供保護，但不會使用武力以確保商品在體系內暢通無阻。事實上，大多數統治者都認同貿易極具價值——特別是當他們可以開始課稅的時候——所以他們鼓勵貿易，也保護貿易，不願意因為動武劫掠外地貿易商帶來的貨物而殺死這隻會下金蛋的貿易母雞。

因此，十四世紀的世界是多中心的：世界包含數個區域體系，每個體系都有一個人口稠密且富裕的「核心」，一個負責供應農業與產業原料給核心的外圍地區，而體系之間大多藉由貿易網絡形成鬆散連結。此外，我也認為，世界的多中心狀態一直延續到本書所說故事的後段，也就是一八〇〇年左右；那時，歐洲人把在全球廣建殖民地所必需的元素置入各地，過程中創造出一個全球體系，體系中有一個高度發展的核心地區與一個低度發展的外圍地區。即使在那個時候，某些區域——尤其是東亞部分地區——對徹底殖民化的抵抗力依然很強。設想世界是多中心的而不是由單一中心主導，其重要性隨著本書敘事的推展會逐漸明朗。在這裡只需要先說，多中心的世界觀有助於我們協調來自世界上不同的幾個地區的聲音與行動，避免只關注歐洲。一言以蔽之，多中心世界觀在非歐洲中心的世界史敘事中至關重要。

最後，一三〇〇年左右的歐亞非體系被稱為「世界體系」，並不是因為它真的涵蓋整個地球，而是因為它比任何已知區域都來得大。[40]實際上，它的確是一個世界體系，因為世界上有人進行交易的地方都包含在這個體系裡，而人也因為在這些地方進行交易而對彼此有了些許瞭解，無論瞭解得多或少。那時的美洲和在美洲各自興起的幾個帝國，或者澳洲和太平洋上的群島，顯然都還沒有與歐亞非貿易體系產生連結；第二章與第三章會談到我們對上述地區的部分認識。

我用來描述世界的方法，著重於各個區域體系間的連繫，並強調貿易與商人在締造那些連繫上的作用。商人與貿易對創造世界體系的作用無疑很重要，而近期的研究顯示，由文化建構出來的消費者需求把可可及棉花等商品從世界的某一個地區吸引到另一個地區，這個觀察也同樣重要。[41]我在下一章會更詳細地說明，貿易不僅讓世上不同地區的人得以銷售他們最擅長生產或採集的物品，商人也擔任了文化與技術交流的中介角色；商人的頭腦傳播思想、書籍內容和處事方式，他們的駱駝或商船則運送商品。[42]此外，流行病與死亡、士兵、戰爭也都循著貿易路線移動，檢視十四世紀中期世界遭遇黑死病肆虐的過程即可看出這一點，在那之後歐亞大陸大多數地區在疾病上就不分彼此了。

黑死病：十四世紀中期的歷史局勢

十四世紀的中後期造就了世界史上的一場重大危機。曾經將歐亞大陸大多數地區連結在一起的蒙古帝國於一三五〇年左右滅亡，是這場危機的一部分，黑死病肆虐也是。這種致命的流行病也稱為腺鼠疫，在十四世紀中期導致數千萬人死亡。黑死病大流行出現的原因、時間與經過很複雜，而且尚有爭議，但造成的後果一目瞭然：「黑死病在十四世紀中期首度侵襲歐洲、中東與北非時，估計造成這些地區四〇%到六〇%的居民死亡。」[43]接下來我將運用在緒論中談到的「局勢」概念，幫助大家進一步瞭解黑死病大流行發生的經過及原因。

造成腺鼠疫的是一種芽孢桿菌——這種致病的鼠疫桿菌學名為*Yersinia pestis*——二〇一三年的一項研究顯示，這種桿菌在其發源地青藏高原的一次「大爆炸」（形成「多分支」）中演變成四種菌株，然後被蒙古軍隊傳播到中國與蒙古的多個地區。[44]鼠疫桿菌寄生在各種囓齒類動物身上，不一定會造成這些動物死亡，但是人類若是因為直接接觸到感染的囓齒類動物、牠們的糞便，或者曾經叮咬過這些囓齒類的跳蚤而被傳染，卻有可能致死。在傳播到歐洲、北非和中東之前，腺鼠疫大約於十三世紀時就被四處征討的蒙古軍隊(附著在人體或糧草上)帶到中國北方、南方和西南方的城市，肆虐過中國許多地區。腺鼠疫是經由將它傳播到中國的蒙古軍隊向西蔓延到歐洲?或是經由連接中亞與地中海的貿易路線?還是經由穿過印度洋的海上航線?至今尚無定論。[45]但無論它是如何向西傳播的，活躍於連接歐亞大陸東部、中部和西部貿易路線上的蒙古人或其同盟，應該脫不了干係。

不管腺鼠疫在一三四七年是如何傳到歐洲，當時歐洲都已具備讓它可以傳播得又快又猛的條件。第一，歐洲的囓齒類宿主已在城鎮和鄉村安居落戶——出於某種原因，家鼠定居在人類家中的閣樓與屋椽內。第二，歐洲人口從大約一〇〇〇年起，大致上都在增加；土地與供應燃料的森林短缺問題在一三〇〇年左右凸顯出來。後來氣候惡化，冬天變得更長且更加嚴寒，生長季縮短，使得人類處於嚴峻的壓力之下。歐洲的情勢就是一個即將大難當頭的局面：就算不是腺鼠疫，也會是別的災禍；也許不是在同樣的時間或地點，但是引火柴無疑已準備好了，只差一點火花就能讓它燒起來。結果來襲的是腺鼠疫，而且傳播速度極快，很有可能是蒙古人在黑海及其周圍地區的軍事行動意外促成的。

在熱那亞與威尼斯這兩個城邦的義大利商人穿針引線下，歐洲人已逐步發展出一個區域性貿易網絡。儘管如此，如果不是出現另一個情況，腺鼠疫也許不會傳播到歐洲。貿易城市卡法（Caffa或Kaffa）位於黑海邊，是連繫跨歐亞貿易路線的樞紐：它是中國貿易商隊的西方終點站，也是威尼斯與熱那亞貿易商船的東方終點站；一三四六年十二月時，雙方顯然都曾在卡法碼頭靠岸。當時卡法遭到一名蒙古王子的軍隊包圍，如果不是蒙古軍隊內部爆發腺鼠疫導致士兵死亡大半，從而迫使蒙古王子撤軍，卡法可能會陷落。如果不是跳蚤、齧齒類動物或感染的義大利人上了返航的商船，腺鼠疫也許就會止於卡法。商船於一三四六年十二月抵達歐洲後，腺鼠疫大爆發，並且經由既定貿易路線（尤其是海運路線）迅速蔓延到其他城鎮。此時將腺鼠疫傳染給人的不只有住在歐洲家宅裡的家鼠，染病的人也會經由咳嗽，再將病傳染給別人。腺鼠疫遍及歐洲、中東和北非；腺鼠疫最早進入北非是在一三四七年的埃及，當時有一艘載滿屍體的船漂到亞歷山卓市的港口。腺鼠疫從那裡開始在農業聚落中傳播，並且沿著尼羅河往上游傳到開羅，過程中導致埃及農業區人口大減，也使灌溉系統陷入癱瘓。[46]到了一三五〇年，腺鼠疫已一路蔓延到瑞典，並在那年冬天進入莫斯科，在奪走無數宿主性命後，才終於平息下來。

一如饑荒，腺鼠疫並不完全是一種「自然」現象，而是需要一連串情勢湊合起來發揮作用——即形成一個「局勢」——才會對世界和世界史有如此重大的影響。歐洲人口在短短幾年內從八千萬銳減到六千萬，而在中國，腺鼠疫加上一三五〇年代與一三六〇年代的內戰，則導致人口從一二〇〇年的一億兩千萬暴跌至一四〇〇年的八千五百萬。腺鼠疫同樣也摧殘過地中海。雖然因為留存下來的相關文字記載太少而無法證實，但腺鼠疫很可能還曾大舉屠戮伊斯蘭世界、印度及乾草原上的蒙古游牧民族。[47]

死亡人數多不勝數，在倖存者腦中刻下一道難以磨滅的記憶。雖然鄉間小路上屍體成堆、被人用推車送去埋葬或置於木筏上放火焚燒推向大海的景象淒慘無比，但是到了五十年後的一四〇〇年，民眾卻也有了更多更好的土地、更多的燃料與更豐富的各種資源，儘管全球貿易體系中各個區域的貿易發展速度大幅減緩，而且在接下來的幾百年裡小規模的腺鼠疫反覆爆發。因此，十四世紀黑死病大流行的故事不僅說明了流行病對人口及世界史發展過程的影響，也顯現出世界各地區間的早期連繫狀態。通過貿易路線的不只有商品、人、思想，還有可怕的疾病。

結論：舊生態體系

菁英仰賴農民生存、文明國度擊退或敗在游牧民手下、病菌在游牧民和城市居民體內繁殖造成他們死亡，所有這些都發生在一個背景之下，即環境因素限制了人類能夠採集或生產的糧食及養分。人類在與巨寄生物、微寄生物的對抗中有時取勝有時喪命，這種受到環境制衡的狀態稱為「舊生態體系」。[48]在這個世界——不只是一四〇〇年的世界，也包括在那之前數千年，以及在那之後直到十九世紀的世界（我們在第五章將予以討論）——人類的生存極度仰賴環境，必須非常留意環境對人類活動帶來的機會與限制。於是，人口增加的幅度或速度都不至於威脅到社會的環境基礎，只有少數幾個例外。[49]直到後來的發展打破了舊生態體系，才開啟新的可能性，但這個故事容我稍後再說。

農業不僅為整個社會供應糧食，也為當時所有的產業提供大部分原料，尤其是製作衣物的紡織業。在中國，紡織業最主要的原料是蠶絲與棉花；在印度是棉花及蠶絲；在歐洲西北部是羊毛，而原料全部來自農場。加工這些原料還有取暖所需的燃料，則來自森林。就這方面而言，舊生態體系是有機的；也就是說，這個環境仰賴太陽能來種植糧食作物與用作燃料的樹木。[50]因此，舊生態體系限縮了人類與人類歷史的可能發展範圍，因為幾乎所有人類活動都必須使用每年由太陽供給的可再生能源。

所有生物都需要從食物中攝取能量和養分以維生，而當人口增加時也需要兩者同時增加才能維持。實際上，農業使人類得以捕捉自然過程，並把其中的能量輸送到廣大人群中。在舊生態體系裡，農業是人類改變環境的主要手段，用於將某一種生態系（例如森林或大草原）轉換成另一種（例如黑麥或小麥田、稻田、魚塘或鰻魚堰），以利更有效率地將食物能量輸送給眾人。因此，人口規模會受限於可利用的土地數量，以及人類運用這些能量及養分的能力，像是為自身所需從土地獲取氮。

無論一三〇〇年時的歐亞人口是否真如某些歷史學家所想觸碰到環境的極限，隨後爆發的黑死病都使世界人口急遽下降，尤其是在中國與歐洲。接著從大約一四〇〇年起，世界人口開始再度增加，並且就像我們將要看到的，四百年後人口又達到舊生態體系所設下的某些限制。事實上，一八〇〇年的世界人口已經來到九億五千萬左右，是一三〇〇年時中世紀人口頂峰三億六千萬的兩倍半。為了養活比以前多出一倍多的人，人類與可利用土地的關係，以及人類使用土地的效率，勢必會出現一些改變。另一方面，歐洲人即將面對一個對他們來說全新的世界，那就是擁有大量新資源的美洲。雖然這塊新大陸在一四〇〇年時的人口已經很多，土地也已經有美洲原住民在利用，但一場大型生物交流將會徹底改變這些關係，導致美洲在一六〇〇年時成為一個人口相對稀少的世界。這部分我們將於第三章闡述。此外，全球貿易關係因為美洲而重新建立，總體的生產數量和生產效率也提高了，原因在於專業化生產使得區域性貿易網絡中某個地區的人得以生產當地環境最適合生產的商品，並且透過市場與其他無數進行專業化生產的人進行交易。儘管因為市場專業化的擴大應用，讓全世界各經濟體的產量都超越以往，但依然沒有逃脫舊生態體系的限制。全球網絡重新建立的過程，是下一章內容的一部分。

第二章

CHAPTER 2

從中國談起

歷史學家大多同意亞當．斯密所言（見緒論），哥倫布於一四九二年航越大西洋及達伽馬於一四九八年通過非洲好望角航行至印度洋，是促成現代世界出現的關鍵時刻。確實是如此。歷史學家沒有共識的地方在於這兩次航行的重要程度：它們是否代表了一個新時代？它們造成的改變真有那麼多嗎？歐洲中心論的解釋傾向把這兩次航行視為西方必然崛起之路上重要的一大步。另一方面，有些歷史學家（包括我自己）則認為，應該把兩次促成大發現的航行放在更寬廣的全球脈絡下來分析，也就是置於一五〇〇年前後世界真實的財富與權力結構下來考察。從這樣的角度來看，印度洋才是當時全球商品、思想及文化交流最重要的十字路口，在那裡相會的中國、印度及伊斯蘭近東與中東則是這些交流的主角。本書封面上由歐洲人麥卡托（Gerardus Mercator）繪製的地圖將印度洋置於中央，有力地證明了此一論點。[1]從印度洋世界的視角來看，歐洲是外圍地區，是渴望找到門路取得亞洲資源和財富的邊緣配角。[2]歐洲人最後成功找到門路並透過亞洲貿易累積財富的經過，與中國內部的情勢變化有關。因此，本章就從中國開始說起。

中國

中國明朝（一三六八至一六四四年）的開國皇帝明太祖於一三九八年駕崩，繼位者不是他的兒子之一，而是孫子。明太祖原本希望由他的長子繼位，以確立長子繼承制好讓後嗣遵循，但是他的長子先去世了，於是他改立長子的長子為儲君。明太祖的四子燕王對這個決定十分不服，戰功彪炳的他在父親過世後僅十八個月就起兵討伐他的姪子，也就是當時的皇帝。這場從一三九九年後期打到一四〇二年中的內戰，結果是燕王擊潰了他姪子的軍隊，篡位稱帝，不過仍存些許懸念，因為有許多傳言說他姪子成功逃出了燒毀宮殿的那場大火。

燕王成為永樂帝之後，力圖將中國的勢力與影響向四方拓展出去。他出兵攻打北方和西北方的蒙古人，試圖將前朝的統治者趕往更遙遠的乾草原深處，使他們再也無法威脅中國。作為這項政策的一環，他把首都從位於長江畔的南京往北遷到北京，距離長城不到一百英里——長城是抵禦蒙古人侵略的最後一道防線。他派遣使節遠赴中亞，確保當地統治者承認中國的優越地位。他還介入越南內部事務，希望扶持中國喜歡的統治者登上王位，並且有意將安南（當時對越南北部的稱呼）併入中國。此外他更派遣船隊前往印度洋進行大型海上探勘，這也是世界史上最偉大的探險活動之一。

鄭和下西洋，一四〇五至一四三三年

一四〇五年秋天，一支當時世上前所未見、後來五百年也不曾再出現的大規模船隊開始在中國東岸的長江口集結。[3]配有兩萬七千名船員的三百多艘船等待著可靠的冬季季風開始從西北方吹下來，帶他們往南航向印尼，然後往西穿過麻六甲海峽，進入印度洋，目的地是位於印度西岸的貿易大城卡利刻特（Calicut）。

這支由海軍統帥鄭和帶領的船隊有三大要務。第一，永樂帝下令船隊追查其姪子的行蹤，也就是那位被他推翻、傳聞已經逃走的皇帝。第二，永樂帝放眼海外，想要「宣揚國威」，使印度洋區域的所有外邦欽服。他深信中國是世上最富裕、最強大的文明，也希望能展現這一點。第三，永樂帝有意促進海外貿易。

由此看來，永樂帝和先前朝代鼓勵海外貿易的皇帝一樣，尤其是唐朝（六一八至九〇七年）和宋朝（九六〇至一二七九年）的皇帝，甚至包括元朝（一二七九至一三六八年）那些統治中國的可恨蒙古人皇帝，他們都清楚意識到海外貿易能給國家和社會帶來大量財富。但是永樂帝的父親與姪子卻秉持儒家思想中極端保守且內向的那一面，想把中國拉回到以農為本、以農為美。[4]

然而，燕王登基成為永樂帝時，中國正面臨一些經濟困境。他父親「以農立國」的政策確實有些成效，農民開墾土地，也開始種植糧食養活自己與支持帝國。但是中國以紙幣為基礎的貨幣制度，已經跟著蒙古帝國一起崩潰了。起初，新建立的明朝政府只是埋頭大量印製紙幣，結果導致通貨膨脹，人民也對貨幣失去信心。很快的，政府又決定完全捨棄紙幣，留下巨大的貨幣需求未能滿足。

明朝初期，民間仍在使用前朝的銅幣，但政府最終重啟銀礦，並且允許使用銀條支付私人商業交易費用。由於中國國內的白銀產量不敷使用，所以從日本輸入更多白銀。最後，大量白銀在帝國部分地區流通，因此政府在那些地方課稅時就從徵收物品（穀物、絲綢等）改為徵收白銀，這在中國內部創造了極大的白銀需求。[5]我們會在下一章回頭談故事的這個部分。在這裡我們只需要先知道，蒙古帝國在十四世紀中期滅亡，導致連結歐亞大陸東部與西部的陸上貿易路線徹底中斷，也使永樂帝認知到採取積極的對外政策，也許可以為中國帶來一些回報，其中包括逼退北方的蒙古人，以及探索當時中國人稱之為「西洋」的印度洋。

為了準備出航，中國有一段期間瘋狂造船。一四〇四到一四〇七年間，有大約一六八一艘船建造完成；其中最大的是船隊統帥鄭和的九桅「寶船」，長約四百英尺、寬約一百六十英尺，比一座美式足球場還要長。船隊中的其他船隻根據大小和功能，分別載運馬匹、貿易商品、補給品、水缸、海員；有些則是配備大炮和火箭炮的戰艦。建造船隊所需的木頭數量太龐大，導致中國東南方大量森林遭到砍伐，木材還得順著長江往下游漂流一千英里才能運抵造船廠。

一四〇五年的那個秋日，鄭和率領的第一支船隊集結完畢，當時的場面必定壯觀無比：數百艘漆上繽紛色彩且嚴密防水的船撐開大紅色的絲綢船帆。從一四〇五到一四三三年，中國人總共進行了七十二次航行（他們必須等到風向有利，才能返回中國）。在那段期間，中國船隻最遠航行到非洲東岸的莫三比克，進入過波斯灣，行跡遍及整個印度洋和位於東南亞的香料群島。中國人駕駛他們的大船航經幾無人知的海域，進入陌生的港口與當地人交易，收集罕見的寶石、甚至長頸鹿等珍奇之物，也曾數度為了扶植對中國比較友好的統治者而干預當地事務（見地圖2.1）。

第四次下西洋（一四一三至一四一五年）的目的地是阿拉伯港市荷莫茲（Hormuz）和波斯灣，這次鄭和帶著馬歡一起出使，這位中國穆斯林精通阿拉伯語與中國古典漢語。信奉伊斯蘭教的中國人不算少，鄭和自己就是穆斯林，他父親名叫哈兒只（Hajji），這個名字代表曾經前往麥加朝覲。其實，前幾次下西洋都有會說阿拉伯語的領航員隨行，因為在印度洋從東非到香料群島，貿易和航海使用的通用語言是阿拉伯語，而且中國人需要會說阿拉伯語的嚮導以利四處行動。第四次下西洋有一個明確的目標，即希望和伊斯蘭世界建立外交關係，所以鄭和帶了自己挑選的翻譯馬歡上船。[6]的確，第四次下西洋到最後，有來自許多穆斯林國家（包含東非諸國）的使者隨著船隊一起回到中國首都。而第七次出使（一四三一至一四三三年）時，鄭和在紅海與埃及蘇丹（國王）有所接觸，對方允許他在位於阿拉伯半島、距離麥加僅數天路程的吉達（Jedda）港停靠。返航時，中國又與二十個國家締結了正式關係。

一四三五年時，中國在印度洋海域的強大地位看來已經確立，它開闢了一條海上通道，把歐亞大陸東西兩端與印度和非洲的貿易網絡連接了起來，同時也將全世界大部分的遠洋貿易納入中國的監視、甚至可說是控制之下。然而令人驚訝的是，第七次下西洋是最後一次，中國的海上勢力也迅速式微，而後更徹底消失，以致到了一五〇〇年時，不僅印度洋上看不到中國軍艦，連在中國自身沿海也看不到中國海軍（水師）的蹤跡。[7]對中國商人來說值得慶幸的是，當時印度洋海域的貿易活動大多時候很平和，因此即使中國海軍勢力撤走了，中國商人仍能留在那裡繼續從事貿易。

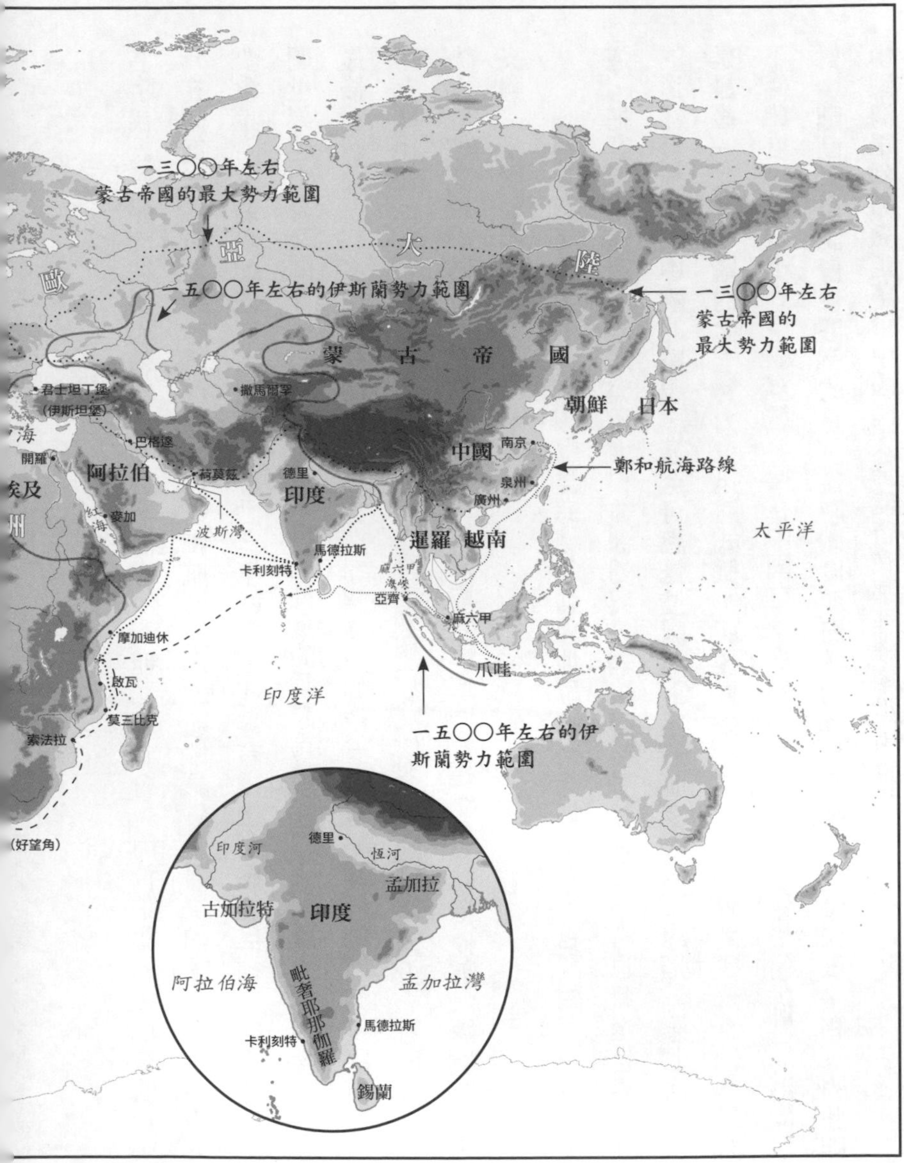
一三〇〇年左右
蒙古帝國的最大勢力範圍
歐
亞
大
陸
一五〇〇年左右的伊斯蘭勢力範圍
一三〇〇年左右
蒙古帝國的
最大勢力範圍
蒙　古　帝　國
君士坦丁堡
(伊斯坦堡)
撒馬爾罕
朝鮮
日本
海
巴格達
開羅
南京
中國
鄭和航海路線
阿拉伯
荷莫茲
德里
印度
泉州
廣州
紅海
麥加
波斯灣
暹羅
越南
太平洋
馬德拉斯
卡利刻特
麻六甲海峽
亞齊
麻六甲
摩加迪休
爪哇
啟瓦
印度洋
莫三比克
一五〇〇年左右的伊斯蘭勢力範圍
索法拉
(好望角)
德里
印度河
恆河
孟加拉
古加拉特
印度
阿拉伯海
孟加拉灣
毗奢耶那伽羅
馬德拉斯
卡利刻特
錫蘭

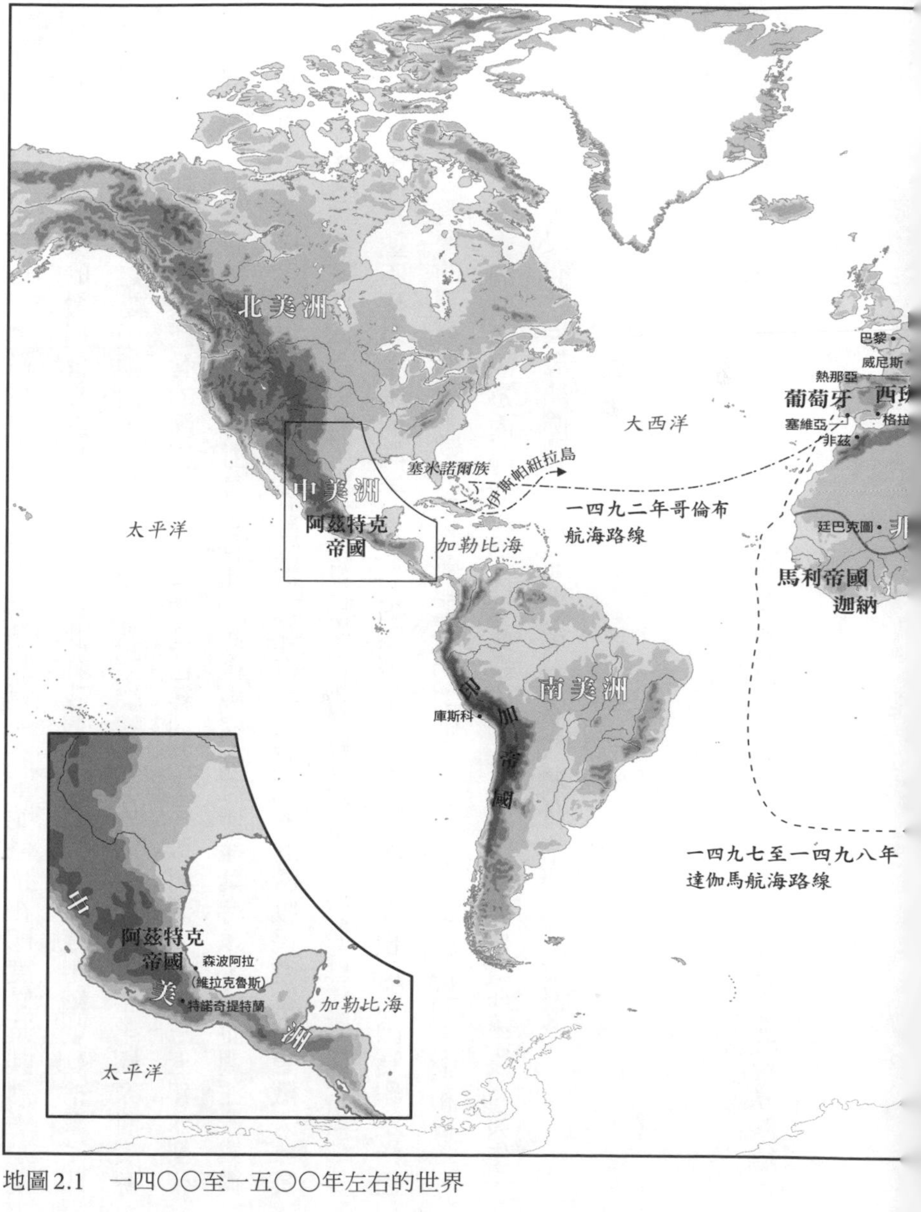

地圖2.1　一四〇〇至一五〇〇年左右的世界

我們將會看到，中國從印度洋撤走世上最強大的海軍並停止在印度洋及其周邊定期巡邏，對世界史的發展進程影響甚鉅。不過此刻我們得先追究為什麼中國朝廷捨棄了印度洋。一言以蔽之是中國內部的政治角力；希望繼續派船出海的朝臣與希望國家將資源用來抵禦北方蒙古人威脅的朝臣，在中國朝廷已經內鬥了一段時間。一四三五年永樂帝之孫明宣宗駕崩後，情勢變得對後者有利。此後中國政府便捨棄海洋，轉而關注農業經濟如何才能支撐逐日增長的人口，並且把在北方乾草原流浪的游牧民視為主要敵人。長城的重建與延長在中國統治者眼中，變得比繼續派寶船進行昂貴的航海探險更加重要。[8]然而捨棄海軍並不代表中國的商業性航海也跟著結束了；情況恰好相反，因為印度洋仍是全世界最重要的貿易樞紐。歐洲船隻竟能進入印度洋，並且從那裡航行到中國和日本，可說是拜先前中國船隊因為內部的政治決策而撤出印度洋所賜。要是這件事沒有發生，歐洲人恐怕也沒有什麼發揮餘地，能把亞洲創造出來的財富注入歐洲的發展。

印度與印度洋

溝通歐亞大陸東西兩端的蒙古人陸路貿易通道，並非唯一、更非最重要的貿易路線。

當蒙古帝國的滅亡和黑死病的肆虐在十四世紀中期造成大規模危機，嚴重影響到歐亞大陸許多地區時，卻幾無證據指出印度洋上的貿易有明顯減緩。的確，印度洋曾經是、也仍將是全球貿易體系中至關重要的樞紐，不僅如此，它還是鉅額財富之源，而且對任何有能力派遣商隊、運送貨物與船舶到印度洋主要貿易城市的人而言，也是取得奢侈品、香料和製成品的地方。因此，中國人看出印度洋的重要性並想要派船隊過去，是正確的判斷。

其實中國的航海探險只是印度洋一段漫長歷史中的一個片斷；那段歷史開始於大約六五〇年，與伊斯蘭世界擴張和中國唐朝的建立約略同時，結束於一七五〇年左右的工業革命前夕及英國將印度殖民地化之際。[9]在這一千一百年當中，印度洋可說是世界上最重要的貿易樞紐，也是商人財富的創造地。為方便闡述，我且將那段歷史分成三個時期。

從六五〇到一〇〇〇年，阿拉伯商人與船員將商品及思想從伊斯蘭近東地區一路帶到東南亞和中國，再帶著當地的商品及思想返回。阿拉伯商人把他們的語言和伊斯蘭信仰傳遍印度洋，從東非到印尼，為往來印度洋的旅人提供了一種共通的語言及文化。例如在九世紀時，有十萬名以上的阿拉伯人、波斯人與猶太人在中國南方城市廣州定居，在當地建造的伊斯蘭清真寺也成為引導船隻駛入廣州港的燈塔。第二個時期始於一〇〇〇年左右，持續到一五〇〇年；這個時期的中國商人看見了貿易的商機，不管有沒有政府支持都要航進印度洋，與阿拉伯人競爭。

中國人進入印度洋後，將該區貿易分成了三個部分重疊的貿易圈，這在很大程度上取決於季風的模式，也就是航行機會。阿拉伯商人在整片海域依然扮演著重要角色，然而於印度洋上往來穿梭的不只有他們。西部貿易圈的範圍是從非洲東岸到紅海、波斯灣與印度西岸，阿拉伯商人在這裡最活躍，不過也有印度商人參與該範圍的貿易。中部貿易圈是從錫蘭到孟加拉灣和東南亞，由印度商人控制，但是阿拉伯人和其他穆斯林商人在這裡也很活躍。從中國到印尼及麻六甲海峽的南海貿易圈，則是由中國人主導。

在這三個貿易圈的內部和之間，形成了一些專門從事貿易的貿易大城。西部貿易圈最重要的港口是亞丁（Aden）、荷莫茲、康貝（Cambay）、卡利刻特、摩加迪休（Mogadishu）和啟瓦（Kilwa），最後兩個位於非洲東岸。連接東部貿易圈和中部貿易圈的是麻六甲，這座商港位於一道極具戰略意義的海峽，季風在那裡變換，所以很適合等待展開下一段航程的商人短暫停留。[10]沒有其他原因更能解釋麻六甲的興起了，而對十五世紀初期的中國人或一個世紀後的葡萄牙人來說，這座城市仍具有重要的經濟與戰略地位（見地圖2.2）。

在頭兩個時期（六五〇至一五〇〇年）當中，印度洋的貿易似乎一直是自我調節的。

沒有任何政治勢力主導或者嘗試主導將這三個地區連結起來的貿易活動，即使在中國人鄭和下西洋時也是如此，在那段期間，阿拉伯及印度商人仍持續進行他們的貿易活動，中國並未加以阻撓，也沒有為了偏袒中國商人而排擠他們。當時的貿易還有另一個顯著特徵，即貿易的經營管理大多沒有動用武力。非洲單桅帆船、中式帆船、印度和阿拉伯商船在航行時，全都沒有母國的海軍護航。貿易大港——亞丁、荷莫茲、卡利刻特、普里（Puri）、亞齊（Aceh）、麻六甲——也都沒有修築城牆或防禦工事。大家似乎認為進行這種大範圍貿易時，沒必要使用武力來保護船舶或強迫交易。

在第三個時期，亦即一五〇〇到一七五〇年間，一切都改變了；最初是葡萄牙人，後來是荷蘭人、英國人、法國人，他們把「武裝貿易」帶進了印度洋，迫使早先就在那裡活動的商人為求自保也武裝起來，或者花錢請那些新來的商人保護他們（這部分在本章後面會有詳細討論）。歐洲人確實是在努力強行擠入龐大且高獲利的印度洋貿易世界，想以武力掌控航道與港市，如果可以的話還要壟斷那些受歐洲人青睞的商品的貿易。[11] 儘管歐洲人將「武裝貿易」這一新元素引進了印度洋，但是印度洋的貿易量實在太過龐大，所以一直要到十九世紀後期蒸汽船出現，使歐洲人可以削價與阿拉伯、印度或中國商船載運的貿易商品競爭後，他們才躍升主導地位。

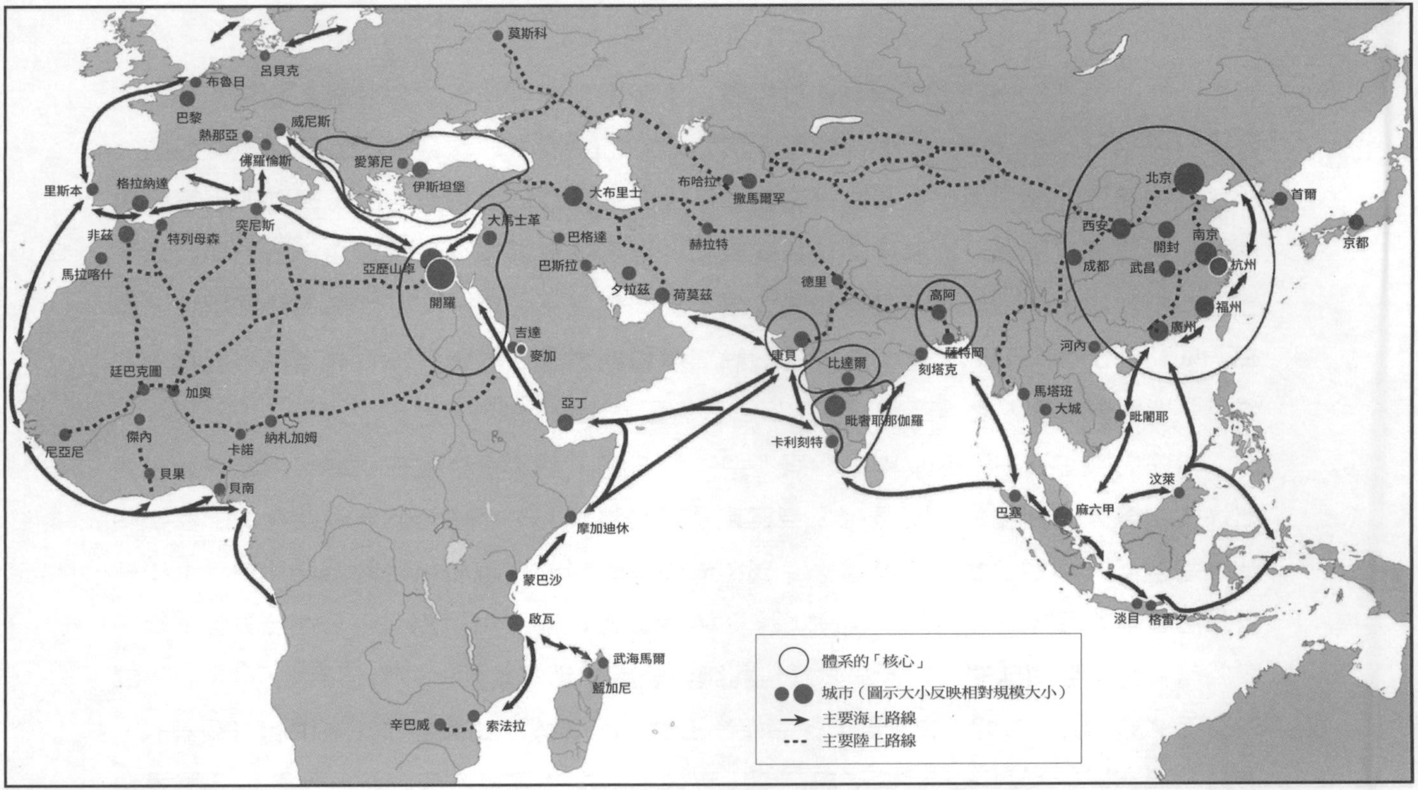

地圖 2.2　十五世紀的歐亞非貿易世界

資料來源：Philippe Beaujard, "The Indian Ocean in Eurasian and African World Systems before the Sixteenth Century," *Journal of World History* 16, no. 4 (December 2005): 429, map 5.

印度洋貿易由四大文明中心兼經濟中心推動：伊斯蘭近東與中東、崇信印度教的印度、中國、印尼（或稱香料群島）。中國人將製造品帶到麻六甲，特別是絲綢、瓷器、鐵器和銅器，然後把香料、其他食品、珍珠、棉製品和白銀帶回中國。印度人則是帶去棉織品，帶回香料。他們輸出棉織品和其他製造品到中東及東非，其中有部分棉織品被輾轉買賣到西非。他們也從非洲和阿拉伯輸入棕櫚油、可可、花生，以及貴金屬。一般情況下，農產品和其他來自海洋、森林、礦（包括金、銀）的未加工產品或初級產物，都流向中國和印度，而中國和印度則輸出製造品，特別是紡織品（印度的棉織品與中國的絲綢）。

當時龐大的全球貿易，主要推動者就是中國與印度。一名歷史學家如此描述十五世紀的情形：

> 中國仍是全球最強大的經濟勢力。當時中國人口大概超過一億，農業產量驚人，貿易網絡廣大而成熟，而且手工業幾乎在任何方面都優於歐亞大陸其他地區。舉例來說，十五世紀一名歐洲外交官在造訪過大中亞地區的政治與經濟中心撒馬爾罕（Samarkand）之後，把在那邊看到的中國商品形容為「〔輸入到當地的商品中〕最奢

華、最珍貴的……，因為〔中國的〕工匠以技藝超群聞名於世，遠勝任何其他國家的工匠」。[12]

中國是龐大的農業帝國，需要的一切大多自行生產，但還是必須購入馬匹、一些原料、貴重物品，以及白銀。統治者認為若能為國家帶來額外的財富或滿足消費者對黑胡椒（當時已成為中國菜餚的必備調味料）及燕窩、海參等外來食品的需求，那麼貿易就是有益的。中國的帝國統治者覺得這些輸入品大多很有用，但也發現中國商人與外國商人可能會惹出重大紛爭，所以中國多半時候是透過官方壟斷的朝貢貿易制度來控制對外貿易，附帶的結果是為國庫賺取了大量稅收。然而從十五世紀初開始，為了保持國內經濟正常運轉，中國出現新的白銀需求，而且需求持續成長，光靠國內的銀礦已經無法滿足。於是中國為了取得白銀而不得不參與國際貿易，起初，大部分白銀是購自日本，十六世紀時則逐漸轉為從歐洲人那裡獲得。這部分我們將於下一章探討。

印度有三大紡織品生產中心：西岸的古吉拉特（Gujarat）、南部的馬德拉斯（Madras）、東部的孟加拉。工匠在家中以商人提供的原料將棉花紡線和編織，接著商人將棉線和布料收去染色及印上圖樣，最後拿到市場上出售。這些棉布大部分用來滿足印度國內的需求，但也有相當一部分是為了出口而生產。如同我們先前所見，其中有一些是輸出到非洲或中國，不過印度紡織品最遠還銷售到波蘭和地中海。白銀、黃金及其他商品流向印度，用來購買當地極度耐穿又色彩鮮豔的棉織品。[13]為了滿足國內外的棉織品需求，印度人打造出一個完整的生產體系，從種植棉花到完成棉織品全部一手包辦。也因此，參與紡織產業的印度人必須仰賴市場來滿足他們對糧食的需求，這就進一步促進印度經濟的商業化，並且提高了產量與生產力。印度經濟和中國經濟很像，同樣高度發展，也是舊大陸許多地區高級貴重製造品的供應來源。

然而與中國不同的是，當時印度並不是一個統一的帝國，而且在歷史上，它的政治是分裂還是統一往往是由外來征服者強加的。雖然印度因為地形特殊而在地圖上看起來像是單一「空間」(place)，但當地政治一直到十六世紀中期才有了真正政治上的統一，而且也僅是短暫的，到了十八世紀中期又再度分裂。印度文明的中心在北部，尤其是印度河河谷；這個物產豐饒的農業地區極易遭到從開伯爾山口（Khyber Pass）前來的入侵者占領。匈奴人首先在六世紀入侵，離開後留下許多弱小的邦國相互交戰。

八世紀時，傳播伊斯蘭信仰的阿拉伯人入侵印度北部，並且在十世紀末再次入侵。十二世紀末，印度北部再度遭到侵略，這次入侵的土耳其穆斯林建立起一個新王國——

德里蘇丹國（Delhi sultanate），並且維持了三百年。伊斯蘭教因此在印度北部現為巴基斯坦的區域有了據點，蘇丹勢力所及之處都建起了清真寺。一三九八年，德里蘇丹國在跛子帖木兒（Timur the Lame）入侵、劫掠印度北部並攻陷德里後一蹶不振。印度南部向來難以征服；那裡有自己的語言（坦米爾語〔Tamil〕）和政治歷史。儘管政治上不統一，印度教思想依然在七世紀與八世紀傳播到南方，而當地政治領袖很快就發現印度教有助於他們的統治。所以印度不僅在政治上分裂，也出現了穆斯林與印度教徒之間的重大宗教分歧。

由於大部分印度邦國的統治者都支持貿易，所以政治與宗教的分歧並沒有妨礙經濟活動；正如我們先前所見，十五世紀前期中國的船隊統帥鄭和開始造訪印度洋港口時，可以交易的物品很多。說阿拉伯語的穆斯林商人可以輕易在阿拉伯語圈內部進行貿易，阿拉伯語圈遍及東非、紅海和波斯灣，並且一路延伸到亞齊與麻六甲，這兩個地方的統治者已在十三世紀改信奉伊斯蘭教。我們的故事講到這裡，穆斯林一直扮演很重要的角色，所以現在應該來探討伊斯蘭教是如何興起，並且從發源地阿拉伯半島傳播得如此遙遠了。

Dar al-Islam，「伊斯蘭之家」

一三二五年時，一名年方二十一、名叫伊本・巴圖塔（Ibn Battuta）的年輕穆斯林男子離開位於非洲北部海岸的家鄉丹吉爾（Tangiers），前往聖城麥加朝覲。他走陸路到開羅，接著行經大馬士革與麥地那（Medina），於一三二六年十月抵達麥加。然而後來伊本・巴圖塔沒有返鄉，他決定多見見世面，於是展開一趟為時二十九年、長達七萬三千英里（將近繞地球三周）的旅程。他造訪伊拉克、波斯，南下到非洲東岸，穿過安納托力亞（土耳其）與中亞，橫渡印度洋，途中在錫蘭島和馬爾地夫群島停留，然後到印度北部及南部，可能還到了中國南方，再返回北非並穿過直布羅陀海峽抵達格拉納達（Granada），而後回頭穿越撒哈拉沙漠到西非的馬利王國。[14]

無論用什麼標準衡量，伊本・巴圖塔的旅程都令人驚嘆，而這些遊歷之所以值得我們關注，是因為他在十四世紀中期所到之處，幾乎全都是dar al-Islam，即「伊斯蘭之家」，也就是世界上信奉伊斯蘭教並且教育人民說（或寫）阿拉伯語的地方——阿拉伯語即是《古蘭經》的語言。伊本・巴圖塔去到每一個地方，都遇見熟悉的文化和用熟悉的語言寫下的標示，就像現在北美洲人去西歐旅行時那樣。雖然他造訪的區域很廣大，但那並不是伊斯蘭世界的全部，因為伊斯蘭教也傳播到了印尼和東南亞的部分地區。這樣說來，十五世紀的一個基本事實就是伊斯蘭世界的遼闊範圍，以及它對伊斯蘭世界運作方式的意義（見地圖2.1）。

伊斯蘭教在七世紀初突然興起，而在先知穆罕默德於六三二年去世後的一個世紀裡，穆斯林（Muslim，為「信徒」之意）軍隊統一了阿拉伯半島，占領了波斯許多地方，也攻下美索不達米亞、巴勒斯坦（包含耶路撒冷）、埃及和北非。雖然歐亞大陸的其他政治勢力在穆斯林來到前幾乎都已嚴重衰微，西方的拜占庭帝國（信仰東正教，首都是君士坦丁堡）和東方的中國仍有充分的武力可制止穆斯林進犯。儘管如此，穆斯林騎兵部隊還是鞏固了對北非的控制，接著在七年內占領了伊比利半島的大部分地區，然後才被法國人阻擋下來，同時他們也朝印度北部推進。到了七五〇年，一個龐大的新伊斯蘭帝國（「哈里發國」）已在歐亞大陸的中間興起。

伊斯蘭教的傳播意義重大，對於世界歷史的發展也影響深遠。首先最重要的是它創造了一個擁有共同語言和風俗習慣的區域，範圍涵蓋大半個歐亞大陸，貿易、思想及文化都在這個區域中得到發展。對於世界上其他地方來說很幸運的是，伊斯蘭世界喜愛書籍與圖書館；事實上，八到十五世紀時全世界最大的圖書館都在伊斯蘭世界，其中最著名的大概要屬埃及亞力山卓的圖書館。這些圖書館不僅收藏伊斯蘭世界的珍貴書籍，也有古希臘羅馬的經典著作。第二，伊斯蘭帝國在地中海的擴張切斷了歐洲與全球貿易活動中心，也就是印度洋的連繫，時間長達數世紀。據說在穆斯林掌控地中海的時候，歐洲人「連讓一塊木板漂在地中海都不行」。由此看來，伊斯蘭世界的繁榮導致歐洲內部貿易的衰退，並且進入他們自稱的「黑暗時代」。

然而，伊斯蘭帝國的中央政治控制很快就開始瓦解。為數眾多的地區宣告獨立，一個新的、更穩定的伊斯蘭王朝也出現了，即首都位於巴格達的阿拔斯（the Abbasid）王朝，它成功控制了一個核心區域，並宣稱自己是伊斯蘭世界的權威中心。儘管如此，那些擺脫中央控制的地區依然信奉伊斯蘭教，像是伊比利半島上的哥多華酋長國（Emirate of Córdoba）。然而蒙古軍隊在一二五八年攻陷並摧毀巴格達，殺死了阿拔斯王朝最後的哈里發，嚴重干擾了伊斯蘭世界的原有秩序。在這片混亂中出現三個新的伊斯蘭帝國：首先是鄂圖曼帝國，這個帝國繼承了伊斯蘭世界西部的許多地區，然後是薩法維（the Safavids）帝國，於十六世紀初確立了對波斯的統治權，最後是征服了印度大半地區的蒙兀兒帝國。

鄂圖曼帝國起源於十三世紀末，當時由奧斯曼·貝伊（Osman Bey，「鄂圖曼」〔Ottoman〕

一詞即是源自他的名字）率領的土耳其游牧民族開始鞏固他們在安納托力亞半島（現今的土耳其）的勢力。後來在十四世紀，奧斯曼的後繼者以新式火藥武器技術和一支由奴隸組成的「耶尼切里」軍團（the Janissaries）為基礎，建立起實力強大的軍事組織，將馬木路克人逐出了埃及。在成為「加齊」（ghazi，穆斯林戰士）的渴望驅使下，鄂圖曼人強勢進犯巴爾幹半島上隸屬拜占庭帝國的基督教地區，並且於一三八九年占領塞爾維亞，一四〇〇年抵達多瑙河。

不過，他們真正想得到的戰利品是君士坦丁堡。那裡是拜占庭帝國的首都，也是基督教世界的東方前哨站——是東正教的而非羅馬天主教的。君士坦丁堡橫跨博斯普魯斯海峽，控制地中海東部及黑海的貿易。幾百年以來，東正教與拜占庭帝國一直在抵擋鄂圖曼人與伊斯蘭教向西擴張。但是鄂圖曼軍隊在十五世紀中期包圍了君士坦丁堡，而這座城市在一四五三年陷落後，鄂圖曼人將它定為首都（後來改命名為伊斯坦堡），聖索菲亞大教堂也改建為清真寺。此後，鄂圖曼人逐步征服了整個巴爾幹半島，包括希臘及阿爾巴尼亞，也攻下克里特島和位於黑海的熱那亞港口，並且打算占領羅馬。

一四五三年君士坦丁堡淪陷，對信奉基督教的歐洲是重大打擊。作為基督教在地中海的東方前哨站，君士坦丁堡是幾次十字軍東征的發動地，大隊人馬由此前往黎凡特

（Levant），在許多基督徒心中代表著總有一天要奪回巴勒斯坦和耶路撒冷的希望。但是君士坦丁堡落入鄂圖曼人手中之後，卻成了當頭的一桶冷水，告訴他們伊斯蘭勢力並未衰退，歐洲人在世界上可能會比以往更加邊緣化。鄂圖曼人封鎖了歐洲人進入地中海東部的途徑，通往中國及印度洋的貿易路線也因此中斷，迫使歐洲人不得不尋找替代路線去取得亞洲的財富。

非洲

伊本·巴圖塔的遊歷顯示伊斯蘭帝國在早期現代世界的遼闊範圍與雄厚實力，甚至遠及非洲。事實上，北非、撒哈拉以南非洲及東非都是伊斯蘭世界的一部分。伊本·巴圖塔去非洲時所造訪的那些地方，不只是所謂的「伊斯蘭之家」，更是高度發展的文明，擁有多產的農業、城市、統治與被統治階級、地區貿易體系，以及先進的採礦業，包含煉鐵業。五〇〇年時，高度文明有的那些複雜社會、經濟與文化特徵已遍及整個非洲，不久更有大型帝國興起，其中最大的是西非的迦納。迦納坐落在三種不同生態系——莽原、熱帶雨林、撒哈拉沙漠——的交界處，因此能夠利用三種生態系的物產，在穆斯林進入北非時是位置最具戰略價值的國家。七世紀伊斯蘭教的擴張跨越地中海後，在十到十二世紀之間，所有越過撒哈拉沙漠與北方貿易的非洲帝國都改信了伊斯蘭教。[15]

迦納的國王改信伊斯蘭教後，王國仍持續擴張。迦納王國本身有產一些黃金，穆斯林對黃金的需求很強勁，而他們帶來交易的商品在西非的需求量也很高（印度棉布、馬匹、串珠、鏡子，以及最重要的鹽，因為當地不產鹽），於是黃金流入迦納首都昆比薩利赫（Koumbi-Saleh），本就很繁榮的貿易因而更加繁盛。

後來取代迦納的馬利帝國，比迦納更廣大。從十三世紀到十五世紀初，馬利控制幾乎整個西非的貿易並針對貿易徵稅，收入非常可觀。由多達兩萬五千匹駱駝組成的大商隊綿延數英里，越過沙漠，把黃金和奴隸運出非洲，把印度棉織品（和其他商品）輸入馬利。不僅首都尼亞尼（Niani）繁榮興盛，馬利的其他城市也都繁榮起來了。商業將廷巴克圖（Timbuktu）變成一個重要的中心，吸引學者、建築師、詩人、天文學家往赴當地大學，穆斯林神學家也到那裡設立的一百多所學院研習《古蘭經》。

馬利的財富與影響力高峰出現在曼薩．穆薩（Mansa Musa）統治期間（一三一二至一三三七年），這名穆斯林君王曾在一三二四到一三二五年時帶著大批人馬與大量黃金前往麥加朝覲；據說他在開羅逗留時看到人就送對方黃金，結果送出太多，導致金價暴跌二五%。非洲生產的黃金大多先流到開羅，那裡是將亞洲和地中海、北歐連接起來的大商港，接著黃金從開羅透過貿易進入印度和義大利城邦威尼斯及熱那亞，再由這兩個城邦往北交易到西歐。十四、十五世紀時，取得非洲的黃金對歐洲人來說極其重要：有學者認為，黃金「對於將地中海的貿易貨幣化，以及維持地中海〔與印度之間〕的國際收支平衡（balance of payments），絕對是不可或缺的」。[16]

伊斯蘭教進入非洲的另一條通道是循著沿海貿易路線，從開羅南方及紅海向南沿非洲東岸抵達摩加迪休、馬林迪（Malindi）、蒙巴薩（Mombasa）、啟瓦，以及索法拉（Sofala）。早在希臘和羅馬時代就有船隻造訪東非的港口，所以穆斯林商人的到來並不是一個重大變化，只是除了商品之外，他們還帶來伊斯蘭教，而東非人民也逐漸改信這個宗教。然而，這些城市相當國際化，聚集著來自非洲內陸的商人、阿拉伯人、波斯人、南亞人、來自印尼的馬來人，甚至還有中國人（其中有一些可能是沒跟著鄭和的船隊離開留下來的），他們彼此通婚，發展出一種新的海岸文化和一種深受阿拉伯語影響、叫作斯瓦希里語（Swahili）的地方語言。與西非一樣，東非也是世界經濟中初級產物的重要來源，尤其是象牙、獸皮、黃金與奴隸。

不過，非洲有大型帝國的存在並不能掩蓋一個更顯著的事實，那就是在非洲大部分地區，政治權力極度分散，光是西非就有數百個「迷你國」——領土小於四百平方英里，居民只有三千到五千人。中等規模的國家，領土可能是迷你國的十倍，不過這種國家是少數。雖然非洲國家之間戰事頻傳，但非洲社會內部的壓力並沒有大到使交戰國認為有必要把鄰國土地據為己有。根據歷史學家桑頓（John Thornton）的說法，原因在於土地不被當成私有財產，也不是非洲社會的財富基礎。[17]更確切地說，與在中國、印度或歐洲很不一樣，在非洲掌握勞力才是掌握了財富的泉源。基於這個脈絡，我們必須瞭解非洲的奴隸制度。

奴役

本書到目前為止談過的社會，幾乎每一個都使用過奴隸：歐洲、伊斯蘭帝國、中國、印度都有。奴隸大多在有錢有勢的人家做僕役，而且奴隸身分與膚色毫無關係。事實上，東歐也是奴隸的一大來源，尤其黑海周邊地區，定居在那裡的白種人被稱為斯拉夫人（Slavs），「奴隸」（slave）一詞正是延伸自此。事實上，這些奴隸是威尼斯商人交易到埃及馬木路克帝國的主要「商品」之一，商人用他們在開羅的市場換取香料和黃金。簡單地說，奴隸是有全球市場的，而歐洲與穆斯林商人也很積極地供應。

非洲人也蓄奴。由於土地不是私有財產所以也不是財富和權勢的來源，因此，非洲菁英（大多是政治領袖和商人）納為己有的是勞力，也就是奴隸。缺乏土地私有制導致蓄奴在非洲相當普遍。奴隸被用來當家庭幫傭、從事農務勞動、在數個國家的軍隊中擔任主力，也用於商業交易。他們做的不見得是社會中最低下或最費力的工作，而且大多被視為「永遠的孩子」，儘管他們奴隸的身分可能會由自己的兒女繼承。因此，非洲的本地奴隸市場相當大，許多奴隸是在非洲國家彼此交戰時俘獲的。[18]學者估計從七五〇到一五〇〇年的數百年裡，每年成為奴隸的非洲人多達一萬名，而那七百五十幾年間的總數可能是五百萬到一千萬人。[19]當然，非洲蓄奴的故事有很大一部分與歐洲的大西洋奴隸貿易、也就是把奴隸從非洲賣到美洲有關，我們將在下一章詳述。

十五世紀時，撒哈拉以南非洲是由已開墾土地組成，這些土地養育的人口大約是四千萬，比歐洲略少一些，大概和美洲相當，但是只有中國或南亞的一半。此外，非洲土地遼闊——三千萬平方公里，是美國本土、中國、印度、歐洲與阿根廷的總和——所以人口密度比較低。雖然人口密度低，非洲依然發展出了城市中心、社會階級和中央集權國家：位於尼羅河上游的努比亞及厄立垂亞和衣索比亞，以豐饒多產的農業為基礎；西非有貿易路線穿越撒哈拉沙漠，將迦納及其後繼者馬利與桑海（Songhai）跟地中海連接起來；東非則有斯瓦希里商港連接非洲與印度洋世界，尤其是在伊斯蘭教於九〇〇年擴張到當地之後。儘管如此，非洲的環境有許多地方阻礙人口增長：貧脊的土壤、令人衰弱的疾病、危險的大型動物。[20]上述都是發生在跨大西洋奴隸貿易把數百萬非洲人送往美洲之前，至於跨大西洋奴隸貿易的故事，我們將於第三章講述。

非洲有許多引人注目且意義重大的事情值得我們認識，但是就本書的主旨而言，有兩件事情特別重要。第一，在歐洲人於十五世紀進入非洲之前，非洲人早已建立了強大而成功的帝國、廣闊的內部貿易網絡（見地圖2.2），以及多產的農業和工業，特別是採礦和精煉。第二，當時非洲已是世界體系中不可或缺的一部分，負責供應黃金和奴隸並購回製造品，其中許多製造品是來自亞洲，例如色彩鮮豔的印度棉織品和中國的瓷器。雖然非洲不像印度或中國那樣是推動全球經濟的引擎，但歐洲同樣也不是。

歐洲與久遠的火藥史

雖然我一直使用「歐洲」和「中國」這兩個措辭，彷彿它們是具有相似性的可比較單位，但兩者在政治上完全不是同類。在中國漫長的帝制時期歷史中，多數時候是個統一的帝國，由單一君主統治，版圖與現在的美國相當，在一四〇〇年時有八千五百萬到一億人口。相較之下，「歐洲」只是一個方便的簡稱，用來表示歐亞大陸最西邊的半島。[21]我一直講「歐洲」，彷彿這是一個整體，但事實上一四〇〇年時的歐洲分成數百個政治單位，從城邦（例如威尼斯或熱那亞）到侯國、主教轄區、公國、王國，甚至有一個位於伊比利半島的穆斯林哈里發國；每個政治單位彼此猜忌，多數曾與鄰居交戰，而這些政治單位全都想要建立陸軍和海軍來保護自己，甚至擴張自己的領土。

歐洲這種統治權四分五裂的局面，是羅馬帝國在六世紀末分裂，以及伊斯蘭教在八世紀傳播開來所導致的結果。羅馬帝國滅亡、通往地中海貿易的途徑被切斷後，我們現在所稱的歐洲有許多地方都退回到一種農業保護模式，貴族住在可以防禦入侵者與劫匪的城堡中，向被束縛在土地上的農奴化農民收稅。貴族用軍隊來保護領地，防備外來者入侵、其他不可靠的貴族、想要奪權的下屬、反叛的農奴，在十字軍東征時也用軍隊攻打「異教徒」，亦即奪走了聖地的穆斯林。在這個世界，掌握（「擁有」）一片土地（和那片土地的農奴所生產的農產品）是首要目標，而建造城堡就是保護土地的主要手段。

有了劍、匕首、長槍、長矛、長弓和十字弓這些中世紀歐洲人所能利用的最致命的武器，那些高高聳立在山丘上、俯瞰肥沃河谷的石造城堡就得以控制住一片區域。這種本質上是用來防禦的建築證實相當有效，十一世紀時在西歐各地迅速增加。接下來的三個世紀，擊敗敵人就意味著占領城堡，這種成就通常需要長時間的圍攻。如雨後春筍般在各地興起的城鎮，也紛紛築起城牆來保護自己，其中最著名的在義大利北部和中部。

戰事幾乎從不停歇，城堡和築有防禦工事的城鎮激增，正是在這樣的情況下，一種新的軍事科技於十四世紀末傳入歐洲：以火藥發射的大炮。[22]歐洲人取得大炮並用於戰爭的確切時間不得而知，但是取得的手段很清楚。蒙古人不僅在一三四七年將黑死病傳播到歐洲，而且在那之前一百年的某個時候，歐洲人也向他們學到了大炮的知識，一三二七年的一幅歐洲早期大炮圖像可以為證。

火藥和大炮是中國人發明的，過程開始於一〇〇〇年左右，稍後的中國文獻記載還提到「火槍」和一些其他武器，包括炸彈、火箭發射器、火焰噴射器、地雷和毒氣。對中國人來說不幸的是，蒙古人取得了這種新科技並加以改良，研發出稱為「火炮」的早期大炮，然後在十三世紀後期與中國決戰時，用它們攻打被包圍的中國城市。蒙古人在十三世紀攻擊歐洲人時也用到火炮，一些有上進心（或是懼怕）的歐洲人就向他們偷來或買來了這項技術。

火炮在遠距離投擲炮彈時的效用並不大，投得也不太準；事實上，這種武器起初的用途是驚嚇馬匹。然而歐洲人很快就改良了火炮。最先改善的是炮彈，一開始用圓球狀的石塊製作，後來改成鑄鐵。接下來，歐洲統治者相當幸運，在他們的領地中有擅長以青銅鑄造教堂大鐘的工匠，而打造大炮和鑄造大鐘的技術基本上一樣，鑄鐘師傅努力加以改良，把大炮變得更堅固，也更小、更輕，就更易於移動了。[23]鑒於那時歐洲統治者之間幾乎交戰不休，這種新的軍事科技顯然對他們來說很有用。

從一〇〇〇到一五〇〇年，歐洲統治者最主要的活動就是戰事：備戰、花錢作戰、從戰爭中復原。這個循環，加上戰爭因採用大炮與其他槍火而更加代價高昂，驅使歐洲各政體在形式上日益相似：一個領土國家，領土中有城鎮與城市可以創造出充裕的財富，有足夠的人口可以供養軍隊。有一段時間，領土小卻富裕的國家（例如荷蘭）還能僱用傭兵團，而領土大但貧窮的國家（例如波蘭）則可以徵召農奴入伍，強迫他們打仗。不過大致說來，在這個歐洲版的戰國時代中，最為成功的還是那些兩者兼備的國家：既有城市財富支應戰爭，又有農村年輕男子往赴戰場。擁有槍炮武器的人就有能力在自己的領土上宣示主權，若有必要的話還能動用武力迫使他人臣服。十五世紀時，政治勢力的兼併——不只有歐洲統治者這麼做——在大炮開路下加快了速度。

一四五三年，鄂圖曼土耳其人以大炮攻陷君士坦丁堡；同一年，法國國王靠著用大炮夷平英國人的防禦工事，將他們從法國趕回英吉利海峽彼岸，終結了英法百年戰爭。那一年，大炮已向歐洲各地數百個規模不一的政治實體的領袖證明了它們的價值。數十年後在西班牙，「天主教雙王」斐迪南與伊莎貝拉用一支由一百八十門大炮組成的攻城部隊，將穆斯林逐出他們在伊比利半島的最後一個據點：格拉納達。

由於歐洲在政治上四分五裂，沒有一個領袖能獨占這些新武器並利用它們在歐洲建立一個帝國，不過在十五世紀末曾短暫有過這個可能性，但因為義大利人發揮防禦創意而失敗。法國國王憑藉新興的軍事力量強化了對勃艮第和不列塔尼的控制，而後在一四九四年決定入侵義大利以擴張領土。義大利城邦彼此之間交戰已久，佛羅倫斯人在一五〇〇年用新式大炮攻擊比薩時，發現對方在石頭防禦工事後面還築了一堵新牆，確切地說是一道護堤，用從壕溝裡挖出來的軟泥巴建造的。炮彈打到新牆的軟泥巴上，新牆毫髮無損，比薩的防禦工事也沒有垮下。這種新的防守計策很快就傳遍全歐洲，圍攻再度成為歐洲戰事的一大特徵。[24]法國國王、神聖羅馬帝國的皇帝及西班牙的斐迪南與伊莎貝拉所擁有的軍事力量，都無法吞併所有小領地進而成功將分裂的歐洲統一成一個帝國。但是我們會看到，在不久後的將來，又有人打算這麼做。

地中海的武裝貿易

戰亂不斷的原因有很大一部分是為了獲取、維持、擴大財富和權力。雖然財富和權力這兩個概念在不同的時間和地點具有不同的內涵，但實際情況是大多數統治者（和其他非統治者）都認為累積財富是好事。對十五世紀的歐洲人來說，麻煩在於他們生活的地區在世界上相對貧窮。當然，一個統治者或許可以用武力取得某個鄰國的土地，然而那片土地和土地上的人民通常和這個鄰國一樣貧乏。土地上人口稀少，多半用於放牧，以及畜養用於拉犁翻攪黏重土壤的馬匹。歐洲農民面臨的難題中，有一個是飼料不足，無法讓牲口全數活過冬季，所以他們通常會宰殺不少自己的役用動物。但是為了不浪費那些肉，歐洲人必須想辦法加以保存，因此鹽和胡椒成為不可或缺的商品，尤其是胡椒。鹽可以在當地取得，但胡椒只能從印度輸入，所以特別昂貴。但在大多數情況下，歐洲人沒什麼東西可賣來換取胡椒。

然而，歐洲人還是不斷爭奪購入亞洲香料的機會，特別是義大利北部城邦熱那亞與威尼斯，兩者都是地中海的海港。威尼斯和熱那亞爭奪門路購買能在歐洲銷售的亞洲商品，長達數世紀。這不僅是一場經濟競爭，也是軍事競爭。雙方彼此虎視眈眈並尋求北非「海盜」保護，也都開始打造戰艦來保護自己的商船，所以出港的並非單一船隻，而是船隊。兩個城市的政府都提供保護，並且發明了公債來支付軍費。此外，所有的船員也都要能作戰。地中海上的貿易於是成為武裝貿易。

十三、十四世紀的一連串事件使威尼斯占得上風，一四〇〇年時已為其商人取得亞洲香料和紡織品的實質壟斷權。[25]威尼斯人的勝利，加上使用軍事力量，也把其他歐洲人趕出了地中海。儘管如此，擅於航海的歐洲人始終夢想找到一條直達亞洲的航路，讓他們既可從側面包抄橫加阻撓的穆斯林，又能避開威尼斯人對香料的壟斷。蒙古人一度開闢了一條可利用的陸上通道（馬可孛羅因而得以抵達中國），然而這條通道隨著蒙古帝國在十四世紀末滅亡而中斷。十五世紀時，歐洲人只能循一條路線去亞洲：被威尼斯壟斷的埃及通道。

葡萄牙的大西洋探索

歐洲人取得亞洲香料與製造品的途徑被伊斯蘭世界阻斷，只能經由與埃及合作的威尼斯人得到這些商品。為了找到另一條航路以繞過這些障礙前往亞洲，歐洲大西洋海岸的葡萄牙水手，在阿維斯王朝的恩里克王子（Henry of Avis，又稱「航海家亨利」〔Henry the Navigator〕）領導下開始南下探索大西洋，因為他知道直布羅陀海峽仍有穆斯林海軍在巡邏。恩里克也知道阿拉伯人相信非洲南端是一個可以繞過去的海角，直接通往印度洋。他決心要找到那條路線，一方面建立與亞洲的直接貿易，從而擺脫威尼斯人與埃及人，另一方面可以從側邊包抄穆斯林，繼續十字軍的任務，將穆斯林逐出地中海和聖地。

一四一五年，「航海家亨利」向穆斯林陣地發動攻擊，就此展開他的探險事業，之後每一年都會派遣船隻探勘非洲海岸。一四六〇年恩里克過世時，葡萄牙船隻已抵達赤道附近的獅子山，也和非洲人建立了貿易關係。葡萄牙人在非洲發現了黃金與奴隸，並用紡織品與槍炮交換取得。他們也將西非外海亞述群島、馬德拉群島和加納利群島的幾座島嶼「歐洲化」，為歐洲市場生產蔗糖與其他商品（我們會在第三章詳談這些探險和它們造成的環境後果）。然而葡萄牙人最想要的仍是穿過印度洋到達亞洲，因此他們持續向南推進，一四八八年狄亞士（Bartholomeu Dias）終於抵達且繞過了好望角。[26]葡萄牙人即將得償夙願，所以當一個名叫哥倫布的水手向葡萄牙國王提議往西航越大西洋以抵達亞洲時，遭到了拒絕。眾所周知，最後是西班牙統治者斐迪南與伊莎貝拉資助哥倫布出航。一四九三年，哥倫布成功的消息傳到西班牙（和葡萄牙）後，葡萄牙人加倍致力於通過非洲南端的海角，並在一四九七年派出一支新船隊，由達伽馬指揮（見地圖2.1）。

「航海家亨利」在一四一五年啟動他的航海探險事業時，鄭和已確立了中國對整個印度洋的控制。要是中國人決定通過好望角並沿著非洲海岸向北航行——他們做得到，因為他們有應對西非海岸複雜多變風向所需的科技和能力——就會在一四二〇年代遇見在非洲沿岸往南航行的葡萄牙人，不過很難想像葡萄牙人會對中國船隊造成多大威脅。如此一來，在亞洲與歐洲之間建立起直接海洋通道的就可能是中國人而不是葡萄牙人；他們會享盡直接貿易帶來的利益，並導致歐洲人繼續留在歐洲附近。結果中國人反而決定召回他們的海軍，讓印度洋保持開放與和平。葡萄牙人沒有遇到可以輕易把他們趕回去的強大中國海軍，而是在一四九八年順利航進印度洋，並且竟然沒有遭遇任何海上力量的阻撓，或是見到以城牆、堡壘護衛的港市。對於這個意外的結果，他們既不能理解，也不知感激。

印度洋的武裝貿易

在一四九八年通過好望角並僱用一名會說阿拉伯語的領航員後，達伽馬啟航前往印度西岸的卡利刻特（讀者可能還記得，鄭和的目的地也是那裡），並且於五月十八日抵達。他在一四九九年回到葡萄牙首都里斯本，葡萄牙國王知道他開闢了取得亞洲財富的途徑後，很快又派出一支遠征船隊，這次是由卡布拉爾（Pedro Álvares Cabral）率領。卡布拉爾船上有大炮且奉命將穆斯林從卡利刻特逐出，於是他炮打卡利刻特兩天，同時也攻擊阿拉伯船隻。後來在一五〇二到一五〇三年，根據阿拉伯編年史家記載，「〔葡萄牙〕船隻出現在前往印度、荷莫茲的航線及附近海域上。他們奪走大約七艘船，殺死了船上的人，也抓了一些俘虜。這是他們第一次動手，願阿拉詛咒他們。」[27]

葡萄牙人將武裝貿易引進印度洋，如同一位歷史學家所言，「使該區域和平的航海體系驟然終止，而和平是這裡最著名的特徵。」[28]到了一五一五年，葡萄牙人已用武力占領了多座貿易城市，包括麻六甲與荷莫茲。為了鞏固對印度洋的掌控，他們擊敗一支埃及與印度聯合艦隊，該艦隊試圖突破葡萄牙對紅海的封鎖。雖然葡萄牙人數很少，不可能控制很多陸地，但他們可以霸占海上航道，也確實這麼做了。起初是靠武力，後來是靠向印度商人販賣通行證，收取保護費。葡萄牙人用武力在印度洋取得重要地位，但是他們一直不能完全控制或壟斷當地貿易。

占領麻六甲之後，葡萄牙人進入南海，為了爭取在廣州經商的權利而與中國人發生糾紛，最後得到澳門這塊租借地，澳門位於中國南部邊陲。葡萄牙人還與日本進行貿易，並且，由於中國斷絕了與日本的海外貿易，葡萄牙人就把白銀與黃金從日本輸入中國，然後滿載著絲綢返程，從中賺進大筆獲利。一四九四年，教宗將歐洲以外世界劃分成歸屬西班牙的和歸屬葡萄牙的兩半，在這項協議支持下，印度洋在十六世紀大部分時間裡是由葡萄牙人主宰，儘管他們一直沒有達成取得對歐洲香料貿易壟斷權的目標。[29]

一些亞洲沿海貿易城市的統治者感受到歐洲式武裝貿易的威力後，也開始築起城牆與購買槍炮以自我防衛。香料群島的伊斯蘭統治者更是如此，尤其是位於蘇門答臘西北角的亞齊。十六世紀初，伊斯蘭統治者在那裡建立起一支強大的海軍，一是為了突破葡萄牙的封鎖，二是為了奪取葡萄牙的船隻和武器。十六世紀稍晚，亞齊透過與鄂圖曼帝國交涉，輸入了一些製作精良的巨型鄂圖曼大炮，不僅足以用來保護自己免受葡萄牙人侵擾，也能對葡萄牙控制下的麻六甲造成威脅。葡萄牙的武裝貿易或許大大改變了印度洋的情勢，但是伊斯蘭世界依然限制著歐洲人，不容他們為所欲為。

結論

我在緒論中寫過，早期的現代世界有多個中心，並非由任何一個區域或國家支配。本章從中國談到印度及印度洋、伊斯蘭世界、非洲，再到歐洲，探討這些地區彼此之間的互動與相互依存的關係。除了美洲、非洲最南端與大洋洲大部分地區以外，十五世紀時世界上的各個社會之間，藉由貿易已建立起廣泛且具有系統的互動與連結。這個早期現代世界體系是由三項要素促成的。[30]第一，世界上有些地區，特別是中國和印度，在技術上比其他地區占優勢，所以有能力生產出比其他任何地方更價廉物美的的工業產品，尤其是中國的絲綢、瓷器及印度的棉織品。第二，氣候與地理的限制使某些天然產物只有少數地方能生產，這類產品包括印尼群島的香料、非洲的象牙、中東的幾種薰香，還有非洲的黃金與日本的白銀。第三，消費者的愛好和社會習俗造就了對奢侈品（例如絲綢、香料、珍珠、原寶石等）的需求、對棉織品等日漸大眾化商品的需求，以及對作為貨幣系統基礎的貴金屬（例如中國需要白銀）的需求。在不同區域間形成的貿易連結就是這三項要素複雜相互作用的結果。

此外，這種確實存在的連結，特別是在印度洋，大多是彼此認可且和平的。世界上沒有任何一個地方嘗試奪取或強行控制整個體系，儘管伊斯蘭教在第七和第八世紀的擴張的確導致為數眾多的人改信這個宗教。十五世紀鄭和下西洋，短暫將中國的影響力延伸到印度洋大部分地區。當時世界有多個中心，三大區域分別以中國、印度和伊斯蘭世界為核心，其他區域則與上述強權當中的一個以上有所連結。

大多數的社會都可以透過生產和販售其他社會想要的東西來參與這個世界體系。但是歐洲人的條件特別不利，因為他們能拿來與其他地區做交易的東西極少，大概只有羊毛和賣給非洲的槍炮。歐洲人擁有的主要是武裝貿易這一特殊手段，這種貿易手段首先使葡萄牙人得以強行擠入原本和平的印度洋貿易分一杯羹，我們在下一章會看到後來荷蘭、英國和法國也紛紛跟進。在尋找途徑通過好望角與橫渡大西洋的過程中，歐洲人鍛鍊成為真正的遠洋航海專家，亦即他們可以在看不見陸地的海域航行；這個能力為他們在印度洋帶來很大的優勢。對了，還有，世界史上最大的意外之一，就是歐洲人在美洲偶然發現大量的白銀貯藏與滿是白銀的礦脈；用一位分析家的話來說，這讓他們「買到前往亞洲的車票」。[31]事情發生的經過，就是下一章的故事內容。

第三章

CHAPTER 3

帝國、國家，以及新大陸，一五〇〇至一七七五年

一五〇〇到一七七五年這段時間裡，世界的許多組織方式開始產生變化。首先，世界上大部分地區之間有了規律而持續的接觸，而且接觸的方式前所未見。先前地球上存在好幾個「世界」：中國世界、印度洋世界、地中海世界，以及那時歐洲人、亞洲人和非洲人還不認識的美洲。而在一五〇〇年之後，兩條新的紐帶第一次將全球結合成單一世界。哥倫布在一四九二年的航行開啟了新大陸的大門，並且在美洲、歐洲與非洲之間建立起新的關係。但還有一條比較不為人知的太平洋航線，出現於一五七一年西班牙在菲律賓建立殖民地之後，把新大陸與中國連繫在一起。[1]這兩條新紐帶促成商品、思想、病菌、食物和人口在世界各地交流，過程中創造出一個和舊大陸（亦即歐亞非大陸）迥然不同的新大陸——它充滿活力，但也十分奇特。我們無疑可以把這些十六世紀的發展想成是「第一次全球化」，發生原因有二：一是中國海軍撤出印度洋，二是哥倫布尋找亞洲最後卻登陸美洲所帶來的歷史意外。

第二個大的進程是歐亞大陸上各帝國持續成長強盛。十六世紀時，帝國仍是最普遍運用來讓地球上大塊區域處於人類控制之下的政治形式。人類為了從土地獲得生計和增加人口而發明的所有政治與經濟體系中，到當時為止最成功的就是帝國。我們現在為何不是生活在帝國，而是在民族國家？這個問題值得深思。我們沒有生活在帝國中，是因為西歐發展出一種新型國家體制，結果是出現民族國家和以民族國家為基礎的世界，兩者逐漸成為現代世界的骨幹，帝國不復存在。誠然，西班牙人起初曾因控制了新大陸許多地區、獲得大量資源而嘗試建立一個帝國，但是這一意圖激起其他歐洲國家的強烈抵抗，不但消滅了在歐洲建立帝國的可能性，也開啟了一種新的國際政治秩序。

第三個重大進展牽涉到主權國家體制在歐洲的發展，以及這項發展與戰爭之間的關聯。相較於亞洲的帝國，歐洲國家顯得又小又弱，完全無法和大帝國競爭。它們的統治者很窮，經常得借貸來維持軍隊；它們的領土很小，以致無法在邊界內取得保衛自己所需的所有資源。如果西班牙成功在歐洲建立帝國、消除了國與國之間的戰爭，那麼獨立的歐洲國家或許根本發展不起來。事實上，歐洲內部的國與國交戰體系有利於一種特別類型的國家型態，它在十六、十七世紀的英國與法國發展起來，導致兩國在大半個十八世紀都處於交戰狀態。

第四個進程主要是在十七世紀「全球危機」背景下出現的。這一時期發生了一個稱為「小冰期」的全球氣候事件，此氣候事件與戰爭和內戰交互作用，導致全球人口減少，也影響到統治者及其人民看待國家目標與政治秩序的方式。小冰期可能早從十四世紀就已開始，是由幾個自然因素導致抵達地球表面的太陽能減少所造成，很可能一直持續到十九世紀初期。十七世紀人類危機持續的時間比小冰期短很多，但是氣候變冷對收成造成不良效應，加上國家統治者向人民徵稅來支持戰爭，危機必定因此加劇。歷史學家帕克（Geoffrey Parker）把十七世紀氣候變遷與社會危機同時發生的現象，稱為「致命綜效」（fatal synergy），它所造成的許多後果對於理解現代世界的形成相當重要。[2]到十八世紀晚期，英國會從歐洲國家體系中脫穎而出，躍居第一。在亞洲，印度帝國與中國帝國各自內部的不同發展動力，使印度走向衰微，中國更加強盛。以全球視角來看十八世紀末，預言兩個結構相當不同的世界終將正面對決，並不為過：一個是以中國為中心的東亞世界體系，另一個是以英國為中心的歐美世界體系。[3]十九世紀的權力平衡倒向英國那邊，屬於第四、第五章討論的範圍；我們在本章要先探討前面提到的四個進程。

帝國締造者與征服者

一五〇〇年之後，歐亞大陸有五個帝國大幅擴張，重新劃定了這個大陸的政治分界，也幾乎終結了游牧民族戰士在這裡的作用：東部是中國，中部是俄羅斯，南部是印度的蒙兀兒帝國，西南部是伊朗的薩法維帝國，而西部是鄂圖曼帝國。雖然擴張的時期與速度不一，也各自經歷過重挫，但這些帝國擴張的推進力道極為強勁；到了一七七五年，幾乎整個歐亞大陸——歐洲遠西地區除外——都處於這五個帝國之一的掌控下。民族國家為何最後會取代這些帝國？解答這個問題對於理解現代世界的起源至關重要。

俄羅斯與中國

帝國擴張最顯著的兩個例子是俄羅斯與中國；從一五〇〇到一八〇〇年，俄羅斯的領土增加到原本的四倍多，中國則是原本的兩倍多。俄羅斯帝國擴張的起點是莫斯科大公國，該公國在一三〇〇年時只有一座寨子（稱作「克里姆林」），周圍是數千英里的森林與零星農田。接下來的一百五十年間，莫斯科的統治者征服其他俄語系大公國，擴大自己的領土。範圍最廣的一次擴張發生在十六世紀，莫斯科統治者伊凡四世（又稱「恐怖伊凡」，一五三三至一五八四年在位）將他的帝國往東拓展到烏拉山脈、北至巴倫支海（Barents Sea）、南到裏海。在歷經十七世紀全球危機的「紛擾時期」後，新的羅曼諾夫王朝（統治俄羅斯直到一九一七年）緊接著將俄羅斯帝國往東擴張至西伯利亞，然後一路推進到太平洋。十八世紀的統治者彼得大帝（一六八二至一七二五年在位）與凱薩琳大帝（一七六二至一七九六年在位）也將俄羅斯國界往西拓展，併吞波羅的海國家、瓜分波蘭，並且敉平烏克蘭與克里米亞對俄羅斯統治的反抗。

中國擁有世上最悠久的帝國歷史，從大約公元前二〇〇〇年開始，維持了兩千一百年，直至二十世紀初期才結束。儘管有過四分五裂的時期，也被非中原勢力征服過，帝國的統治傳統與統治技巧仍賡續不斷。一五〇〇年時，中國是由建立於一三六八年的明朝統治。十七世紀期間，明朝政權腐化，加上小冰期氣候轉冷導致收成和稅收大減，為長城以北的滿洲人創造了入侵的有利條件。歷經四十年的征服戰爭，滿洲人成為中國的新統治者，建立了清朝。[4] 新創立的清朝很快就開始出兵進行一連串征討，尤其是乾隆皇帝在位期間（一七三六至一七九五年）。乾隆皇帝攻打西北方和西方，擊敗了幾個非中原民族，特別是穆斯林維吾爾族與藏族，將他們和他們的土地併入帝國。一七七〇年代乾隆皇帝停止出征時，中國的領土已經因為併吞西藏、蒙古及其他民族而增加了一倍，然而新領土都是人煙稀少的乾草原、半沙漠或山區。

中國是其所建立的「朝貢貿易體系」的中心，這個體系涵蓋大部分的東亞，包括那些沒有被正式併入中國的鄰近地區。北方、西方與西南方地區族群特色各異且尚未建國的民族，都會定期派遣使節團到中國的首都北京，向皇帝進貢和致敬。中國的統治者也將越南、朝鮮、爪哇甚至日本等鄰國視為屬國，要求這些國家派使節團前來朝貢。朝貢使節團訪問中國，不僅是承認中國在東亞的主宰地位，而且帶來官方和私人都有利可圖的貿易機會，這些貿易機會也成為中國與朝貢屬國之間的紐帶。由此可知，中國得以施展直接與間接實質影響力的範圍，遠比中國直接統治的領土還要大，其中便包括被納入朝貢貿易體系的大半個東南亞。[5]

蒙兀兒、薩法維，以及鄂圖曼的擴張

蒙兀兒、薩法維和鄂圖曼這三個領土加起來橫跨歐亞大陸南部與西南部的帝國，有許多相似之處。首先，三個帝國都出現過土耳其人建立的王朝。起初土耳其人是中亞的一支游牧民族，發展出強大的軍事力量，征服了印度北部、波斯半島和安納托力亞高原這些人口稠密的農業區域。在上一章我已闡述鄂圖曼帝國的起源。在這裡要說的是一四五三年攻陷君士坦丁堡後，鄂圖曼人繼續將帝國擴張到地中海周圍，包括北岸的希臘與巴爾幹半島；黎凡特的敘利亞、黎巴嫩與巴勒斯坦；還有從埃及到阿爾及利亞的整個南岸。同樣的，土耳其部落的首領在十六世紀初期征服波斯，建立了薩法維王朝，也在印度建立了蒙兀兒王朝。

第二，這三個帝國都信奉伊斯蘭教當中的一個教派。鄂圖曼人是虔誠的遜尼派教徒，薩法維人是什葉派，而蒙兀兒人（Mughals，在波斯語中是「蒙古」的意思）至少在初期時不僅包容伊斯蘭各個教派，也包容印度教的習俗與信仰。這三個帝國都是八世紀興起的第一個大型伊斯蘭帝國的繼承者，然而遜尼派的鄂圖曼人與什葉派的薩法維人由於教義上的差異太大而發生軍事衝突。起初是一五一四年的查爾迪蘭戰役（Battle of Chaldiran），接下來又斷斷續續交戰了兩百年。

第三，這些伊斯蘭帝國的政治與經濟結構很類似。戰勝的統治者建立王朝，死後由兒子繼承王位，與中國的體制非常像。同樣和中國很像的是，這些後繼伊斯蘭國家也是透過將官員派駐全國各地、向皇帝負責的官僚體制來統治領土。這幾個帝國所仰賴的農業經濟都很多產，統治者可藉由向農業生產者或大地主徵稅來取得餘糧。

帝國內部的變動力量

雖然這些帝國都曾遭遇困境，想從「十七世紀全球危機」中崛起更是不易，[6]然而事實上即使歷經浮沉波折，它們仍於一五〇〇到一七七五年這段時間裡，在廣大領土上建立起龐大、成功的政治經濟組織。這幾個帝國展現出它們有能耐調動自身控制範圍內的資源，將統治王朝的勢力增強與拓展到新的地區。事實上到了一七〇〇年時，歐亞大陸多數地區都處於某個帝國的掌控下。諷刺的是，由於這些龐大的帝國除了俄羅斯以外，都是由來自乾草原的征服者創立的，所以帝國會把其餘游牧民納入自己的掌控，以杜絕再有游牧民帶來後患。的確，即使到了十九世紀，這些游牧民與其他民族仍會「造反」並引起嚴重分裂，但是始終受到大型帝國勢力的壓制。因此，帝國先前的變動力量之一——游牧民入侵導致帝國瓦解或陷入緊張情勢——就在十八世紀期間消失。[7]

不過，各帝國內部仍存在著其他變動力量，左右著帝國的興衰。在印度，蒙兀兒帝國的勢力在奧朗則布（Aurangzeb，一七〇七年歿）的統治下達到顛峰。他死後不久，就有許多印度王公挑戰蒙兀兒的權力，並且公開宣布獨立，導致政治勢力分裂，為歐洲人在印度插足提供了可乘之機；這部分我們下一章會談到。中國在十八世紀的勢力似乎很穩固，不過從後見之明回顧，我們知道當時高官顯貴的貪腐作為已在削弱政治改革決心，而人口增長與經濟困境同時出現，更在世紀末激起了一次大規模叛亂。鎮壓白蓮教之亂的代價導致十九世紀初期開始出現其他問題。

從一五〇〇到一八〇〇年，帝國在歐亞大陸的大部分地區繁榮發展。儘管每個帝國都有自己獨特的歷史與文化，但也有共通點。一般來說，帝國是擁有廣大領土的政治體制，由一個人（通稱為「皇帝」）掌握其主權。帝國通常幅員廣袤，包含許多使用不同語言的民族，所以皇帝透過中間人進行間接統治，而不是透過中央指派的地方官員（不過中國皇帝是盡量採取這種治理方式）。以帝國形式治理人民的成效確實很好，因此這個形式在世上其他地區興起並發揚光大，也就不令人意外，尤其是在西歐和前哥倫布時期的美洲。而且我們還會看到，就連歐洲人也曾夢想能有一個統一的帝國。我在第二章詳述過西非的帝國；現在我要開始談美洲與歐洲。

美洲

歐洲人抵達北美洲與南美洲之前，美洲諸民族已在那裡建立了各式各樣的社會與經濟制度，從狩獵採集社會到高度發展的農業社會都有，而且還以極度創新的方式利用亞馬遜雨林來經營農業，[8]上述都是在人類於公元前一五〇〇〇年左右首度遷徙到美洲之後的幾百年內完成的。[9]所以這些民族也能在舊生態體系下建立起帝國這種最高形式的政治組織，並不令人意外。有兩個帝國在我們的故事中特別重要：位於墨西哥中部的阿茲特克與位於現今祕魯及智利山區的印加（見地圖2.1）。

阿茲特克

墨西哥中部谷地長期滋養著璀璨文明，最早是大約公元前一五〇〇年的奧爾梅克文明（Olmecs）。馬雅人曾在猶加敦半島建立一個強盛的文明，有城市、大金字塔和豐收的農業，於六〇〇到九〇〇年左右達到顛峰。在那之後，馬雅領土分裂成許多小聚落。到了一一〇〇年，墨西哥谷由托爾特克人（Toltecs）統治；他們的首都是位於谷地北端的土拉（Tula）。墨西哥谷土壤肥沃，並且有源自周邊山區接收雪水的河流固定供水，所以農產豐富，吸引北美洲各地的民族前來。

一三五〇年前後移居到墨西哥谷的民族中，有一支名叫墨西加（Mexica），又稱為阿茲特克。[10]墨西加人來得比較晚，文明成就與農業實力不明，所以被趕到最貧瘠的土地——精確來說是一片沼澤地和一座湖泊——並且被視為其他民族的附庸。有一次，某個優越民族的女兒被墨西加人拿來獻祭，犯下這個大錯後，他們因此被驅逐到特斯科科湖（Lake Texcoco）中的幾座小島上。他們從湖底挖出肥沃的淤泥，填造出一種稱為「奇南帕」（chinampa）的浮田，而後逐漸在特斯科科湖上打造出一座島嶼；他們的城市特諾奇提特蘭（Tenochtitlán，現今墨西哥市的所在地）最終在這座島嶼上成形。由於身為闖入者、不得不保護自己，墨西加人成了優秀的戰士；他們有時會為別的民族效力，但也一直在強化自己的防禦和勢力。

一四〇〇年時，墨西哥谷內的城邦星羅棋布且交戰不休。主要的大城邦有三、四個，墨西加人則是傭兵和小角色，直到一四二八年他們和另外兩個族群組成一個三方同盟。此後墨西加人便有了足夠的勢力，開始攻占鄰國，並要求對方納貢到他們的首都特諾奇提特蘭。十五世紀中期的兩名墨西加統治者——伊斯科阿特爾（Itzcoatl，一四二八至一四四〇年在位）與蒙特蘇馬一世（Moctezuma I，一四四〇至一四六九年在位）——主導三方同盟，後來三方同盟統治了整個墨西哥谷，勢力更擴及谷地之外。這個帝國在十六世紀初期的勢力高峰時，統治約四八九個附屬領地，總人口兩千五百萬；這些領地全都要向特諾奇提特蘭的墨西加人納貢。

墨西加統治者因此從附庸城邦得到大量財富。糧食、紡織品、首飾、毛皮、橡膠球、寶石、黃金、白銀都流向特諾奇提特蘭，被征服的民族不是自願要把這些物品送去，而是害怕如果不送的話會遭到報復。墨西加人統治帝國的方法既非官僚體系也非同化手段，而是恐懼；凡有一絲一毫的抵抗跡象都被他們當成開戰和抓俘虜祭神的藉口。[11]所以墨西加人的大帝國可說是由向附庸民族榨取貢品、不時發動戰爭，以及每天用數百、甚至數千名俘虜獻祭所組成。特諾奇提特蘭或許是一座極度富裕的城市，但是帝國本身的根基並不堅固，多是靠著墨西加人對附庸民族灌輸的恐懼在支撐。

印加

另一個由印加人在美洲建立的帝國，情況就不同了。有別於墨西加人（及馬雅人），印加人並未發展出書面語言，所以我們現在對印加人的瞭解大多來自歐洲征服者在十六世紀初期彙整的描述。儘管如此，故事依然很精采。十三世紀中期定居於祕魯高地的的喀喀湖（Lake Titicaca）周圍的印加人（Inca，「印加」起初是他們對皇帝的稱呼，但是後來歐洲人也將這個詞用來擴大指稱該民族）在十五世紀展開武力征服，並且建立了一個大帝國，從北方的現今基多（Quito）一地延伸兩千五百英里到南方的聖地牙哥。

與墨西加人不同，印加人有意識地將被征服的民族融入自身文化，強迫他們使用同一種語言（克丘亞語〔Quechua〕），並且安排專業行政官員直接治理他們。除了國土極長、涵蓋南美洲太平洋高地區的大部分以外，印加帝國也有很大的「縱深」。祕魯山區最高達一萬三千英尺，部分城市位於九千英尺高處，從山上到谷地都散布著印加村落。縱深大除了在治理上有難度，種植糧食也是一項挑戰；因為不同高度的生態系差異很大，所以不同的作物必須種植在不同地帶。為了確保這樣一個不尋常的帝國能保持統一，印加人以石磚鋪成山路供帝國信差和軍隊使用。

令人意外的是，印加帝國這樣龐大，卻沒有一個真正的書寫系統，而是發展出一套由彩色繩結組成的巧妙系統，讓統治者記錄重要資訊（人口、稅收、尚欠的政府勞役）以維持帝國的統一。人民禁止從自己的村落遷出，貨幣與私人交易的缺乏則限制了私有財產與財富的發展。儘管如此，統治超過一千六百萬人的帝國本身還是相當富裕。

然而就和墨西加帝國一樣，印加帝國向外擴張的同時，壓力也在內部累積。印加人相信他們的統治者是太陽神的後裔。統治者死後，人民為了取悅他（也為了維持作物生長），會將他的遺體製作成木乃伊，在各種重要場合或決策時展示出來，以維繫他們與太陽神的連結。此外為了延續這項活動，被製成木乃伊的統治者，其所有土地與財產都會留給他的直系後裔。因此，新的印加統治者上位時一無所有，必須為自己征服新的土地與人民，從而成為驅使印加帝國向外擴張的一股動力。在印加人征服所有能征服的土地後，或者說在印加軍隊遭遇挫敗後——他們從安地斯山脈東側下山進入亞馬遜雨林，結果被趕出來——帝國的擴張慢了下來，王室裡的緊張情勢開始升溫，很快在一五二五年一位印加皇帝死後不久檯面化，引發繼承危機與兩個異母兄弟之間的王位之爭。

一五〇〇年的阿茲特克帝國和印加帝國同樣權力穩固、勢力強大，不過也各有弱點。

阿茲特克人是靠著向被征服的民族強行榨取餘糧建立起他們的帝國，而印加人的體制則使擴張成為必須，好讓新統治者取得新的土地來養家活口。而後西班牙人到來，第一個當然是一四九二年的哥倫布，但是一五三一年的科爾特斯（Hernán Cortéz）更加重要。自此一切都改變了。

美洲遭征服與西班牙帝國

一五〇〇年，阿茲特克帝國的首都特諾奇提特蘭有二十五萬人口，是全世界最大的城市之一。這座城市有金字塔、植物園、運河、動物園、汙水系統，還有每天由大約一千人清掃的街道。特諾奇提特蘭是個壯觀的地方。阿茲特克戰士向他們征服的人民灌輸恐懼，以確保糧食與商品持續流入首都。然而這個龐大、複雜且強盛的帝國卻被僅僅六百名由科爾特斯率領的「征服者」（conquistadors）推翻；另一支由皮薩羅（Francisco Pizarro）率領、規模更小的「軍隊」，則在一五三〇年代征服了印加帝國。怎麼會發生這種事？這兩個帝國被征服，是幾個偶然因素促成的。

一五一九年，科爾特斯在現今墨西哥的維拉克魯斯（Vera Cruz）這座城市附近上岸後，聽說內陸有大量黃金，而且許多被阿茲特克帝國征服的民族願意提供情報、食物、大炮和戰士給他，助他一臂之力。阿茲特克皇帝蒙特蘇馬二世（Moctezuma II）起初相信科爾特斯是一個回歸神祇，於是送了黃金去安撫西班牙人，希望他們離開。但科爾特斯說，「我們有一種心病，唯有黃金才能治癒」，前往特諾奇提特蘭的陸上遠征就此展開。

科爾特斯利用那些敗戰民族對阿茲特克的憎恨，收編了他們，並在他們的幫助下，進入特諾奇提特蘭城，攻打阿茲特克人。儘管阿茲特克人驍勇善戰，他們發明的許多作戰工具在墨西哥谷也成效良好，但西班牙人畢竟占有極大的科技優勢。西班牙人有鋼製的劍和盔甲，阿茲特克人只有銅製武器和布甲；西班牙人有大炮，阿茲特克人沒有；西班牙人有車輪，阿茲特克人沒有；西班牙人有馬匹，阿茲特克人沒有；西班牙人有「戰犬」（傭兵），阿茲特克人沒有；西班牙人為了殺戮和征服領土而戰，阿茲特克人只在雙方實力相當的情況下戰鬥，也不會殺死所有敵人。最後，西班牙人無意間把天花病毒帶到美洲，在一五二〇年夏天引發了一次大流行，導致特諾奇提特蘭超過半數居民死亡，重挫阿茲特克戰士的士氣，訓練有素的西班牙士兵因而得以趁機攻占特諾奇提特蘭。

相似的幾個因素湊合起來，也幫助皮薩羅帶領的小隊人馬征服了印加人。[12]不過這次不太一樣的是，天花大流行早在一五二〇年代就從墨西哥蔓延到祕魯，遠在皮薩羅到來之前就大幅減少了安地斯印第安人的人口。他抵達之後，利用印加王位爭奪者之間的分歧引誘他們步入陷阱，然後把他們幾乎全數殺死。起初皮薩羅放過了印加的最後一任統治者，卻在對方交出大量黃金後將其勒死並斬首。

雖然我們使用「征服」這個字眼描述阿茲特克人與印加人在十六世紀的遭遇，但西班牙人的勝利其實來得既不迅速也不完全，因為美洲原住民對歐洲侵略者與殖民者頑強對抗，時間相當長。印加人多抵抗了一個世紀，而西班牙人在佛羅里達也曾數次遭塞米諾爾人（Seminoles）擊敗。事實上，一九九〇年代發生在墨西哥恰帕斯州（Chiapas）的事件提醒了我們，美洲原住民的抵抗至今尚未結束。然而即使美洲原住民沒有被徹底擊潰，即使持續抵抗讓美洲原住民得以把對手逼上談判桌或取得小幅讓步，但是歐洲人和非洲人最終取代了美洲原住民，成為美洲人口最多的族群，仍是一個不爭的事實。下文將有更詳細的討論。

哥倫布大交換

美洲被征服，促成了一場種族、病原體、天然物產和食物的全球性交流，尤其是新大陸的食物進入舊大陸的農業經濟，更改變了全世界。玉米、馬鈴薯、番茄、辣椒及其他食物迅速傳遍歐亞大陸，豐富了平民與菁英人士的飲食。舉例來說，番薯於十六世紀中期傳入中國，使中國的農民可以省下自己種出來的稻米不吃，將之銷售出去換錢。無庸置疑，新大陸的作物傳入舊大陸後，舊大陸的人口才得以超越在原有食物種類基礎上所能達到的極限。

哥倫布大交換是雙向的交流，但輸家看來是新大陸的原住民，因為新舊大陸的邂逅讓兩個此前相互隔絕的疾病區有了接觸。美洲原住民的祖先在上一次冰期遷徙到美洲，當時有一道陸橋連結阿拉斯加與西伯利亞。過了成千上萬年，歐亞大陸的農業革命才將人與馴化的動物聚集在一起，導致大量動物病原體轉移到人類身上，產生一系列的人類疾病，包括天花、水痘，以及流感。歐亞大陸的人染上這些疾病，久而久之便發展出對它們的免疫力；新大陸的人沒有機會這樣做。那次冰期結束後，冰川融化造成海平面上升，淹沒了白令陸橋，遷徙到美洲的民族就與那些疾病隔絕了；而那些疾病後來成為歐亞大陸物質世界日常生活中的一部分，其中一些對那裡的人來說只是「小兒科」，大多數患者都能輕鬆復原。但後來事實證明，歐洲人歷經好幾百年發展出免疫力的那些疾病，對於沒有這種後天免疫力的美洲人（以及後來太平洋島嶼的人）來說，卻是相當致命。[13]

大滅絕

天花大流行削弱阿茲特克人與印加人的實力，為西班牙人征服這兩個帝國創造了有利條件，而這只是一場浩劫的開端。這場長達一個世紀的浩劫差點消滅了美洲原住民，把各方估計從四千萬到一億不等的征服前人口數，減少到只剩下八百萬。從一五一八到一六〇〇年，見諸記載的新大陸疾病大流行有十七次，涵蓋範圍從現今南方的阿根廷到美國的德州與南、北卡羅來納州。不只天花，還有其他致命疾病——麻疹、流感、腺鼠疫、霍亂、水痘、百日咳、白喉、熱帶瘧疾——在摧殘美洲人口。[14]但是美洲人口在西班牙征服後的一個世紀裡減少，疾病並非唯一的因素。征服本身、美洲原住民之間的戰爭、征服者的壓迫、強制徵用印第安勞力、生育率降低、存活的原住民陷入憂鬱，都是這場災難的成因。[15]

單就墨西哥一地而言，一五一九年還有兩千五百萬人，五十年後是兩百七十萬人，一百年後只剩下七十五萬人，亦即原本的三%。同樣的命運也降臨在印加人、加勒比海島嶼居民（從艾斯潘諾拉島〔Española〕上的阿拉瓦克人〔Arawak〕開始），以及現今美國東南部的印第安人身上，只是所剩人口比率有所不同而已。歐洲人傳入的疾病是否在十七世紀前摧殘過美國東北部、密西西比河上游，或者西北部的印第安人，還有待學術討論，然而歐洲人在北美洲建立永久聚落後，那些原住民確實飽受疾病折磨。簡而言之，歐洲人與新大陸接觸後的那一個世紀中，大片區域的人口銳減，比一五〇〇年前少了九〇%。儘管我們無法確知美洲在與歐洲接觸前的人口數，[16]不過看來可以確定的是一六〇〇年時，全美洲已減少了數千萬人。

氣候學家拉迪曼（William Ruddiman）認為，這次大滅絕很可能促成了小冰期的全球降溫現象。由於無人照料農田和週期性焚燒樹木，森林於是恢復原狀，再次覆蓋美洲。拉迪曼主張，樹木那麼大量地增長，從大氣中除去了足夠的二氧化碳，即我們現在所稱的「溫室氣體」，促使地球的氣溫下降。在人類引發二十世紀的全球暖化問題前，人類行為——或者說人類行為的後果——也許曾經對氣候造成過相反的影響，即小冰期的降溫現象。[17]

勞力供給問題

即使沒有發生大滅絕事件，西班牙人在新大陸也會遇到勞力問題，因為他們自己不願意做體力活，讓印第安原住民自願為他們工作又很困難。天主教會針對印第安人是否有靈魂進行討論並達成共識（結論是有）之後，奴役印第安人的選項也被排除。印第安人雖然不是奴隸，卻還是被西班牙人強迫在他們的田裡或礦場勞動，以回報西班牙人給予的食物、住所和基督信仰；這種制度稱為監護徵賦制（encomienda）。征服與大滅絕時期過後，出現了另一種制度來補充監護徵賦制，那就是勞役徵提制（repartimiento）。由於印第安人稀少而分散，勞役徵提制於是將他們強制集中在小城鎮，這些小城鎮都使用西班牙人熟悉的方格狀布局。兩種制度結合在一起，為征服者和他們的屬下供應糧食與衣物。

白銀

「發現」美洲無疑是個意外。哥倫布向西航行前往亞洲，結果在途中偶然發現了一個廣闊的新大陸。但是他尋找亞洲的原因和別人追隨他到美洲的原因一樣：發財。西班牙人不僅發現美洲，還發現了大量被阿茲特克人與印加人化為藝術品、權勢象徵與用品的黃金和白銀；阿茲特克人與印加人被擊敗後，那些金銀就任憑西班牙人帶走。

在西班牙人只需要掠奪集中於特諾奇提特蘭和庫斯科（Cuzco，前印加帝國首都，位於祕魯）的白銀與黃金、加以熔煉並運往塞維亞的時期，缺少印第安勞力並不是問題。所以大滅絕發生的同時，也有一場大掠奪在進行；在征服新大陸後的數十年間，掠奪就是西班牙人處置當地經濟體的主要手段。不過情況沒多久就有所改變，西班牙人在前印加帝國（現在的玻利維亞西部一帶）和墨西哥發現了大量銀礦。

最大的一處礦藏於一五四五年在波托西（Potosí）發現，那裡不久便成為一座新興城市（海拔高度超過一萬三千英尺），一五七〇年時有十五萬居民。接下來的一個世紀裡，波托西出產了巨量白銀，尤其是在採用汞提煉流程之後。印第安人採礦、煉礦，若不是因為被強迫，就是因為受招攬、有工資可拿。波托西對西班牙人而言是龐大財富的來源（「身價值一個波托西」後來成為形容某人很富有的慣用語），對印第安人而言卻是「地獄的入口」。採礦本身就夠危險了，用汞作業更是會致命（汞是一種毒物）；波托西礦業運作的三個世紀裡，估計有八百萬名印第安人死亡，每十個在礦場工作的印第安人當中有七個會死於非命。

流出新大陸的大量白銀中，光是產自波托西的就占了一半：從一五〇三到一六六〇年輸出的白銀有三千兩百萬磅以上，黃金則有三十六萬磅。但是這些白銀都到哪裡去了？是誰有這麼巨大的需求，讓地處偏遠的波托西迅速興起，西班牙人也願意累死八百萬名印第安人來把白銀弄到手？畢竟征服者原先想要的是黃金，不是白銀，但他們卻大量生產白銀。為什麼？這個問題的答案分成兩部分。

西班牙帝國及其殞落

由於新發現了唾手可得的財富來源，西班牙統治者開始試圖把全歐洲納入自己的支配下。帝國的觀念（和理想）在十六世紀的歐洲並不罕見。事實上在羅馬帝國滅亡之後，有些歐洲人一直渴望以基督教為基礎的普世政治秩序能重新建立起來。有很長一段時間，東正教的捍衛者，即地中海東部的拜占庭帝國被寄予厚望。但是一四五三年鄂圖曼土耳其人攻占君士坦丁堡並將它改造成穆斯林城市後，那些希望就破滅了。

在西歐內部，帝國的概念由神聖羅馬帝國高舉奉行。這個徒具名義、僅是代表一種期望而不符現實的「帝國」頭銜，於九六二年重現；當時一名半野蠻的日耳曼侵略者占領了義大利，並且被教宗加冕為「神聖羅馬皇帝」。神聖羅馬帝國一直維持到一八〇六年，主要以奧地利及日耳曼為核心，儘管日耳曼自身政治情勢比義大利更加分裂。

然而，十六世紀初期的西班牙似乎很有可能成功在歐洲建立一個真正的帝國。斐迪南與伊莎貝拉的孫子查理五世不只繼承了西班牙王位，並聲稱擁有範圍廣布歐洲各地（奧地利、尼德蘭、西西里、薩丁尼亞）的哈布斯堡領地，還有位於新大陸的新西班牙（墨西哥）與新卡斯提（祕魯）。流入西班牙的新大陸財富，起初單純來自劫掠阿茲特克人與印加人的珍寶，但是在波托西的礦場開始運作後，那裡就成為西班牙財富的固定來源。

這使得查理五世和他的繼位者腓力二世有了財源可以付諸實行統一轄下領土的企圖，但是西班牙君王想要統一其領土的企圖，遭到法國和西屬尼德蘭新教徒的阻擋，英國也在必要時助西班牙的敵人一臂之力。

西班牙和法國之間戰事不斷，而荷蘭獨立戰爭（信仰新教的荷蘭與信仰天主教的西班牙對戰，戰況在一五七〇年代尤其激烈）也削弱了西班牙的實力。儘管有大量白銀從新大陸流入西班牙，戰爭的高昂花費依然導致西班牙政府宣布破產，而且不只一次（首先是在一五五七與一五六〇年，後來又多次宣布）。英國在一五八八年擊敗西班牙艦隊，接下來西班牙又在歐洲（三十年戰爭，一六一八至一六四八年）和新大陸戰敗，建立一個歐洲帝國的希望確定落空。建立帝國的夢想後來被由主權民族國家組成的競爭體系給取代，而這個體系的中心不是西班牙。許多歷史學家認為，建立帝國的可能性消失和民族國家興起，是西歐歷史上最關鍵的轉折之一。[18]本章後面會談這個轉折，現在我們要回到西班牙人為何如此熱中於在新大陸挖掘銀礦的問題，繼續闡述答案的第二個部分。

中國的白銀需求

哥倫布冒險在大西洋上航向未知、達伽馬在新海域繞過好望角，都是為了避開鄂圖曼人與穆斯林世界，找出通往亞洲豐饒物產的直接途徑。當時從地中海東邊到亞洲的陸上通道全由穆斯林掌控。毫無疑問，哥倫布並未抵達亞洲（不過他確實以為自己到了，還錯把美洲原住民當成印度人而稱其為「印第安人」），葡萄牙人航進印度洋與南海時則發現自己很窮，沒有錢購買亞洲香料和製成品（所以他們用「武裝貿易」收保護費的敲詐手段來強索那些商品）。但是當西班牙人偶然發現新大陸的白銀時，他們找到了取得亞洲財富的鑰匙。在某種程度上。

問題是，正如一句俗諺所說，西班牙「養了乳牛，卻喝不到牛奶」。白銀的確從新大陸流入了塞維爾，不過西班牙君王，尤其是查理五世與腓力二世，都為了統一歐洲、將其納入自己的帝國之下而持續與他國交戰。白銀因此流出西班牙，到了荷蘭武器商和英國、義大利的金融家手中，然後，這些人就用新獲得的大量白銀資助前往中國和印度的貿易使團。此外，西班牙人並不能有效地控制直接通往亞洲的航路，這類航路是被葡萄牙人、荷蘭人、英國人與法國人掌控，這樣的情況至少到一五七一年西班牙人占領菲律賓的馬尼拉並在那裡建立殖民地才改觀，此後滿載白銀的西班牙大帆船就可以從阿卡普科（Acapulco）直接航向馬尼拉。

總計起來，一五〇〇到一八〇〇年的三個世紀間，「新大陸生產的白銀約有四分之三」最後到了中國。[19]原因是中國需要極大量的白銀作為貨幣系統的基礎，以及促進經濟成長。中國人很珍視白銀，因此白銀在中國價格高昂，在美洲則相對低廉許多（掠奪結束後，白銀的成本就是生產花費，而八百萬印第安礦工的死亡可以證明生產花費相當低廉）。於是白銀流出新大陸，一方面經由歐洲，另一方面渡過太平洋到菲律賓，然後進入中國。中國是世界上最大且最多產的經濟體，早期現代經濟大部分都是由中國推動的，而動力的來源就是新大陸。可以說沒有中國就不會有波托西（就算有規模也會小得多），而沒有波托西，西班牙就不會嘗試在歐洲建立一個帝國。簡而言之，可用近來一位世界史學家的話來概括：白銀「在世界流通，讓世界運轉」。[20]中國人採取行動，歐洲人做出反應。那麼，真正推動現代世界形成的到底是誰？

在一五〇〇到一八〇〇年那段期間，世界人口、經濟活動及貿易仍以亞洲占大部分，即使歐洲人在新大陸與亞洲創造了新的開始。[21]事實上，亞洲所占的世界人口比例從一五〇〇年左右的大約六〇％，在一七五〇年增加到了六六％，一八〇〇年到了六七％。一八〇〇年的全球人口有三分之二是亞洲人，其中大多數在中國與印度。如同第一章所說，在舊生態體系中，人口增長是成功開發更多資源而能供養更多人口的證據。

然而，亞洲不僅人口有所成長，經濟產量與生產力也在提高。一七七五年，世界上所有商品大約八〇%是亞洲人生產的，比例可能比一五〇〇年時還要高。換言之，占全世界三分之二人口的亞洲人，生產出全世界五分之四的商品。從另一個角度來看，亦即一七七五年時占全世界人口五分之一的歐洲人，和非洲人、美洲人一起生產出全世界五分之一的商品。也就是說，在一五〇〇年之後的三個世紀裡，亞洲擁有最具生產力的經濟體。

證據還可以在一些意想不到的地方看到，包括新大陸。十六世紀時，中國製造的商品遠比歐洲商品物美價廉，所以「那些（中國）商品迅速終結了新大陸市場由西班牙商業利益主導的局面」。因此，西班牙指派的祕魯總督曾在一五九四年向馬德里的當權者抱怨：

> 中國商品非常便宜，而西班牙商品實在太貴了，我認為不可能將貿易限制到完全無人在這片領土消費中國商品的程度。因為一個男人花兩百雷亞爾（reales，二十五披索）就能讓妻子穿上中國絲綢製品，但是花不起兩百披索購買西班牙的絲綢衣物給妻子。

利馬的市民也穿中國絲綢，墨西哥市婦女則穿著稱為「普埃布拉中國女孩」（China poblana）的裙裝，那套服裝至今都是墨西哥婦女的「民族服飾」。事實上，中國商品由於品質太過精良且價格便宜而摧毀了墨西哥的絲綢產業，即使絲織業因為從中國輸入廉價絲線而有所成長。[22]

英國人也發現來自印度的廉價棉織品比他們在英國能買到的紡織品（無論是毛料還是亞麻）更好，於是從印度輸入的商品在十七世紀期間穩定增加。確切地說，英國到一七〇〇年為止從印度輸入的加工棉布，數量大到讓英國紡織業者認為他們的產業會被競爭對手摧毀。結果他們並沒有為了與印度競爭而成為更有效率的生產者，反而在一七〇七年成功向英國政府施壓，禁止輸入印度棉織品。法國婦女認為色彩鮮豔的印度印花棉布非常時尚，導致法國在一七一七年通過禁止穿著印度棉或中國絲綢服飾的法律，以保護法國的本土產業。一名巴黎商人甚至說願意付五百里弗爾（livres）給任何敢在「大街上脫光婦女穿著的印度棉織衣物」的人。[23]

我在下一章將進一步詳述紡織品在工業化中的地位。這裡只需要先提醒，進入十八世紀之際，歐洲人儘管從新大陸取得財富，但在全球經濟中與亞洲人相較仍處於競爭劣勢。實際上，當時全球形勢是這樣的：歐洲人和亞洲人比起來實在太貧窮，距離真正的工業財富與工業生產創造者更是極度遙遠，以致歐洲人彼此激烈競爭，只為了得到在亞洲市場貿易的優勢。換句話說，歐洲的邊緣地位加劇了歐洲國家之間的競爭，促使歐洲人竭力尋找在這個仍由亞洲主導的世界裡累積財富與權勢的途徑。於是新大陸的重要性再次浮現。

新大陸經濟

蔗糖、奴隸，以及生態

新大陸經濟的打造有賴於種植園體制的建立與發展，這套體制引進並使用非洲奴隸勞力，起初是用來生產蔗糖，[24]但是後來十七世紀也用於生產菸草，十八世紀用於生產棉花。葡萄牙人在這個過程中扮演重要角色，因為他們試驗出開發巴西殖民地的最佳方式。願意移居到巴西的葡萄牙人很少，所以他們只能仰賴當地的圖皮人（Tupi）。結果，好聽些的說法是，圖皮人因為不想在農場勞動，紛紛逃進森林裡。所以即使奴役圖皮人，對解決葡萄牙人的勞力短缺問題仍是杯水車薪，而這個問題在歐洲疾病進一步減少圖皮人的數量後更形急迫。最後找到的解決方法就是使用非洲奴隸。

還沒有發現新大陸之前，葡萄牙人就已經發展出以奴隸為基礎的種植園體制，用來在非洲外海的島嶼上生產蔗糖（效法西班牙人與熱那亞人早前在地中海的成功經歷）；那些島嶼是他們在尋找通往亞洲的海上路線時征服的。觀察種植園體制從一四二〇年代建立而後發展起來的經過，對理解後來在新大陸發生的事情相當有啟發，因為兩者同樣牽涉到將熱帶森林轉變成甘蔗園的大規模生態變化、原住民族（關切人〔Guanches〕）遭到奴役與滅絕，以及輸入非洲奴隸到甘蔗園工作。[25]這一切都發生在哥倫布偶然發現美洲之前，但是葡萄牙人正是因為先前有過利用奴隸經營種植園的實務經驗，而能很快就把這個體制推廣到人口減少的新大陸；到了一五八〇年代，奴隸制度與甘蔗園已是在巴西的葡萄牙殖民地的主要特徵。

法國人和英國人也在加勒比海建立了依靠奴隸生產的甘蔗園。一六四〇年占領巴貝多（Barbados）後，英國殖民者立即著手開墾土地來興建甘蔗園，一六五〇年代，這裡生產的蔗糖就開始輸出到英國。製糖業迅速擴張，尤其在英國從西班牙手中奪下牙買加島後——該島面積是巴貝多的三十倍。法國人也在加勒比海建立甘蔗園——從馬提尼克（Martinique）開始——並且將蔗糖出口回法國。到了十七世紀後期，大量的蔗糖從加勒比海出口回英國與法國，由此導致的競爭將巴西的蔗糖擠出了歐洲北方市場。最後，英國和法國為了產蔗糖，一共摧毀了好幾座加勒比海島的森林，侵蝕作用使土壤不再肥沃（例如海地的土壤），也改變了當地氣候。[26]

製糖設施造成的生態變化，引發了更多意料之外的後果，尤其是透過蚊子傳播且會致死的黃熱病和瘧疾蔓延開來，這兩種疾病在一四九二年之前的美洲是不存在的。引發這兩種疾病的病毒，是經由特定種類的蚊子叮咬而傳播到人身上。無論是黃熱病毒還是攜帶該病毒的蚊子宿主，以前在美洲都不存在，所以必定是上述兩者都被帶進了美洲，病毒才能開始立足並傳染給人類。瘧疾方面，美洲當時已有至少三種可當宿主的蚊子屬別——只缺瘧疾病毒。

在美洲創造出這些疾病生態的共同肇因，就是甘蔗園。巴西和加勒比海島嶼的森林遭到砍伐，形成了溝渠和其他低地淡水資源；牛與其他有蹄動物也在地面上踩出會積聚雨水的凹痕。非洲奴隸體內帶著瘧疾病毒到了這些地方，被可攜帶該病毒的當地原生種蚊子叮咬過後，病毒便能傳給被同一隻蚊子叮咬到的其他人。黃熱病方面，蚊子是隨著歐洲人船上裝飲用水的水桶被運到了美洲。歐洲人為了供應糧食給奴隸而開墾稻田，又更加擴大了對瘧疾有利的生態。

歷史學家約翰·麥克尼爾（John McNeill）主張，這些傳播到美洲的疾病不僅是哥倫布大交換的部分產物，它們的存在更成為足以扭轉歷史的力量，對美洲後來戰爭與革命的結果影響巨大。他認為原因在於罹患過黃熱病且存活下來的人，對這種疾病就有了免疫力，至於非洲人早已對瘧疾具有抵抗力，而他們每多接觸病毒一次，免疫力就跟著展延一回。反之，沒有免疫力或抵抗力的人——例如由歐州北方人組成的軍隊——可能受到嚴重感染，這一點很重要。麥克尼爾認為這解釋了為何西班牙帝國在墨西哥與加勒比海可以抵抗英國或法國的攻擊，而且撐了很久——正是由於有了這些疾病的幫助。同樣的，美國東南方的反抗軍對瘧疾有免疫力，英國士兵則沒有；海地革命（一七九一至一八〇四年）的非裔領袖大部分住在城市，他們對黃熱病有免疫力，但是法國士兵沒有。毫無疑問，所有這類事例背後的故事遠比以上簡述所能傳達的還要曲折、有趣、偶然得多，但是這段簡述足以顯示一四九二年之後的美洲歷史背後，各種要素之間的互動有多複雜。[27]

被帶去新大陸種植園工作的非洲奴隸數量驚人，到十九世紀奴隸貿易終結時已有一千兩百萬人以上；一六五〇年時，「移居新大西洋世界的人以非洲人占多數」。[28]有將近三百年的時間，歐洲奴隸交易商每年把成千上萬名非洲奴隸帶到美洲，不僅對非洲人造成長遠的影響，對美洲（北美洲與南美洲）社會也是。交易商起初是葡萄牙人與荷蘭人，最後則是英國人最多。雖然那些效應在歷史上很重要，[29]但我們在這裡想特別關注的是，以奴隸為基礎的種植園體制如何融入世界經濟體系當中。

大西洋世界由兩個貿易三角連結起來，這兩個貿易三角形成於十七世紀，然後於十八世紀發展成熟。第一個，也是目前為止最廣為人知的貿易三角，連結英國、非洲與新大陸。美洲的商品（不只是蔗糖，還有北美洲的木材和魚類）運到英國（再從英國送到貿易夥伴手中）；製成品（印度棉織品的比例愈來愈高）運到非洲換奴隸；奴隸則被送往美洲。另一個三角則往反方向走。蘭姆酒從英國在北美洲的殖民地運到非洲換得奴隸；奴隸送去加勒比海；糖蜜（煉糖的副產品）則運到新英格蘭去製造更多蘭姆酒。[30]

歐洲人與北美殖民者在這些交易中賺到了錢，累積了財富。事實上，大西洋貿易的規模是歐亞貿易的三倍。[31]奴隸制度和種植園經濟到底幫了歐洲人多大的忙，使他們得以更具競爭力，可以在世界經濟中與對手較量？這個問題將於下一章詳談。現在我們只需知道，十七、十八世紀的歐洲人不僅是在一個由亞洲製造業主導的世界經濟中競爭，他們彼此之間也在競爭。西班牙在歐洲創立統一帝國的嘗試宣告失敗，很快就導致一個新體制形成；這個體制連結起歐洲諸國，並且推動了國家及其力量的壯大。

人類遷徙與早期現代世界

人類這個物種自二十萬年前於東非開始演化以來，就不斷地從世界上的某一個地區遷徙到另一個地區。[32]套一句歷史學家曼寧（Patrick Manning）的話，「我們的祖先逐漸分散，移居到非洲大陸各地，然後是整個歐亞大陸、澳大拉西亞、美洲，以至於地球上的每一片土地。」[33]地球上幾乎每個人的祖先都曾經從一個地方遷徙到另一個地方。人類為了各式各樣的原因遷徙，包括改善自己或家人的經濟、社會、政治地位；傳播宗教思想；逃離環境或氣候災難；[34]或者只是想見見世面。有時候是個人或一家之主自由做出遷徙的決定，有時候則是其他人做決定並強加於人，例如奴役，又或者是戰爭迫人逃離。而當人遷徙到已經有其他人居住的地方時，通常會需要學習新的語言與文化。在早期現代世界，大部分的遷徙都屬於後者，曼寧稱之為「跨社群遷徙」。

早期現代世界的人在改良過的新航海科技幫助下，移動變得更加便利；這些航海科技實現了鄭和、哥倫布和達伽馬的航海探險。本章探討的歷史進程背後，幾乎都牽涉到人類遷徙，強制的、不強制的都有。蒙古、中國、俄羅斯、鄂圖曼、葡萄牙及大西洋世界的帝國擴張，導致人在這些帝國的領域內遷徙，也有人逃出去。探險家、征服者與商人將世界各地緊密合而為一，永久改變了這個世界，因為世上有人居住的地區全都展開了規律且持續的相互接觸。遷徙和全球化二者的發展密不可分。[35]

移民在美洲、南非、麻六甲、新加坡、馬尼拉及其他港口和邊遠地區建立了定居殖民地。這些移民大多是自由人（像是在西班牙與葡萄牙統治下的美洲），他們通常與當地婦女生下小孩，開創出混血文化與社群，以及語言、宗教、器具、食品等方面的交流。這些社群是殖民者對被殖民者與受奴役者所做行動的產物，而社群形成的過程伴隨著大量暴力、創傷與壓迫。在拉丁美洲，本土文化並沒有被征服行動和一批批受迫移入的非洲奴隸給抹除，而是在一種「文化互化」（transculturation）的雙向過程中創造出新的文化。[36]遷居到北美洲新英格蘭的英國移民狀況比較特殊，因為那些移民大多是攜家帶眷前往。全世界凡是船隻到得了的地方，都可能發展出混合社會，也就是移民與殖民統治在美洲、非洲與亞洲的結合；由於掛著歐洲國旗的船隻，其國王或女王多半是基督徒，所以商人及貿易往往也伴隨著傳教士與傳教活動。[37]

到現在為止，我們在本章已看到跨洋航海如何導致世界各地區之間出現大量新貿易，還有歐洲人如何征服美洲、大滅絕與人類遭受的許多折磨、哥倫布大交換，以及非洲人遭到奴役。事實上在早期現代世界，最龐大的人類遷徙是奴隸制度造成的。有三個世紀的時間，每年多達十萬名非洲奴隸被送到美洲的種植園與礦場工作。

奴隸交易被種族化與性別化，三分之二的奴隸是年輕非洲男性，對美洲和非洲的非洲社群都造成影響。一項開創性研究指出，非洲人雖然遭到奴役，卻也將他們的語言、宗教習俗、技能帶到美洲，並且創造出自己的文化，儘管奴隸主對他們百般壓抑且施以不人道的對待。[38]我們對美洲奴隸可怕經歷的理解，來自奴隸自己的描述。有兩部著名回憶錄，第一部的作者是花錢買回自由的艾奎亞諾（Olaudah Equiano），[39]另一位是諾薩普（Solomon Northup）；這名住在麻薩諸塞州的自由黑人遭綁架被賣去當奴隸。[40]根據其回憶錄改編而成的電影《自由之心》（*12 Years a Slave*）在二〇一四年獲得了三項奧斯卡金像獎。我們在第五章會看到，南北戰爭（一八六〇至一八六五年）結束後，美國奴隸制度廢止，引發了另一波大遷徙，往日的奴隸紛紛離開南方州。

早期現代世界的跨界移動規模有大有小，不過主要是在語言及文化方面。帝國之間界線模糊，但是不必然就能互相滲透。至少在東亞，中國清朝與俄羅斯議定北方國界後就在當地設立前哨站，進行巡邏；[41]日本的德川幕府（一六〇〇至一八六八年）則執行「鎖國」政策。在這兩個例子中，歐洲人都獲准在沿海飛地進行非常有限的貿易活動。

總體說來，航海冒險促成的文化、生物和基因接觸無疑是新事蹟，也在許多方面永久改變了世界秩序，特別是因為哥倫布大交換不只發生在美洲與歐洲之間，也擴及亞洲。世界各地逐漸產生永久的連繫，而移民就是將世界連繫在一起的。全球化不僅僅只是一個經濟發展過程，而是許多無疑從航海活動與軍事力量帶來的機會中得利的人所構成，但是對其他人而言，全球化帶來的是不幸，無論是身為在甘蔗園工作的非洲奴隸，還是照料菸草田的歐洲契約僕役。

十七世紀全球危機與歐洲國家體系

歷史學家很早以前就知道在十七世紀時，世界上有許多國家陷入叛亂、革命、社會危機、人口減少和經濟大幅衰退。這被稱為「十七世紀全球危機」，是人為力量與自然力量同時發揮作用所造成的廣泛現象。我們現在也知道，那場危機形成的原因、時間都和稱為小冰期的全球降溫事件有關。[42]本章討論到的許多歐亞大陸帝國——中國、俄羅斯，特別是鄂圖曼——都在十七世紀陷入了危機。伴隨小冰期而來的偏冷及寒冷氣候使得收成驟降，農村人口隨之拉起警報。中國和俄羅斯爆發的內戰更加劇了糧食供給對人民造成的壓力，因為這兩國的統治者拒絕承認糧食供給減少，反而繼續徵稅來支付戰爭花費和供養具有重要戰略地位的城市中心。毫無意外，氣候變遷加上戰事，導致大量農村人民死亡。逃過戰爭殺戮的人——根據不同估計，占那些國家人口的三分之一到二分之一不等——最終仍逃不過饑荒與饑餓。在歐亞的帝國之中，只有統治印度的蒙兀兒帝國承認氣溫下降令農村子民陷入缺糧危機。蒙兀兒統治者不僅在那樣的情況下延遲徵稅，更提出了減稅措施。[43]

至於歐洲國家，也是幾乎個個都有內部危機，程度不遜於歐亞各帝國，更陷入彼此交戰的窘境。三十年戰爭（一六一八至一六四八年）幾乎將所有歐洲國家捲入戰爭，而這些國家的統治者眼光短淺、貪婪、恐懼，以致整個歐洲不僅深受寒冷導致的歉收所苦，還得承受為了支付戰爭費用而被加徵稅金。歷史學家帕克在他的十七世紀全球危機研究中講述了歐洲統治者的愚蠢和腐敗，尤其是日耳曼，當地大概有一半的人口死於戰爭及氣候變遷引發的饑荒，凸顯出歐洲人在一六四八年《西發里亞和約》簽訂前所付出的慘痛代價。《西發里亞和約》把歐洲從十七世紀充滿戰爭、饑荒與死亡的可怕威脅中解救出來。[44]

於是，戰爭形塑出新興歐洲國家體系的輪廓。十七世紀中期之前，戰爭開打大多是為了阻止西班牙建立統一帝國，或者為了支持（荷蘭與日耳曼國家）新教徒脫離西班牙的天主教君王、尋求獨立。當歐亞大陸的大型農業帝國從危機的深淵中重生，或者至少重組時，歐洲國家體系則因為十七世紀危機而有了大幅轉變。一六四八年《西發里亞和約》簽訂，結束了三十年戰爭，自此之後的戰爭大多與法國有關。西班牙逐漸衰落的同時，法國逐漸強盛。從十七世紀晚期起，多半是法國與英國在爭鬥，衝突在七年戰爭（一七五四至一七六三年，美國人稱之為「法國—印第安戰爭」）達到顛峰，最後英國擊敗了法國。《西發里亞和約》確立了國家「主權」的涵義，並開啟了多國體系的制度化——儘管該體系是由「戰爭規則」形塑而成——最終決定了歐洲的走向。

在本章談論的時間範圍內（一五〇〇至一七七五年），歐洲國家之間的戰爭在許多方面頗具歷史意義。首先，那些戰爭牽連了幾乎所有歐洲國家，把它們綁在一起，成為一個單一體系，尤其是在《西發里亞和約》簽訂後。這一點從歷史學家提利（Charles Tilly）製作的兩張圖表可以看得很清楚（見圖3.1）。[45]這兩張圖表分別呈現出兩個時期（一五〇〇年前後與一六五〇年前後的歐洲），圖表中的細線代表兩個被連起來的國家之間打過一場戰爭，粗線則代表打過兩場以上。一五〇〇年時有兩個次體系，西邊那個次體系以義大利為中心，但到一六五〇年時，所有歐洲國家都捲入了同一團由戰爭帶來的混亂糾葛中。

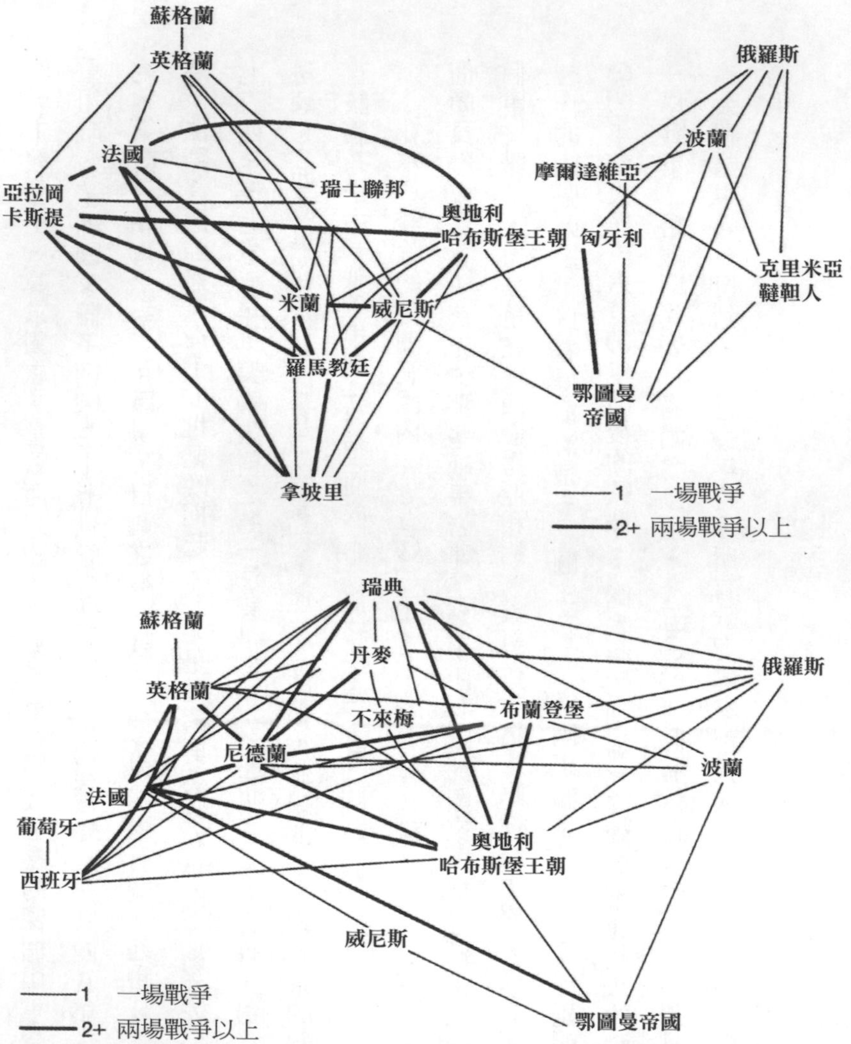

圖3.1　歐洲國家在一四九六至一五一四年（上圖）與一六五六至一六七四年（下圖）列強戰爭中的關係

資料來源：Charles Tilly, *Coercion, Capital, and European States, A.D. 990–1990* (Oxford: Basil Blackwell, 1990), 176–77.

第二，歐洲的戰爭造成兼併，政治單位因而愈來愈少，也促使一種特定類型的民族國家發展起來，並成為歐洲最成功的國家形式。提利的研究再度為我們提供了基本數據。從大約公元一〇〇〇年開始，現今稱為「歐洲」的區域，有三千萬居民生活在一堆令人困惑的政治單位中，這些政治單位受「皇帝、君王、親王、公爵、哈里發、蘇丹及其他統治者」的統治。提利提醒我們，這些頭銜掩蓋不了歐洲政治分裂程度驚人的事實：光是在義大利就有兩百到三百個城邦。五百年後，到一五〇〇年左右，「歐洲的八千萬人分屬於大約五百個國家、準國家、獨立小國，以及類國家組織。」從那時起，戰爭便開始減少歐洲國家的數量，直到現代時期的大約三十個國家。[46]

西班牙哈布斯堡帝國實在太大且效率太低，無法順暢調度自身資源來與英國或法國對抗；義大利的富裕城邦則缺少人力在義大利境外與規模較大的軍隊作戰。同樣的，日耳曼諸邦雖然有能力抵禦彼此，卻難以阻止較大的國家干預其事務。瑞典或荷蘭等小國在十七世紀時由於擁有一些資源而得以參與國際事務，十八世紀時卻因為大國逐漸主導歐洲政治而沒落。另一方面，一些人口眾多的大國，例如波蘭，是由一小撮貴族統治一大群農奴，派不出規模夠大的軍隊與他國競爭；波蘭因此在十八世紀末遭到瓜分。

在這個脈絡下，戰爭帶來的第三個有趣後果是，它影響到歐洲各國的內部發展：它有利於某些類型的國家而不利於另一些類型。歐洲國家的統治者並不富有，而戰爭的花費很高。基本上，歐洲統治者可以開發兩種收入來源。第一，他們可以徵稅，不過徵稅往往會遭遇地主反抗；地主可以把增加的稅金轉嫁給為他們工作的農民，但是有引起動亂的風險。於是為了取得徵收及使用稅款的權利，大部分的歐洲統治者只能與地主菁英協商，最後通常會成立某種代表大會，統治者在開徵或提高稅款前要先諮詢大會成員。除了地主代表大會之外，另一個隨著稅制發展出來的制度是國家官僚體系，由他們負責對已知徵收對象進行評估並收取稅款，而不是「外包」給私人團體。一五〇〇到一八〇〇年期間，由上述兩項發展所引發的緊張情勢，是許多歐洲國家內部政治史的主旋律。

第二個收入來源是向銀行家或其他富人貸款。舉例來說，十六世紀的西班牙君主就必須靠貸款來為戰爭籌資，但是那些錢大多借自不住在西班牙或其掌控範圍內的銀行家，要說成是某種早期的資本全球化也可以。所有歐洲統治者都必須仰賴短期與長期貸款來打仗，所以鼓勵有資本的人住在他們的城市就成了對他們有利的事。在這方面最成功的是英國與荷蘭，有部分是因為這兩個國家對宗教包容，願意接納在天主教國家不受歡迎的富有新教徒及猶太人。然而就算是向自己的子民借錢，也必須償還，導致英國在十七世紀後期創立「國債」，這項創新對英國在擴張勢力方面極度重要。

實際上，英國的國債是由英格蘭銀行做擔保的長期貸款，換句話說就是「債券」。其他歐洲國家也經常想要藉由將短期債務合併成長期債務來解決財政困難，但這些都是以統治者的還款能力做擔保。英國的新方法則是透過一六九四年成立的英格蘭銀行發行債券，並以銀行的認繳資本（subscribed capital）做擔保。國債不僅為英國統治者提供了現成的戰爭資金來源，也給了投資者一種相對可靠的投資工具，進而為英格蘭銀行吸引到更多存款。

總而言之，戰爭使得歐洲國家的開支大幅超出歐洲人購買亞洲產品後手中所剩的白銀數量，催生了常備陸軍與海軍、稅制與負責收稅的官僚體系、稅務人為了影響徵稅標準而要求設立的各種代表大會（儘管歐洲的「專制君主」盡其所能地忽視或關閉這些機構）、公共債務，以及國債制度。上述這些都是十七、十八世紀歐洲「國家建構」歷程的組成部分，而這一歷程則是由歐洲帝國的終結與小冰期對歐洲各國造成衝擊所啟動的。西班牙在西歐建立單一帝國的意圖破滅，三十年戰爭隨後在十七世紀初期發生，這開闢了一條通道，讓一種用不同方式組織起來的國家體系得以在一六四八年《西發里亞和約》簽訂之後興起。

國家建構

若有必要，歐洲統治者會使用武力來取得打仗所需的資源，但是他們認為如果子民願意更自發地把那些資源交給國家的話會更好。因此，統治者多次聲明他們的正當性，也就是宣揚子民應該心甘情願服從統治者的思想。十六、十七世紀時，這些統治正當性的主張是建立在宗教基礎上，聲稱這是「國王的神聖權利」，意思是基督教的神授予了他們統治的權利。十七世紀全球危機期間，就連在收成大減、務農人口被壓迫得愈來愈接近挨餓或饑荒邊緣的時候，依託「神權」治理國家的君王仍不顧子民生活艱困，堅持要徵到充足的稅收以支應戰爭需要。這類以宗教為統治正當性基礎的主張也導致歐洲的君主，尤其是信奉天主教的那些，將非天主教徒逐出他們的領土。西班牙的斐迪南與伊莎貝拉於一四九四年驅逐猶太人與穆斯林（他們稱之為「摩爾人」〔Moors〕）是一個早期的例子，十七世紀後期法國驅逐新教徒（胡格諾派〔the Huguenots〕）是另一例。西班牙宗教法庭也參與其中，以確保西班牙在歐洲及美洲領土的子民都信奉天主教，而且對君主忠誠。

十七世紀的危機結束後餘波盪漾，十七世紀晚期與十八世紀的歐洲啟蒙運動開始挑戰「君權神授」思想，並提出一些更為民主的想法，認為應以個人權利建構統治正當性的基礎。在與法國專制政體及天主教會的對抗過程中，法國「啟蒙哲人」對這些民主思想進行了深刻有力的闡釋，並且開始把被統治者（也就是「公民」）的同意也納入國家的正當性基礎中。到十八世紀末，在一七八九年法國大革命的影響下，法國人正是利用這些思想來證明處決君王、建立共和國的正當性。[47]

在歐洲這樣一個競爭激烈、戰爭頻仍的環境中，一些國家脫穎而出，最終導致一種特定類型的國家——擁有累積大量資本的城市，而且農村地區的人口足以維持軍隊——成為其中佼佼者。出於一些我們在此不用關注的原因，大約在公元一〇〇〇年之後的幾百年裡，歐洲城市都傾向帶狀發展，從義大利北部的托斯卡尼開始，向北越過阿爾卑斯山到根特、布魯日和倫敦，巴黎也發展起來了。直至今日，這個帶狀地帶都還是歐洲最都市化的地區。城市為本國統治者提供許多機會：可以對城鄉貿易徵稅，可以從銀行獲得資金而毋須仰賴農村貴族的支持，可以比較全面地強化自身實力。總而言之，他們可以比運氣較差、距離城市較遠的競爭者支配更多資源，尤其是錢財與人力。[48]而最有能力建立這種類型的國家的，就是英國和法國的統治者，他們可以把在倫敦或巴黎找得到的資本資源與從農村人口中發掘出來的人力結合起來。而建立起強大的國家後，英國與法國在十七世紀晚期開始成為彼此激烈競爭的對手。

事實證明，英國人有意願也有能力使用國家權力來達到經濟目的。他們與荷蘭人競爭時，曾經在十七世紀中期通過一系列《航海法案》，規定新大陸的英國殖民地只能與英國進行貿易，有必要的話也允許使用武力來執行這些法案。[49]一六八八到一六八九年的光榮革命將信仰新教的君主送上了英國王位，他們同意遵守國會制定的以國內製造業利益優先的法律；後來國會就在一七〇七年通過了限制印度棉織品輸入英國的法律，以保護英國製造商並鼓勵英國棉紡織業的發展。十八世紀時，英國已有一個隨時準備利用國家政策以扶持紡織業的政府，而我們會在下一章看到，煤礦與鐵礦也是政府扶持對象。[50]

重商保護主義

至於法國，也建立了一個強大的國家，並且在十七世紀晚期財政大臣柯爾貝（Jean-Baptiste Colbert）的領導下，實施後來稱為「重商保護主義」的經濟政策。歐洲統治者似乎一直都缺錢支付戰爭花費。早在一五八〇年代西班牙人就曾抱怨，「經驗證明，一支船隊從西印度群島來到這裡之後，不到一兩個月就一點錢也不剩了。」一六二〇年代一名英國商人也抱怨「硬幣短缺」。[51]原因在於雖然歐洲的貨幣儲備先前持續有增加（尤其是從一五八〇到一六二〇年），但是隨著歐洲銀礦開採量暴跌、美洲白銀減少和流向亞洲的白銀增加，到一六二〇年時，歐洲貨幣儲備的水位很可能已下降。歐洲國家不僅在戰場上廝殺，也競相盡可能地吸引與守住最多的白銀與黃金。

由於歐洲各國競爭得太過激烈，導致似乎只有一個國家有所失，另外一個國家才能有所得：這是一場一個國家要對抗所有國家的廝殺，最高原則是「力爭第一」。根據重商保護主義理論，一個國家取得優勢的最佳辦法是盡可能吸引並留住大量貴金屬，尤其是白銀（以及後來的黃金）。需要金銀儲備的理由很簡單：戰爭很花錢，必須購買武器，很多情況下還得從外國的武器製造商購入，[52]而在外國作戰也需要大量白銀與黃金。而為了將貴金屬留在自己的國家，就需要制定經濟政策遏制貴金屬被用於購買進口商品而流出本國，尤其是消費品和非戰爭用品。

於是歐洲國家對幾乎全部的進口商品開徵關稅，並規定所有商品都必須用本國船隻來運送，更強制在新大陸的歐洲殖民者只能與母國進行貿易，儘管這樣的決策無法防堵走私活動鑽漏洞。重商保護主義的觀念也催生了一些政策，例如主張國家應該使用本國原料在國內生產所有需要進口的商品；我們看到英國人就是在十八世紀早期實施這項措施以抵制印度棉織品。雖然重商保護主義政策確實促進了工業在歐洲國家的建立，然而政策的目標與工業化無關，而是要防止黃金和白銀流出本國，增加其他國家的財富。歐洲國家執迷於積存白銀，有個日耳曼人曾說：「白銀愈多，國家就愈強大。」[53]

在這些歐洲內部的戰爭中，不同國家的運勢各有起落興衰。我們已經知道，十六世紀末西班牙的勢力已開始衰落，而葡萄牙太小，在歐洲對法國（或西班牙）無法構成挑戰，在亞洲海域也威脅不了荷蘭人。荷蘭是最先在亞洲與美洲投入大量資本進行貿易的歐洲國家之一，其勢力在十七世紀達到顛峰，同時法國與英國也逐漸壯大。然而，荷蘭並沒有足夠的人力可組成一支夠大的常備軍來與法國對抗，最後不得不與英國結盟，聯手對抗法國在歐洲大陸的勢力。到了十八世紀，英國與法國從十七世紀危機中脫穎而出，成為最強大、最有競爭力的兩個歐洲國家（見地圖3.1）。

七年戰爭，一七五六至一七六三年

身為歐洲最強大、最成功的兩個國家，英國和法國不只在歐洲競爭，也在美洲和亞洲展開爭奪。在「漫長」的十八世紀，也就是一六八九到一八一五年間，英國與法國打了五場戰爭，其中只有一場不是英國先發動。英法兩國（以及其他國家）在西班牙王位繼承戰爭中的纏鬥，於一七一三年《烏得勒支和約》簽訂後告終，這紙條約建立了歐洲的「權力平衡」（balance of power）原則，亦即沒有一個國家可以支配他國。儘管如此，英國和法國之間仍週期性爆發戰爭。

其中最重要的一場，是從一七五六打到一七六三年的「七年戰爭」；美國人稱之為「法國—印第安戰爭」，並且從這場戰爭對一七七六到一七八三年美國獨立戰爭的影響來看待它。而的確，英國與法國開戰的導火線就是在美洲殖民地，事實上點燃這條導火線的也正是當年二十二歲的華盛頓。[54]然而這場戰爭後來成為全球性的交火，也許是第一場真正意義上的世界大戰，英軍與法軍的交戰烽火除了歐洲以外，還延燒到美洲殖民地的邊遠地區、加拿大、非洲和印度。法國人在這場戰爭中損失慘重：他們失去了在北美洲（英國人得到加拿大）與印度的殖民地，反之，英國則在這兩個地區取得更強大的勢力與地位。[55]

由上述可見，一七七五年前，歐洲在建構國家的過程中已催生出一個由戰爭形塑出來的體系，而這個體系對某種特定類型國家的發展特別有利，以英國和法國為代表。主權國家之間維持權力平衡而不建立統一帝國，成為歐洲的既定原則，英國也崛起成為最強的歐洲國家。但是這並不代表英國是全世界最強大或最富裕的國家——還差很遠。的確，印度蒙兀兒帝國的勢力在十八世紀早期正日趨衰弱，而且我們在下一章也將看到，英國已經有能力在那裡創建一個殖民帝國。但是英國的勢力還是太小，無力挑戰中國對

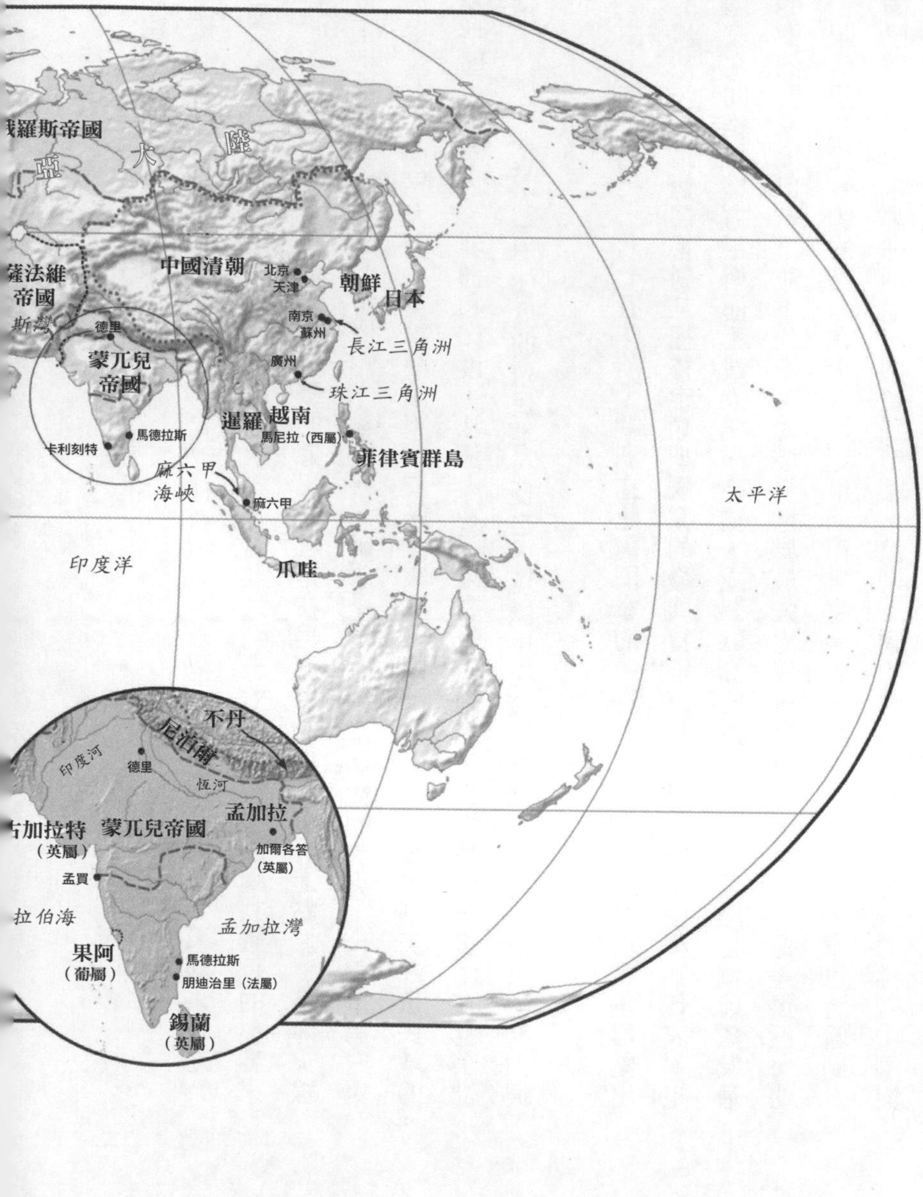

俄羅斯帝國
亞
大
陸
薩法維
帝國
斯灣
中國清朝
北京
天津
朝鮮
日本
南京
蘇州
長江三角洲
德里
蒙兀兒
帝國
廣州
珠江三角洲
暹羅
越南
馬尼拉（西屬）
馬德拉斯
卡利刻特
菲律賓群島
麻六甲
海峽
麻六甲
太平洋
印度洋
爪哇
不丹
尼泊爾
印度河
德里
恆河
孟加拉
古加拉特
（英屬）
蒙兀兒帝國
加爾各答
（英屬）
孟買
拉伯海
孟加拉灣
果阿
（葡屬）
馬德拉斯
朋迪治里（法屬）
錫蘭
（英屬）

地圖3.1　一七六〇年左右的世界

亞洲貿易活動設下的規矩。他們有嘗試過挑戰，最有名的一次是一七九三年馬戛爾尼勛爵帶領使團覲見中國皇帝，結果碰了一個大釘子，無功而返，英國對此也無可奈何。然而不列顛群島相當幸運，成為工業革命開始的地方。當馬戛爾尼勛爵還在航返倫敦的路途上時，那裡已經出現了蒸汽。等到英國人學會將工業革命的成果運用到戰爭上之後，英國與中國之間的全球勢力天平便傾斜了。這個改變世界的局勢，就是下一章要說的故事。

第四章

CHAPTER 4

工業革命及其後果，一七五〇至一八五〇年

一七五〇年時，幾乎全世界的七億五千萬人口從出生到死亡都是在舊生態體系之內度過，無論他們住在哪裡、擁有怎樣的政治與經濟體制。生活所需的一切，包括糧食、衣物、住所，以及取暖、煮食所用的燃料，大多來自土地，來自太陽每年傳送到地球的能量流中被保存下來的部分。[1]紡織、皮革、建設等工業也仰賴出自農業或森林的產物。舉例來說，舊生態體系內就連煉鋼和煉鐵都要依靠木炭。因此，舊生態體系不只對人口規模設下了限制，對經濟生產力同樣如此。

這些限制會在一七五〇到一八五〇年的這一個世紀裡開始解除，那時，有些人愈來愈常使用煤來產生熱能，再捕捉那些熱能驅使蒸汽動力機器做重複的動作，執行先前由人力完成的工作。使用燃煤蒸汽來驅動機器是一大突破，讓人類社會脫離舊生態體系，進入一個不再受限於每年太陽能量流的新體系。煤是好幾億年前儲存下來的太陽能。將煤用在蒸汽發動機裡，使人類社會擺脫了舊生態體系加諸的限制，人類的生產能力與人口數量都出現指數性成長。推動工業機器的風力、水力和動物被取代——換成燃煤產生的蒸汽——揭開了工業革命的序幕，[2]這件事對歷史發展的重要性可與發生時間早非常多的農業革命並列。使用化石燃料——起初的煤與後來的石油——不僅改變了全世界的經濟，也增加了地球大氣中的溫室氣體。因此，這項重大改變發生的過程和原因，以及造成的後果，是世界史上極重要的主題，也是本章與接下來兩章的焦點。

為了理解工業革命，我們要再度用「局勢」（conjuncture）這一概念為分析工具，其含義是，原先各自獨立的歷史發展與進程，於某個特殊的時刻匯聚在一起。以工業革命為例來說，匯聚在一起的因素有：舊生態體系之下的世界成長潛力全面衰竭、歐洲國家的戰爭擴及全球、新大陸殖民地的特殊性質，以及英國煤礦的絕佳位置與經營難題。我會特別著重在棉織品和英國人對煤的需求如何促成工業革命。

棉織品

工業革命一般被認為始於十八世紀的英國，以棉紗與棉布紡織過程的機械化揭開序幕。珍妮紡紗機、水力紡紗機與走錠精紡機（又稱為「騾子」）都被當成英國人善於發明的證據，這也是為何西方崛起論述會以歐洲為中心的原因之一。問題在於，雖然英國確實是最先使用蒸汽動力機械而徹底改革了棉紡織業的地方，但事情發生的過程與原因卻必須從全球脈絡去理解，而這正是本章所要加以說明的。[3]

十七世紀後期，英國人強烈喜歡上印花布這種印度棉織品。有一名男性如此描述：

「突然間所有英國婦女不分貧富，全都把印花布穿在身上，有染印的也有手繪的，顏色愈鮮豔愈好。」另一名男性抱怨道：「印花布在不知不覺中進入我們的家裡、衣櫃、臥室；窗簾、坐墊、椅子，最後連床本身，都是用印花布或印度製品。總之，原本用羊毛或絲綢做的女性服飾或家具家飾相關用品，幾乎全變成是用印度貿易供應的商品。」[4] 這些一七〇〇年前後的當代人評論，勾起了一些有趣的問題：英國人為什麼從印度輸入那麼多棉織品？情況怎麼會變成那樣？他們後來又是如何創造自己的棉紡織業，並加以工業化？

英國人在一七〇〇年左右輸入那麼多印度棉織品，是因為那些產品比英國自己生產的紡織品（尤其是亞麻與羊毛）質優且價廉。印度棉織品觸感佳、質料輕薄，適合夏天穿，可以染成鮮豔的顏色，最重要的是它比英國人自己製造的任何紡織品都還要便宜。事實上，印度在約一七〇〇年時是全球最大的棉織品輸出國，而且不只要供應紡織品以滿足英國的需求，還有全世界的需求。東南亞、東非、西非、中東和歐洲都是印度棉織品的主要出口市場，除此之外還要應付規模龐大的國內市場。難怪十八世紀時，全球對印度棉織品的需求量，「超過印度所有紡織工人所能生產的量」，而且一七五〇年的全球棉織品產量，印度就占了整整四分之一。[5]

如同許多歐洲人想要的亞洲產品——起先是以絲綢、瓷器等供應給菁英人士的奢侈品為主，但後來愈來愈多像中國茶這類供應給大眾市場的產品[6]——印度生產的棉織品相當物美價廉。英國紡織業者抓住「便宜」這點來說嘴，抱怨他們付出的工資較高，所以無法競爭。印度在十八世紀具有競爭優勢，是因為該國可以用幾乎比所有紡織業者都低廉的價格在全球市場銷售商品。有些人認為印度紡織品便宜的原因是生活水準低，或者多數人賺取的薪資微薄，然而這些說法都已證實並非事實：十八世紀印度紡織工人的生活水準和英國工人一樣高。[7]那麼，如果印度擁有競爭優勢的原因不是生活水準低，還會是什麼？

兩個字：農業。印度農業產量極大，所以糧食價格比歐洲低很多。前工業時代的工人家庭把六到八成的收入用於購買糧食，糧食費用是他們實質工資的主要決定因素（也就是考慮一英鎊、一美元、一巴西雷亞爾或一枚印度金幣能買到多少糧食）。在印度（還有中國和日本），一批種子所能收成的穀物量和那批種子的數量，比例是二十比一（例如每種植一蒲式耳的稻米，可以收成二十蒲式耳），而英國最多就是八比一。由此可知，亞洲農業產能是英國（乃至歐洲）的兩倍以上，所以糧食在亞洲比較便宜，而購買糧食是最大筆的生活花費。儘管印度的名義工資可能較低，但購買力（實質工資）卻比較高。

在舊生態體系裡，農業產量高是亞洲的競爭優勢，甚至在工業中也是優勢。因果關係是這樣的：每英畝的產量高→糧食價格低→工資較低→相對優勢。在英國，因果關係則是這樣：每英畝的產量低→糧食價格高→工資較高→相對劣勢。如此一來，問題就變成：英國是怎麼開始逆轉這種相對劣勢的？

正如我們在前面章節所看到的，部分原因是英國針對輸入國內的印度紡織品提高關稅，以及完全禁止某些種類的印度棉製品輸入——也就是採取重商保護主義的做法。要是英國人在十八世紀初期沒有那樣做，我們實在沒有理由相信他們的情況會有所長進，以致能和印度生產者競爭，並且建立起自己的棉紡織業。[8]但另一層原因是，英國在美洲有了殖民地，也在印度取得「寶石」般的殖民地。這兩處後來都與英國棉紡織業的崛起息息相關。

印度

英國在一六五〇年時的確稱不上有什麼海外帝國，但很快就急起直追，在東印度和西印度（即印度與加勒比海）奪走葡萄牙與西班牙的領地，在新舊大陸跟荷蘭競爭，並且於十八世紀與法國交戰。然而奇怪的是，歐洲國家之間的衝突會擴大到世界各地，起初並不是政府造成的，而是民營貿易公司；最早的一批是荷蘭東印度公司、英國東印度公司，以及法國西印度公司。

雖然每家公司的成立時間不同，組織也不太一樣，但這些都是政府特許的民營公司，並且從政府那裡得到與亞洲貿易的獨占權，這一切都與重商保護主義的觀念相符。這些公司也有別於單純的貿易遠征隊；它們是由永久資本和可以交易的股份組成的——從這方面來說，兩家東印度公司是現代公司的先驅，而它們在組織貿易與提高獲利上的成功也意味著大公司在歐洲工業化中扮演的角色將愈來愈重要。不過在十七、十八世紀，這些公司的目標是在與亞洲的貿易中獲利。

然而，荷蘭東印度公司自視為荷蘭新教勢力的延伸，因此極度敵視西班牙和葡萄牙的天主教勢力，並且認為貿易與戰爭密切相關。一六一四年，荷蘭東印度公司總經理在一封給董事會的信中表示：「諸位閣下應當從經驗中知道，在亞洲進行貿易與維持貿易關係時必須做好保護，而且要用自己的武器……所以為維持貿易免不了要戰爭，戰爭也都是為了貿易。」[9]荷蘭人整個十七世紀都積極實施這個策略，從葡萄牙人手中奪走麻六甲、占領爪哇並將那裡變成生產蔗糖的殖民地，此外也設法在臺灣島上建立殖民地。

相反的，英國東印度公司對貿易和貿易利益的興趣大於對戰爭的興趣，至少起初是這樣。該公司於一六〇〇年創立後的一個世紀期間，董事會一直堅持「我們的工作是貿易，不是戰爭。」[10]為了避免衝突，英國東印度公司把貿易集中在印度，因為當地邦國勢力衰弱，也幾乎沒有歐洲競爭者，尤其是在孟加拉與馬德拉斯。但是情況到了十七世紀後期開始改變，因為法國人在附近設下了要塞。於是，英國與法國在歐洲交戰的同時，兩國軍隊（不管規模多小）也在印度發生衝突；通常是法國人占上風，因為他們開始透過徵募印度人入伍當正規兵來提升作戰能力。這些印度兵被稱為「西帕依」（Sepoys）。英國東印度公司在一七五〇年代也仿效這種做法，到了七年戰爭前夕，雙方在印度沿岸的軍隊都有近萬人——大多是印度人。

此時，蒙兀兒大帝國的政治與軍事力量已嚴重衰退。蒙兀兒在勢力顛峰時，大概可以動員百萬大軍；最後一個偉大領袖奧朗則布（Aurangzeb）於一七〇七年去世後，蒙兀兒便因為各區域的政治暨軍事領袖宣布從帝國獨立而逐漸沒落。其中一名領袖是孟加拉的納瓦卜（nawab，類似省長或總督），他掌控了英國在加爾各答的貿易港，並且要求英國東印度公司付出更多費用來換取在那裡交易的特權。

英國人抗拒，派出一支兩千人左右的軍隊，在克萊武（Robert Clive）的帶領下與其他反孟加拉的印度軍隊聯手，於一七五七年的普拉西戰役（Battle of Plassey）中擊敗了有法國人助陣的孟加拉軍隊。他們俘獲孟加拉的納瓦卜並將他處決，再以一名順從的納瓦卜取而代之，並且在一七六五年得到向孟加拉收取稅賦（總額非常大）的權利。此時七年戰爭已開打，英國和法國軍隊也在印度沿岸各處交戰，最後英軍在一七六〇年於朋迪治里（Pondicherry）擊敗法軍，贏得一場決定性的勝利。這是大英帝國擴及印度的開始；英國的掌控範圍在接下來的五十年間持續擴張，一八五七年時整個印度次大陸都成為英國的一塊正式殖民地（見地圖3.1）。

在七年戰爭中獲勝——更確切地說，是英國在美洲及印度的勝利——對英國成為一個棉織品生產國而不再是輸入國的過程而言很重要。回顧一下，英國政府於一七〇七年禁止印度紡織品進口，希望國內蘭卡斯特鎮周邊一帶的棉紡織業能夠發展起來，這個目的後來的確達到了。然而仿效印度的染色技術有困難，再加上工資與售價較高，所以蘭開夏（Lancashire，蘭卡斯特周邊地區）的生產對象主要是英國國內市場，全球市場上仍是以英國東印度公司買賣的印度棉織品為最大宗。因此，英國棉紡織業若要更上一層樓，就必須有出口市場。而世界上有一個市場正在擴大，因為那裡有獨特的奴隸制度、種植園，以及重商主義的貿易保護限制，這個市場就在新大陸。

新大陸作為一個獨特的外圍區

歐洲的新大陸農業從一開始就是以出口為導向。在整個加勒比海地區及南美洲，大部分的蔗糖、菸草和棉花都是產自使用非洲奴隸的種植園，因為大滅絕造成了勞力短缺，而歐洲人也不願意移民到新大陸。有別於非洲和中國的農民或東歐的農奴，美洲使用的非洲奴隸並不負責生產自己的糧食。食物大多要從北美洲的殖民地進口，尤其是魚類和穀物。奴隸也要穿衣服，因此創造出對廉價棉織品的需求。另有一些數量的印度紡織品是在西非市場交易，為的是讓準備送往加勒比海出售的奴隸有衣物可穿。新大陸的產品——蔗糖、菸草、原棉——則運回英國。[11]

英國在大西洋貿易三角的每一個端點都有獲利，並且透過在殖民地立法來確保新大陸只做原料的生產者及英國工業產品的消費者。非法買賣或與敵人交易都很普遍，交易對象可能是荷蘭人也可能是法國人，但是到了十八世紀前期，「殖民地貿易幾乎在每個方面都合乎航海體制……〔而〕非法交易在總貿易量中所占的比例極低。」毫無疑問，加勒比海及北美洲的殖民者都是英國人，他們會拒絕讓他國人士（尤其是荷蘭人與法國人）從英國殖民地貿易中分得好處，並想方設法從這個體制獲利。[12]

這種三角貿易，特別是奴隸交易與紡織品之間的連結，加速了英國海運業的成長，也確立了蘭開夏在棉織品製造業的中心地位。原棉大多從鄂圖曼帝國的黎凡特和英國在加勒比海的殖民地輸入，一七八〇年代時是在新式「工廠」紡成紗線，這些工廠使用水力並僱有數百名工人在同一個地方工作。隨著蘭開夏的製造商愈來愈熟練、紡織品價格愈來愈低，他們甚至把產品輸出到非洲，尤其是在印度紡織品價格偏高的時候。英國棉紡織業真正繁榮起來是在一七九三年美國已獨立、惠特尼（Eli Whitney）發明的軋棉機讓業者得以使用短纖維且價格便宜得多的美國棉之後。我們很快就會看到，一系列應用蒸汽動力而衍生出來的發明，在一八一五到一八四〇年間將紡紗與織布過程機械化，蘭開夏紡織廠的生產力也再度激增，導致產品價格更低，並且有能力在全球市場上取代印度紡織品。最先為棉織品開創全球市場的是印度紡織業者——而後英國人奪走了這個市場。[13]

從此之後，英國人就成為「自由貿易」的擁護者，拋棄了重商保護主義的理論與實踐，也停止對輸入品課徵關稅。確切地說，「自由貿易」在十九世紀大英帝國全球勢力的顛峰時期，成為英國的意識形態口號。重商保護主義自美國贏得獨立戰爭、脫離英國之後，至少就不能應用在大西洋了。對英國政府而言，早前移往美洲的子民與殖民地開拓者，現在成了「遵守所有《航海法》條款的外國人」；[14]這件事對原棉進口造成限制，可能壓抑英國紡織業，所以引發了要求「自由貿易」的呼聲。一七八三年與美國展開自由貿易後，證明了主張英國製造商唯有靠壟斷殖民地市場才能成長是錯誤想法；而利用非洲奴隸及其後代在棉花種植園耕作的美國南方，也成為蘭開夏棉紡廠最主要的原棉供應者。

雖然這個英國棉紡織業克服難關而終於擁有全球競爭力的故事，聽起來似乎頗符合歐洲中心主義的論調，但其實並非如此，因為英國的成功是由世界各地的一系列發展所促成的，而非英國單憑一己之力造就的。首先，英國在與印度生產者的競爭中曾處於劣勢，如果不是因為幾個巧合的話，這種局面還會持續。一六八八到一六八九年的光榮革命帶來一個願意使用國家力量保護國內製造商的政府；新大陸則因為大滅絕意外和殖民地立法發展成一個特殊的外圍區，為英國提供了一個製成品市場。第二，英國人很幸運，開發出便於使用的燃煤蒸汽機，進而全面地改革了棉紡織業，使其更具生產力，而且產品價格可以壓到比印度紡織品還低，不僅在非洲出售，有趣的是還賣到了印度。既然說到了故事的這個部分，我們就來談談煤與蒸汽機的革新。

新的能量及動力來源

直到一八三〇年左右，棉織品的發展很大程度上仍受限於舊生態體系；也就是說，跟棉織品有關的一切都取決於每年來自太陽的能量流，以及人類對這些能量的利用程度。[15]早期英國的「工廠」固然已經開始運用水力，但是那對棉織品產量的提升有限。事實上，我們有充分的理由認為棉織品產量在舊生態體系內會嚴重受限，不僅不會引發工業革命，反而會導致經濟困境。然而煤炭、蒸汽發動機、鋼鐵產製這三個因素啟動了工業革命，讓英國得以突破舊生態體系加諸的限制。要知道箇中經過與原因，我們必須仔細分析舊生態體系內最先進的經濟體在當時的情況；先從中國講起，再把眼光轉向英國。我們將看到，舊生態體系內的所有經濟體已開始持續推擠那些原本阻礙它們朝工業革命邁進的嚴重生態限制了。要不是因為幾個偶發事件和一個巨大的全球性局勢出現，我們現在也許還生活在舊生態體系中。

中國

關於歐洲發生工業革命，最多人贊同的兩種解釋分別著眼於人口變化及自由市場的成長。透過各式各樣的技術與作為（主要是晚婚），歐洲人得以把家庭規模維持在比「自然狀況下」來得小。家庭變小，意味總人口變少，使家庭有更多盈餘可投資於改善農業和工業生產力。變少的人口為了讓可投資的盈餘變多而更加勤奮工作——這被說成是一場「勤勉革命」（industrious revolution）——工業革命因此水到渠成地發生了。[16]

市場推動工業化的觀點則認為，商品、土地、勞力和資本市場在歐洲的建立與發展，大幅提高了歐洲生產者的效率，因而能夠累積充分的資本投入改善農業及工業生產力。市場要成功，也必須要有一個會保護（或至少尊重）私有財產權的政府。同樣的，根據歐洲中心版本的現代世界起源論述，這些因素綜合起來便大致促使工業革命自然而然地發生了。

當然，由人口推動和由市場推動這兩種對工業化的解釋彼此並不矛盾，所以許多歷史學家會把兩者融合起來闡述為何只有歐洲人獨具發動工業革命的能力。他們經常拿中國當反面例證。他們說中國「人口狀態處於前工業化時期」，沒有使用任何方式壓制出生率，人口因此激增，耗盡了生存所需以外的任何盈餘，導致不可能出現工業革命需要的投資。[17]他們同樣也說中國很「專制」：政府干涉私人事務、財產權不受尊重，市場也就無法高效運作。所以那些歷史學家斷定，中國不可能出現一場工業革命。[18]

這些關於中國哪裡「出了問題」的推斷，只有一個地方錯了，就是它們全錯了。我接下來會證明，中國人其實有許多方法——儘管與歐洲不同——來限制家庭規模，進而把中國全體人口的生活保持在維生水準線之上。另外，中國不只有各種類型的市場，而且可能運作得比歐洲的市場更好、更有效率。如果中國的人口和市場真的都沒問題，那麼用它們來「解釋」工業革命為何發生在歐洲，其價值就值得懷疑了。要深究原因，我們必須近距離檢視中國。

本章前面有提過，中國（還有印度及許多其他亞洲地區）的農業生產力很高；每播下一蒲式耳的稻米種子，可以收成二十蒲式耳。稻米有一種特殊能力，不是直接從土壤中攝取養分，而是從水中攝取（所以才會種在「水田」裡），因此不用像歐洲傳統做法那樣，得讓土地休耕以恢復地力。中國農民也懂得如何整地、灌溉、施肥及抑制害蟲，將收穫量最大化。此外，中國南方的農民一年可以在同一片田地收成兩到三次，這讓十八世紀早期到中國遊歷的歐洲人驚嘆不已。法國人波微（Pierre Poivre）便曾在一七二〇年代發出這樣的疑問：「這土地是用了什麼技術，能為這麼多人生產糧食？」

> 中國人是不是有祕訣，可以讓穀物和人類營養所需的食物倍增？為了解答我的疑問，我走遍田地，向正在工作的農民自我介紹；他們多半和善、客氣，而且見多識廣。我緊跟著他們、仔細探查他們的所有活動，觀察到他們的祕訣僅僅在於：謹慎施肥；深入犁田；在適當的季節播種；利用每一寸土地、讓收穫量極大化；尤為重要的是，

他們喜歡將穀物與其他作物間作。19

農業產量如此驚人，中國人口自然會成長，從一六五〇年的一億四千萬增加到一七五〇年的二億二千五百萬，再到一八五〇年的三億八千萬至四億。這樣的數字也令歐洲觀察家相信中國無法抑制人口增長，尤其是亞當．斯密與馬爾薩斯，他們對市場與人口的見解造就了現代世界史的歐洲中心論。馬爾薩斯認為，像中國那樣無法抑制人口增長的話，人口數量終將超出土地能夠支撐的範圍，直到出現饑荒或戰爭之類的「負面」人口抑制因素縮減人口規模。他也認為，歐洲人由於採取了抑制人口增長的「預防性」措施，從而避開了那樣的命運。

馬爾薩斯對歐洲人的想法確實正確，對中國人的看法卻錯了。事實上，中國人可以控制家庭規模，也有這麼做，只是方法與歐洲人很不一樣。幾乎所有中國女性都會結婚，而且早婚，但是中國家庭發展出許多方式來控制子女人數。節制性行為（尤其在結婚初期）是一種常見的舉措，而且與父母同住的夫妻必得遵守。溺嬰（尤其是女兒）則是另一種限制家庭規模的手段，也導致人口性別不均，男性多於女性，使得許多貧窮男性無法成家。李中清（James Lee）與王豐（Wang Feng）這樣總結中國的人口體系：

在歐洲體系中，婚姻是自主抑制人口增長的唯一方法，而中國與歐洲相反；中國的人口體系有多種蓄意抑制手段，所以遠比馬爾薩斯或其後繼者所想的還要複雜且需要算計。因此……人口從未將經濟逼到維生水準線之下。[20]

不過，由於農業生產力高，中國經濟也有能力為國內人口生產充分的糧食，所以人口還是增長了，而且如前所述，在一七五〇到一八五〇年間迅速激增。[21]在中國南方的珠江三角洲、東南沿海、長江三角洲這些人口密集的核心區域，人口規模大到有人開始遷往比較少人居住的地區。這類人煙稀少之地有時土壤格外肥沃，開墾後就具備生產力，例如從上海沿長江逆流而上到湖南就是這樣的情況，廣西的西江谷地也是如此；而有時這類新投入生產的土地則比較偏僻且貧瘠，像是位於長江南岸的江西高地。[22]

就這樣，到處都在開墾新土地以供農業生產使用——尤其到了一八〇〇年，當時新開墾的土地並不如人口稠密的核心區域那般肥沃多產——這代表就快到達舊生態體系下的發展極限了。那並不意味著馬爾薩斯說的災難即將發生——中國人其實很能控制他們的生育能力——而是意味著肥沃的農地愈來愈少。會這樣是因為生活的四大必需品——糧食、衣物、住所、燃料——皆出自土地，所以有競爭關係。開墾土地來種植糧食，就減少了可作為燃料供煮食、在家取暖或製成工業用木炭的木頭。把種棉花的土地用來改種稻米，也會讓衣物原料的供應吃緊，而反過來把種稻米的土地用來改種棉花，就變成會減少能夠獲取的糧食。當已達到舊生態體系的極限，就沒有什麼空間可以靈活調度，中國在十八世紀後期就是這樣，[23]我們將會看到英國也是如此。

滿足人口持續增長所產生的需求，意味著土地承受的壓力增加，人類也必須犧牲別的物品來換取食物。不僅如此，持續增加糧食產量的同時還要維持衣物、住所和燃料的供給，這代表必須在農業投入愈來愈多的勞力與資本，以趕上需求的成長速度。舉例來說，開墾土地要花很多錢，建造灌溉工事或在山上開闢梯田同樣代價高昂，而這些作為都提高了中國在十八與十九世紀的農業產量。投入更多勞力亦能提高產量，而中國的農家也這樣做了：像是先把稻米種在苗圃再移植到田裡，又或者用手除掉稻株上的蟲，這些努力同樣提高了農業收穫量，支撐住不斷增加的人口。從人類與動物的排泄物中取得氮並加以再利用，也有相同的效果；在維持、甚至提高農田的地力上，亞洲農民是舊生態體系中的勝利佼佼者。

市場

中國經濟提升總產量與生產力的另一個方法是利用市場，尤其是農產品市場。以往大家都認為歐洲最先有市場，也發展得最好（用工業革命的結果反推原因，去解釋這場革命為何最先出現在歐洲）。然而過去三十年間，研究中國的歷史學家證實了中國在十八、十九世紀就已經有高展成熟且效率極佳的市場。[24]舉例來說，珠江三角洲和長江三角洲鄉下的農民轉為專門從事蠶絲業，也就是包辦生產絲綢的整個流程：養蠶、種植桑樹來餵食蠶、煮繭抽絲、紡紗、織布、將絲綢染色。有的地區則是專門種棉花、種甘蔗，或者其他非糧食農作物。

這樣的專業化意味著這類農民必須從別的來源取得食物，通常是上游地區那些轉為專門種稻的地方，從那裡可以輕易用船將稻米運送到人口稠密的核心區域。民間團體和政府皆大手筆投資運河，大規模擴張、改善中國的內陸水運系統，並且將北方的天津與南方的廣州以水路連結起來。高效率的水運促進了穀物在中國各地的流通及市場的成長，也是支撐著當時世上幾座最大城市的物質基礎。

起初，中國政府經常介入糧食市場，以確保鄉下農民與城市消費者都有足夠的糧食供給，[25]但是到了十八世紀中期，中國政府愈來愈樂意讓市場與商人操縱穀物從產地到消費地的長距離運送——長達一千英里。對這些市場的效率評估顯示，它們比當時法國、英國或美國的市場更有效率。[26]此外，中國的土地、勞力與資本市場都運作得很好，而且效率可能勝過歐洲國家的同類市場。[27]

簡而言之，無論是以農業生產力、製造業與市場的成熟度，還是以消費水準來衡量，十八世紀中國的「先進」程度不輸世上任何其他先進國家，甚至更高。中國家庭會調整其規模，會因應經濟機會的變動，在機會減少時限制家庭人數，以將消費水準保持在維生水準線之上；分工的專業化促使市場興起，形成高度商業化的經濟；建立在水上的廣大運輸系統，則讓商品與人得以在帝國各處有效率地移動。

中國不僅有商品、土地、人力與資本市場，而且至少有兩個地區還發展出了股票和期貨市場。隨著中國人口在十八世紀期間成長，木材與木柴的需求量也迅速增加，原本為了拓展農地而進行的森林砍伐因此加劇。安徽省一處山區和長江三角洲的繁榮城市中心之間因為有了水運和市場連結，當地大族領袖於是把稻田改成林木種植場，以滿足下游對木材的需求；再往上游一千英里處的貴州省也因為同樣的原因而發展出林木種植場。這兩個地方的問題是樹木與農作物不同，需要二十到三十年才能砍伐利用。地主和林木種植場業者因此開始把他們的立木（standing trees）分成「股份」，可以在樹木被砍伐之前進行買賣。交易這類股份的市場很快就發展起來，期貨市場也應運而生；期貨這種相當成熟的金融商品，一般認為是資本主義發展初期由西歐率先且獨家發明，然而中國鄉下早在十八世紀就有了。[28]

不過，中國高度發展的市場經濟並沒有促成一種工業上的突破。[29]到了十九世紀，反而有許多指標顯示中國正在與舊生態體系所加諸的生態限制推擠。好幾個地區的燃料在十九世紀初期呈現短缺狀態，農家只好改燒稻桿和稻殼來取暖及煮食，而不是燒木柴。此外，人口稠密核心區域與發展中外圍區域之間的一些市場交換，也拖慢了中國的經濟成長。

市場健全與運輸網絡優良的好處之一，就是有的地區得以專攻當地最能獲利的自然資源，並用以和其他地區交換產品，這就使得雙方的生產力都有所提高，每人的收入都有所增加。至少理論上是這樣，而中國市場在某種程度上就是以這種方式運作。然而，來自棉花產區的原棉與來自長江和珠江下游高度發展核心區域的製成品，兩者之間的交換情形卻開始惡化。

全中國的農家都可以自由決定要種植的作物、種植量，以及田地裡的家庭勞力分配狀況。就這方面而言，他們與新大陸的非洲奴隸或東歐的農奴差異很明顯；後兩者的自由遭到限縮，生產決策也是由奴隸主或監管人訂下的。相反的，移居到外圍區的中國農民和發達核心區的農民一樣，可以自由做決定。而他們之中有愈來愈多人決定，要自己做棉織品給自己用，以及拿來在地方上交換，這比起全心全力種植稻米或原棉、然後輸入製成品更符合他們的利益。結果，中國農村有很多地方經歷了「進口替代」的轉變，也就是為自己生產棉織品。他們不僅減少了出售給紡織生產中心的原棉數量，而且由於增加了改種棉花的土地面積，所以他們願意輸出的稻米數量也跟著減少了。[30]

因此，中國農家享有的自由可能在外圍區促成了堪稱「自給自足式原始工業化」的現象，但是該現象卻阻礙了中國核心區域發展出工業化的棉紡織業。根深蒂固的「男耕女織」觀念，可能是促成中國外圍區的農家傾向自己製造紡織品的一個因素。「女織」指的不僅是女性要織布，而且還要在家裡織。中國家庭對於留在家中織布的母親和女兒給予高度評價，像英國和日本女性那樣離家到工廠工作則不會獲得認可。[31] 矛盾的是，與歐洲體系中奴隸和農奴的有限自由相較，中國核心區與外圍區農民的自由反而抑制了中國在最先進核心區持續發展紡織業的能力。有效率的市場與個人自由——經常被用來解釋工業發展為什麼首先在歐洲西北部萌芽——引導中國走上了一條不同的道路：在舊生態體系的局限範圍內，更有效率地利用自然資源。事實上，我們將於本章後面看到，此時世界上經濟最發達的地區都正在步入一條沒有出路的生態死胡同。這使在英國某地發生的事情變得相當值得關注，對於我們理解英國工業革命的起源也有關鍵意義。

總體來說，中國在舊生態體系的限制下擁有高度發展的市場經濟。但是那個體系為成長設下了生態上的限制，而中國農民的自由又與影響勞動性別分工的習俗結合；所有這些綜合起來，中國於是在十九世紀中期達到了成長的極限。糧食、衣物、住所與燃料彼此爭搶土地，而中國農民為了從土地取得更多資源，在農業中投入極大量的勞力。專業化的動力、市場交換的增加、交通運輸的改善，在舊生態體系的限制下，加上中國情況的特殊性，一起將中國推向勞力日益密集的農業生產，以及土地資源耗竭的局面，而不是一場工業革命。隨著用作燃料的木柴供給減少，中國人再度另覓他法，改成用煤。華北與部分華中地區既產煤也使用煤，南方大城廣州附近的佛山市亦將煤用在鑄鐵廠。然而，煤在中國很好取得，卻沒有在中國促成一場工業革命，在歐亞大陸其他地方也沒有。特殊機運聚集到了一個地方，即英國，為世界躍入化石燃料工業時代創造出對的條件，最終演變成現代世界。

耗盡地球資源[32]

的確，在一四〇〇到一八〇〇年這段期間，舊生態體系內的發展動力並未帶領世界走向突破，成為一個由化石燃料能源及電氣化工業與電氣化家庭組成的「現代世界」，而是走向自然資源日益枯竭的狀態，尤其是在人口最為稠密，甚至還有私人財產、市場和效能政府這些制度的地區。這個結果有部分的成因是全球人口顯著增加，從三億八千萬成長到九億五千萬；增加的人口大多出現在十七世紀全球危機的低谷過後那一百年間，推動了砍伐森林以擴張農地（及種植更多糧食供給人類）的現象。[33]值得注意的是，現在氣候學家認為當時的農地擴張促使大量造成全球暖化的氣體進入大氣，導致氣候變暖而提升了農業收穫量。[34]

在歐洲北部地區，丹麥、法國、英國、瑞典，以及中歐，都有人記錄下土地過度開發的徵兆——「大地傷痕累累」。[35]在中國，儘管擁有超高產能的農業與效率良好的市場，但從新大陸傳播來的糧食作物仍使丘陵、高山及沙地等從前的邊緣地區也化為耕地。[36]日本在十七世紀時就已耗盡森林資源，但出乎意料的是，政府採取一連串措施來停止並逆轉日本群島去森林化的趨勢，反將日本改頭換面成為「綠色群島」。[37]印度是另一個環境耗竭的例外；當地持續保有大量森林，所以一直到十九世紀都能取得木柴作為燃料。[38]在其他地方，隨著大自然中的資源在人類數千年來的蠶食下愈來愈少，一場舊生態體系的能源危機正逐步逼近。

我們可以將世界史上十九世紀開端前後的這段時期當成人類世初期，當時人類開始意識到不僅各種自然資源因為人類行為而變得愈來愈少，動物物種滅絕也有一部分要歸咎於人類。這種意識大約同時分別出現於中國和歐洲。尋找北太平洋動物毛皮的俄羅斯人在一七六八年殺光了一個稱為大海牛的物種，這件事在一八〇二年被一份英文刊物報導出來。在一八一一年的一份中文刊物裡，一名中國南方的官員指出數個曾在古代文獻中提到的物種已然消失，也對開墾農地造成那些物種滅絕表示惋惜。英國地理學家萊爾（Charles Lyell）也指出，擴張可耕地導致了一些物種滅絕。人類造成無法挽回的衝擊，永久改變了自然——物種滅絕是永久的——而就在衝擊開始作用的時刻，工業革命也即將帶給人類更多比自然力更強大的力量，人類世的第一個階段就此開啟。[39]

英國，重生

不斷加劇的能源危機也發生在英國，愈來愈多倫敦家庭改用煤來取暖和煮食。一七〇〇年，倫敦的人口已成長到五十萬左右，所消耗的煤占全英國產量的一半以上。荷蘭也因為木柴短缺而面臨能源危機，但是荷蘭沒有煤，只有泥炭可供取暖。十八世紀的英國愈來愈常將煤用在工業上，尤其是燒石灰（以製作一種農業用肥料）、釀酒、製作玻璃，以及煮海水製鹽。到了十九世紀初期，煉鐵廠開始以煤取代日漸稀少的木炭。蒸汽機和「將煤用於製造業，是新能源結構中的兩大關鍵要素」。[40]兩者相輔相成將英國推到躍入工業時代的邊緣，最後更帶動了整個世界。但為什麼呢？

說起來很令人意外，因為原本也許有一場和中國一樣的農業災難等著發生在英國及其他歐洲先進地區，但英國反而經歷了一場工業革命，改變了一切；影響所及不只英國，而是全世界。部分的原因是英國在新大陸擁有「獨特的」外圍區：奴隸制度、奉行重商保護主義的殖民地立法，以及美國獨立後棉花種植園在美國南方的擴張，這三者為英國棉織品創造出極大的市場，從而刺激蘭開夏的棉紡織業持續發展。中國的情況則相反，中國外圍區的農家享有更多自由，加上市場體系也很有效率，所以他們可以選擇不購買來自城市紡織中心的棉織品，改由自己生產。由此可見中國內部的棉織品需求很高，應當足以支撐一個工廠體系；但是中國鄉下農民既然可以自行紡織，何必還要從城市購買棉織品？反之，新大陸的奴隸不僅持續對英國棉織品有高度需求（因為奴隸不能自行製作衣物），也以低價供應原棉。此外，英國從一六八九到一八一五年對法國的多場戰爭，「幾乎消滅了歐洲世界以外所有的競爭對手，只有剛建國的美國在某種程度上是例外。」[41]

英國的殖民地與紡織品是共生關係。一八四〇年時，英國輸出到其他歐洲國家的棉織品為二億碼，然而卻輸出五億二千九百萬碼到亞洲、非洲和美洲（不包含美國）。一八二〇到一八四〇年間，英國和印度棉織品的關係出現了逆轉。十八世紀前期，英國輸入的印度棉布太多，以致政府下令禁止進口，而十九世紀的英國則開始出口棉織品到它的新殖民地：一八二〇年時只有一千一百萬碼，到了一八四〇年竟達一億四千五百萬碼。英國蘭開夏的紡織廠開始把蒸汽動力運用於生產過程，大舉提高了產量、降低了成本，也在全球市場中勝過印度棉織品。在這個過程中，印度的龐大棉紡織業逐漸衰退，最後導致某些歷史學家所說的「印度去工業化」。[42]

英國的北美洲殖民地還有另一個重要功能——供應一些原本需要在英國生產的食物和自然資源給英國。蘭開夏紡織機所使用的原棉，顯然產自美國南方的奴隸種植園。產自北美洲森林的木材也為皇家海軍提供了桅杆、梯級、甲板鋪材，以及船身。新英格蘭外海的豐饒漁場盛產鱈魚，導致鱈魚價格低到可以在英國成為貧窮工人和棉花種植園奴隸的主食。英國從它的加勒比海殖民地取得蔗糖，也透過與南美洲的貿易取得咖啡和巧克力。[43]有位歷史學家戲稱，這些豐富的自然產物是出自英國的「幽靈土地」（ghost acres）。如果英國當初被迫從自己的土地生產這些天然產品，就必須改變土地的用途，比如說從種小麥或綿羊牧草改成種別的；這樣既不夠支持增長的人口，也不夠為工業提供資源。[44]換言之，英國的工業化就不會展開。由此看來，世界歷史上的這一重大發展有賴許多因素的配合，包括英國在美洲的殖民地。

由煤、鐵、蒸汽帶來的新能源與工業化發展其實也是一樣。兩者的初步結合要能夠大功告成，有賴一連串其他因素的配合，尤其是那些創造出對鐵的需求，以及將蒸汽動力運用到更廣泛的領域，而不僅僅是用來抽取煤礦中積水的需求。

煤、鐵與蒸汽

雖然英國棉紡織業的發展異常迅速，但單靠紡織業並不能導致工業革命的發生。誠然，英國直到一八三〇年代的經濟成長幾乎全由棉紡織業包下。棉紡織業造就了一個由城市產業工人組成的新階級，也創造出「工廠」及一系列與之相伴而生的可怕不義現象，這些現象在狄更斯的多本小說中都有描繪；到了十九世紀末，紡織業在英國已成為蒸汽動力的最大用戶。[45]不過，這些全都不足以使困在舊生態體系裡的英國經濟擺脫所有限制。真正幫助英國從束縛中掙脫出來的，是一種全新的動力來源：燃煤蒸汽動力。[46]

有別於棉織品的故事，煤與蒸汽工業在英國發展的故事是英國所獨有的，而且這個故事顯示英國差點步上中國的後塵，走向勞力密集的農業。因為正如我們先前所見，人口增長與農業發展對英國的土地資源造成了很大的壓力，跟中國一樣。事實上，一六〇〇年時英國南部森林已被砍伐了大半，主要是為了滿足倫敦這個成長中的城市對取暖及煮食用燃料的需求，而當時倫敦人已愈來愈常改用煤來替代。相較於因為木材短缺而產生人工林木種植場、專供銷售木材和期貨市場的中國，煤的容易取得為英國帶來了另一條繞過環境限制的途徑。

一八〇〇年時，英國開採的煤已達一千萬噸，相當於全球產量的九成。[47]中國的森林砍伐也導致當地人開始大量使用煤來煮食及取暖，而當時正在重新造林的日本，其限制使用木柴的規定也造成了對煤的需求。然而這些經濟體需要煤，是為了滿足既有的需求。在英國，七〇%的煤用於供倫敦人取暖，其他的則用於工業，包括燒製磚塊與釀造啤酒。鐵的運用範圍擴大，使得對煤的需求愈來愈高，英國也愈來愈需要能增加煤產量的方法。[48]

英國煤礦的排水問題促使塞維利（Thomas Savery）發明了第一臺可將水從礦井抽出的蒸汽機，並取得專利。不久後，紐科門（Thomas Newcomen）在一七一二年改良原始發明，加上一個活塞幫助抽水，一七六〇年代瓦特又更進一步改良了設計。然而設計就算經過多次改良，效率依然很差，消耗的燃料極多，幾乎被認為一無是處，要不是因為在礦井頭，煤形同免費，紐科門（以及後來的瓦特）改良的低效能蒸汽機才得以在礦井使用。一七一二到一八〇〇年間，英國打造出兩千五百臺這種新奇的機械，幾乎全數都用在煤礦礦井。但是即使這樣也不足以解釋工業革命，因為煤（與連帶的蒸汽機）的需求量一直到新的應用出現之前都相當有限。從後見之明來看，最重要的關鍵是有人想到蒸汽機不只可以用來把水從礦井抽出，還可以用來在地面上推動運輸工具。

因此，真正的突破是建造了第一條蒸汽機車鐵路。為了增加產量，煤礦主除了指揮礦工挖得更深，自己也不得不到離倫敦更遠的地方找尋新煤礦，將煤從礦坑口經陸路運到水路的花費也因此提高。當時是用固定式蒸汽機將煤拖出礦坑和短距離推動礦車，但是英格蘭北部杜倫（Durham）的一處礦場，在一八二五年實現了將蒸汽機置於礦車內部、推動礦車在鐵軌上行駛的構想，並築起一條從礦場直達海岸的七英里長鐵軌，第一條鐵路就此誕生。

英國在一八三〇年的鐵軌長度僅有數十英里，到了一八四〇年已超過四千五百英里，一八五〇年時更達到二萬三千英里以上。從煤礦發展出來的鐵路，形成了更多對煤、對蒸汽機、以及對鋼鐵的需求：每一英里的鐵路，光是鐵軌就要用上三百噸的鐵。一八三〇至一八五〇年間，英國生產的鐵從六十八萬噸增加到二二五萬噸；煤產量也成長為原本的三倍，從一千五百萬噸增加到四千九百萬噸。[49]

蒸汽機也改變了棉紡織業，使產量巨幅提升。紡紗最早的「工業化」是使用水力；一七九〇年克朗普頓（Samuel Crompton）的走錠精紡機（暱稱「騾子」）被改裝成使用蒸汽動力，紗線產量因此增加到一個工人以一臺紡紗機手工紡紗時的一百倍，而當時印度和中國都還在使用手工紡紗。紗線的產量如此巨大，織布工的速度跟不上，於是促成了織布技術的劇烈革新，其中包括使用蒸汽來驅動織布機，以致在一八二〇年代時僅剩下極少數的手工織布工。英國的紡織業極為龐大，一八三〇年英格蘭的一千兩百萬男女及幼童中，有五百萬人——多為婦女和幼童——受僱於紡織廠。

總結：若無殖民地、煤，或者政府的支持

工業革命經常被描繪成以下圖像：節省人力的設備被發明與利用後，人類的生產能力因而大幅提高，人類社會也從此走向生產力不斷提升、總體財富不斷增加、生活水準日益改善的道路。就某個程度而言，這幅圖像很真實，棉紡織業尤其如此。當時，英國生產者面對印度產品的低價競爭及本國的高薪勞力，必須找到方法來降低生產成本，於是借助機械化生產。[50]然而要不是有蒸汽，機械化大概也會隨著英國用盡所有能建造水車

的地點而逐漸停止。因為沒有煤與蒸汽的話，光靠棉織品並不能讓英國經濟從一種受舊生態體系束縛的經濟，轉變成因利用新的化石燃料能源儲備而擺脫了舊生態體系束縛的經濟。事實上，如果有任何圖像可以描繪「工業革命」，那應該是高高聳立於工廠上方的煙囪。

但是，正如彭慕然（Kenneth Pomeranz）在《大分流》中提出的令人信服的說法，更好的看待工業革命的角度，是把它視為一個不斷發明節約使用土地的機制的過程。因為整個舊大陸，從東方的中國到西方的英國，可用來生產生活必需品的土地的短缺，從根本上限制了它們任何進一步的發展，更別提可以飛躍性地跨入一種不同類型的經濟。對舊生態體系中的生態限制有了這層瞭解，就能從新的視角去探討工業革命如何及為何最早在英國發生。

蒸汽可以透過燒木柴或木炭來製造，但是那樣會需要廣大的森林，而十八世紀時英國的森林占全國面積的五%到一〇%。假設一八一五年時仍用木炭來煉鐵，在最理想的狀況下年產量也只有十萬噸左右，與當時實際產出的四十萬噸和稍後鐵路建設所需的數百萬噸相去甚遠。而且假使仍用木炭來煉鋼煉鐵，還需要額外的數千萬英畝林地。[51]這件事也許做得到，然而將作為農業用途的土地回復成森林，會對英國的糧食供給造成可怕的後果。因此，如果沒有煤，如果不是因為煤在英國很容易找到及運送的這個歷史意外，蒸汽與鋼鐵製造都會嚴重受限。

同樣的，也因為英國的新大陸殖民地提供了額外的「幽靈土地」，才使得工業化這個故事的第一篇章——即棉織品——得以展開。十九世紀初，英國為了供應原料給紡織廠而從新大陸輸入數十萬磅原棉，其中大多產自美國這塊前殖民地，但也有一部分來自加勒比海的殖民地。如果英國人只能繼續穿國內生產的羊毛、亞麻、麻布，就會需要超過兩千萬英畝的土地。[52]與此類似的例子是，英國從殖民地進口的蔗糖為勞動大眾提供相當的熱量，而產生這些熱量本應需要幾百萬英畝的土地。總而言之：如果沒有煤或殖民地，舊生態體系的限制會迫使英國人投入愈來愈多的土地和人力來生產糧食，從而進一步減少可以投入工業生產的資源，消滅任何工業革命的希望，就像中國在十九世紀的情況。

關於工業革命如何最先在英國展開，除了上述討論的這些因素外，我們還需要進行一些全球性的比較，以凸顯政府的作用。我們已經看到，全球競爭壓力導致英國棉織品製造商尋求政府保護他們的產業，使其免於和印度競爭，另外環境條件則迫使英國人轉向用煤來取暖。類似的環境條件也曾經把中國推往同樣的方向，但中國的煤供給是否能充分滿足當地人口的需求令人懷疑；一八〇〇年的中國人口大約四億，是英國二千五百萬人口的至少十六倍。

此外，一如帕塔薩拉提（Prasannan Parthasarathi）所指出的，中國與英國有一個關鍵的差別，就是「英國政府在看待煤的態度上，無論是直接還是間接，都比中國政府更加積極主動」。煤對倫敦不可或缺，所以英國政府實施鼓勵生產和運輸煤到倫敦（後來也加入蘭開夏）的政策。對煤徵稅很容易，英國政府也這樣做了，還實施了阻止煤出口的關稅政策；皇家海軍也會保護沿海航運船舶，以免遭法國私掠船搶劫。高額的鐵進口關稅則保護了英國新興的煉鐵產業。[53]

相較之下，「中國政府作為甚少」。我們現在知道，十八世紀的中國政府並不是沒有能力有效執政。反之，中國政府在管理那些官方認為具有戰略重要性的經濟與社會活動時效率很高，尤其是對糧食貯存與銷售的管理，透過分布於全國各地的糧倉體系，確保其遼闊疆域的糧食供給和糧食安全。控制這一龐大體系是中國政府最關心的事，而煤和鐵的產業對達成這項目標都沒有什麼幫助，所以被政府忽略了。然而，英國身處於與中國不同的全球與生態環境之下，煤鐵兩個產業對英國政府來說反而具有重要戰略意義。[54]

科學與技術

歐洲中心論者對工業革命的解釋往往會追溯到「科學革命」。這場受到高度關注、後來被視為極度重要的發展開始於十六世紀，從那時起，一些歐洲人開始認為自然是一個獨立的實體，可以為人所理解，可以用數學建構模型，原則上也可以「控制」。雖然科學的確成為這個世界不可或缺的一部分，而且從十九世紀後期以來，科學與大學、企業、國家緊密合作，在發展新的化學產業及其他以科學為基礎的產業上扮演要角，但是沒有什麼證據能證明歐洲的科學發展與工業革命的開端或推動工業革命的技術有關。有幾個原因。[55]

我們先從定義科學和技術開始，科學是人類利用數學和可重複驗證的「科學方法」理解自然萬象的智識追求，技術是人類為了生產和再生產的目的而控制自然過程的手段。如果相信工業革命是由尋找節約勞力的設備所激發的，那麼認為技術發展至關重要或許就能成立。但是如同前文所述，嚴重短缺的是土地而非勞力，而緩和短缺狀態、使英國得以率先工業化的是煤與殖民地。事實上，工業革命時所使用的技術原理在中國廣為人知，那些技術在英國而非在中國獲得發展的原因如前所述，是英國特有的環境使得效率極低的第一批蒸汽機可以免費取得燃料。中國沒有那種好運氣。

就算我們認可新科技——尤其是蒸汽機、鐵和後來的鋼——在工業革命中發揮了很重要的作用，也沒有什麼證據可以證明研發出那些機器的技工和修理工是「科學家」，甚至或接受過任何科學訓練；近期的理論研究反而提出腦力勞動與體力勞動相互作用的看法——兩名科學史家所說的「心靈手巧」（mindful hand）。[56]事實上，十七、十八世紀理論科學的最大作用在於充當政治工具，用以對抗歐洲舊生態體系的兩大支柱；那兩大支柱就是君主和天主教會。最後，我們沒有理由認為「科學」是歐洲人特有或獨占的；剛好相反，科學思想在歐亞大陸廣泛傳播，尤其是中國與波斯之間，而歐洲文藝復興的發展很大程度上是因為重新發現保存於阿拉伯圖書館的希臘典籍。[57]

因此，發生在英國的工業化是由一系列因素促成的，但是其中並不包括科學革命。在新大陸，大滅絕造成對勞力的需求孔急，最後由非洲奴隸補足，從而造就出一種獨特的制度和一個獨特的外圍區，其生產的農產品（特別是蔗糖與棉花）專供出口，而糧食與衣物依賴進口。在歐洲，十六世紀西班牙人企圖建立大陸帝國的行動失敗，一個充滿衝突、競爭、由戰爭決定勝者與敗者的國家體系隨之興起，英國與法國在十八世紀從中脫穎而出，成為兩大強國。在英國，為了滿足人口日益增多的倫敦市民的取暖需求，造成森林過度砍伐，木材不足導致對煤的需求，而地理上的巧合使這些煤容易取得。在亞洲，十八世紀初期蒙兀兒帝國衰落，英國、荷蘭及法國的東印度公司因此有機可乘，開始爭奪購買亞洲產品的途徑；而英國在七年戰爭中獲勝，導致法國被排除在新大陸與印度市場之外。最後，中國對白銀的需求和新大陸恰巧有大量的白銀蘊藏，使歐洲人有了購買亞洲香料與工業品的財力。為了幫本章做總結，我們要回到中國的故事。

茶、白銀、鴉片、鐵與蒸汽

一七六〇年英國於印度擊敗法國，在印度的殖民地隨之擴大，加上在美國獨立戰爭中失利，敗給移居美洲的同胞殖民者，這兩件事促使英國再次將目光轉向亞洲及亞洲貿易。此時的英國儘管紡織業已經機械化，並且把極大量的棉織品銷售到印度，卻依然找不到任何可以大量銷售給中國人的物品。更糟的是，英國人愛上了喝茶，開始向中國大量購買。幸好英國能取得許多新大陸的白銀：一七一三年《烏得勒支和約》的其中一個條款賦予英國販賣非洲奴隸的專營權（asiento），也就是供應奴隸給新大陸的西班牙殖民地，換取新大陸的白銀。那些美洲白銀就被用來購買中國茶葉——數量龐大。[58]

茶

中國人用某種常綠植物的葉子製作茶已有一千多年的歷史，對挑選、烘乾、把葉子煮成一種輕度刺激性熱飲（含咖啡因的茶）的程序也非常熟練。英國東印度公司發現茶在英國有市場，所以很快就開始把成箱的茶輸入英國。起初主要是上層階級人士才喝茶（這個習俗至今仍在，也就是「晚茶」），因為茶相當昂貴，但是隨著英國東印度公司為英國購入的量增加，茶價也降到了一般人負擔得起的程度。工人特別喜愛茶的提神效果，紡織廠和煤礦場的工人數量與工時增加之後，工人喝的茶也更多了。加上來自殖民地的蔗糖和本地牧場產的牛奶，茶就成為熱量和咖啡因的一種主要來源，支撐著不斷增長的英國工業勞動力。英國在一七六〇年進口五百萬磅的茶，一八〇〇年——紡織廠迅速發展之際——則進口了兩千萬磅以上，包含走私茶的話數量可能還會多一倍。[59]到了一八〇〇年，紡織工人與煤礦工人光是買茶就花掉他們五％的收入（若加上蔗糖就是一〇％）。[60]

英國商人在中國沿海來回航行，尋找比透過官方管道購買便宜的茶葉來源，時而會冒犯到中國人的感受與習俗，所以中國統治者在一七六〇年——英國人即將在七年戰爭中擊敗法國人、並且在世界各地鞏固其帝國的那一年——把所有的對外貿易限制在廣州一地，尤其是對英國人的貿易。接下來的八十年，英國與中國之間的貿易，就是由中國所建立的「廣州體系」，按照中國單方面制定的規則來控管。

英國人不時設法協商，想要擺脫這個對他們來說很礙事的安排，但是沒有用。規模最大、也最著名的一次發生在一七九三年，當時英國派遣馬戛爾尼勛爵出使中國，嘗試建立正常外交關係，爭取中國對英國更加開放市場。在領略了都城北京與中國皇帝行宮頤和園的盛大璀璨，馬戛爾尼就被打發走了。接著，中國的乾隆皇帝寫了一封信給英王喬治三世。他在信中駁斥英國人進一步通商的要求，告訴喬治三世「天朝德威遠被，萬國來王，種種貴重之物，梯航畢集，無所不有」，並且命令英國服從中國的法律和風俗。[61]儘管乾隆對中國經濟及其世界地位的看法，和中國需要輸入白銀及輸出茶、絲綢、瓷器這一事實互相牴觸，卻也反映出他對中國與英國相對實力的評價。因為儘管英國的工業實力在增強，在亞洲依然不是中國的對手。然而接下來的四十年，情況改變了。

白銀

隨著茶在英國的消費量日益增加，加上美國革命等原因使得英國人對新大陸的控制減弱，重商保護主義者擔憂白銀持續流向中國會對英國的勢力造成負面影響，這也促使英國人著手尋找中國人可以接受的東西替代白銀來換取茶。中國人對鋼琴和時鐘的興趣不大，中國南方亦無羊毛織品或河狸毛皮的需求。有別於其他國家，中國人也不需要印度棉織品，因為他們自己的棉紡織業很進步。到了十八世紀晚期，東印度公司能夠用來取代白銀運到中國的，大概只有產自印度英國殖民地的原棉。然而單靠原棉是不夠的，白銀依然持續流入中國，英國東印度公司與英國政府不得不面對白銀外流所引發的一系列問題。[62]後來是印度的英國殖民者生產出另外一種商品，而中國對這種商品有可觀的需求，使英國有了購買茶的資金。這種商品就是讓人上癮的毒品：鴉片。

鴉片

包含中國在內，許多社會長久以來都將鴉片用作藥品，所以鴉片有小型市場。一七七三年，英國的印度總督協助東印度公司在孟加拉取得鴉片貿易的獨占權，以管理當地不斷增加的鴉片產量，並且推動這種毒品在中國的銷售。儘管中國政府禁止吸食鴉片，英國人依然做出了一些成果，接著他們又透過發送免費煙斗和低價出售鴉片給新使用者，擴大在中國的市場。低價出售一段時間之後，鴉片的銷量在一八一五年大幅躍升，一八三〇年，另外一個地區的印度鴉片納入東印度公司的銷售體系，銷量再次攀上高峰；一八三四年，轉為支持「自由貿易」的英國政府廢止英國東印度公司對亞洲貿易的獨占權，民間商人開始投入這個行業，鴉片銷售量因而再度增加。美國人也從土耳其運鴉片到中國，供應來源又多了一個。

無數中國人染上鴉片毒癮：蘇州多達十萬人，而在港口城市廣州則比這一數字多出幾十萬。隨著數萬箱鴉片（每箱約裝有一五四磅鴉片）進入中國市場，換成中國的白銀開始外流；一八三〇年代時每年外流的白銀多達三千四百萬盎司。中國政府認知到毒品問題相當嚴重，朝廷也為了處理這個問題而發生爭論。其中一派認為應該將鴉片合法化，貿易與分銷就交由國家管制，還要開設戒治所來協助成癮者戒除鴉片。另一派則主張鴉片貿易不道德且違法，應當停止輸入鴉片，懲處非法販賣鴉片的外國商人，以遏制歪風。後者在一八三〇年代後期勝出，皇帝任命林則徐為欽差大臣，有權以任何手段終結非法鴉片買賣。

林則徐南下廣州調查案情，然後寫了一封信給英國的維多利亞女王，要她管好自己的同胞；此舉嚇壞了他眼中那些缺德的英美販毒者。那封被託給英國商人轉交的信，並沒有送出去。林則徐還決定把外國人關在他們位於廣州旁邊一座河上小島的倉庫裡，堅持他們必須交出庫存的鴉片並承諾不再走私鴉片入華，方可離開。外國人同意第一點之後，林則徐於一八三九年六月挖溝掘池，銷毀兩萬一千箱鴉片，還在引入海水沖走銷毀的鴉片前祈求海中神明原諒他，請諸神暫時離開海岸。

不幸的是，事情並未就此結束。中英兩國勢力在香港島附近衝突不斷，中國持續封鎖外國人在廣州的貿易倉庫，加上代表對華貿易商人與蘭開夏棉織品業者利益的集團在英國內部煽動，要求開放中國市場讓英國商品進入（「有了四億個顧客，曼徹斯特的紡織廠就能永遠經營下去！」），最終導致英國決定派一支海軍遠征部隊去中國。

鐵與蒸汽

一八三九至一八四二年的中英鴉片戰爭因此爆發。雖然這場戰爭的細節很有意思，但是就本書的目的而言，有兩點值得深入討論。第一點是英國用一種新式戰艦攻打中國，而其中第一艘叫作復仇女神號。

復仇女神號是史上首艘以蒸汽為動力的全鐵殼炮艦，專門用來在亞洲的河道上作戰，但是後來發現出資建造這艘軍艦的是民營的英國東印度公司，而不是英國海軍。英國海軍部優先以木造帆船（和一些木造蒸汽動力船）作為海軍的主力，英國人描述他們在大西洋和印度洋的制海權時，稱這支海軍已經「統治海洋」。海軍將官不相信體積比較小的蒸汽動力鐵殼船能幫助他們在公海抵禦其他歐洲人，所以是由東印度公司暗中委託利物浦的伯肯赫德鐵工廠（Birkenhead Iron Works）建造那些新戰艦。相較於其他戰艦，這種新式戰艦體積相當小：長一八四英尺，寬二十九英尺，深度僅十一英尺，吃水也只有五英尺。這種船以一具一百二十匹馬力的蒸汽機驅動，新奇之處在於全船都是鐵製的——完全沒有用到木頭。

東印度公司有志開發內河炮艦，藉以在印度和亞洲其他地區擴大殖民範圍。根據一八四四年發表的一則復仇女神號報導，和中國開戰「被視為一個測試鐵製蒸汽船優缺點的大好機會；而中國沿岸有多條河川迄今仍不怎麼為人所知，也幾乎完全無人探勘過，正是絕佳的測試場地」。[63]此外，英國東印度公司也想要展現這種新式船舶把商品、人與郵件從印度繞過好望角運送到英國的速度。承接的鐵工廠主人則是想要向海軍軍方證明打造鐵殼戰艦的可行性，把訂單拿下來。

復仇女神號耗時三個月打造完成，於一八四〇年後期抵達中國海岸。因為具有逆流及逆風航行的能力且吃水很淺（見圖4.1中復仇女神作戰號作戰時的樣貌），這艘戰艦很快就加入珠江的戰事，摧毀了數艘中式帆船，並且在一八四二年封鎖長江與大運河的交會處時發揮了極大作用；大運河承載著中國在華中與華北的大部分水上貿易。而後復仇

圖4.1 復仇女神號

女神號又在英國威脅轟炸中國南方都城南京時，扮演了重要角色。中國統治者知道自己打了敗仗，於是求和。一八四二年簽訂的中英《南京條約》終結了鴉片戰爭，但也開啟了西方勢力對中國長達一個世紀的侵略。

《南京條約》訂定的條款為後來所稱的「不平等條約」開了先例，西方國家（包含美國）在接下來六十年間利用各種不平等條約逼中國讓步，削弱了中國政府的主權及其提高關稅來保護國內工業的能力。中國割讓領土（香港）給英國、以墨西哥白銀支付二千一百萬銀元的賠款來補償英國毒品商人的損失，並且對西方開放更多通商口岸。第一次鴉片戰爭的結果中，並未包括鴉片交易合法化，不過在一八五八到一八六〇年的第二次鴉片戰爭結束後就合法了。

雖然使用復仇女神號並不是英國在第一次鴉片戰爭中擊敗中國的唯一因素，但是這艘戰艦確實象徵著一七九三年馬戛爾尼勛爵被中國人打發走後的四十年間，發生在英國的巨大轉變。復仇女神號固然代表鐵與蒸汽這類工業革命的工具已被普遍應用於戰爭，但更重要的是被應用於歐洲人在亞洲與後來在非洲的殖民冒險活動。確切地說，歐洲人在十九世紀剩餘時間內侵犯亞洲、非洲政府與人民的那段歷史，大部分都是那個主題的變體，[64]美國在南北戰爭（一八六〇至一八六五年）中也使用了鐵甲艦與全鐵殼戰艦。[65]

不過，英國煉鐵與蒸汽業者的利益並不是促使英國對中國發動戰爭的唯一原因，因為英國在印度的殖民政府和英國東印度公司都很仰賴鴉片收益。此外，歐洲政府（主要是其軍隊）也很想要在戰爭中發展及測試新技術，鴉片戰爭無疑就是一個明顯例子。英國的棉織品製造商也大力呼籲政府開戰，希望能迫使中國市場開放，讓他們的產品進入。英蘭開夏的棉紡織業已經全面機械化並使用蒸汽引擎驅動，業者確信他們能把售價壓得比其他國家更低，所以鼓吹「自由貿易」，想藉此證明他們的想法。最後，英國在印度的殖民政府想要知道戰爭的後果是什麼。參與鴉片戰爭的「英國」士兵有三分之二是來自馬德拉斯與孟加拉英國殖民地的印度人，這證明了原住民士兵能夠在英國人的指揮下作戰。事實上，有一位法國歷史學家就曾說：「英國征服印度半島，彷彿就只是為了用那裡的資源對付中國。」[66]

結論：進入人類世

在人類歷史的發展過程中，工業革命的重要程度與農業革命相當，甚或超越農業革命。農業使人類能夠利用太陽每年的能量流，促進人口增長與文明繁盛，儘管是被限制在舊生態體系的框架內。隨著時間推移，工業革命則使人類社會得以擺脫舊生態體系的限制，依靠地球蘊藏的礦產資源，特別是煤和石油，創造出全新的經濟體和組織人類生活的方式。我們會在後面的章節看到，現在這個世界的生活方式，是工業革命導致物質生產大幅增加所促成的。

農業興起所帶來的結果與重要性，可以根據人類數千年的經驗來評判，而工業世界的歷史目前僅兩百年，但有一點愈來愈清楚，那就是工業化正引領人類進入一個新紀元，在這個新紀元中，人類行為對環境造成極大衝擊，導致人類與全球環境之間的關係改變

——我們已經進入了人類世，即人類行為的力量已經壓倒了自然的力量。[67]這部分在二十世紀變得特別受到矚目，也是第六章的重點。

當然，我們也是後來才知道燃煤蒸汽動力開啟了我們現在所謂的「工業革命」，而我們必須記住，工業革命並非必然。事實上，在其他地方與不同時間出現過的類似發展，也有可能創造出工業與能夠自給自足的經濟成長，只是那些火苗不是閃爍不定，就是熄滅了。[68]因此，那場「成功」的、與民族國家一同開啟現代世界的工業革命，不僅具有偶然性，也是某種全球性局勢的產物。而理解世界如何走到那個局勢，相當重要。

從全球角度看，十七、十八世紀的歐洲紡織業者在印度與中國的競爭者面前處於劣勢，因為印度和中國的棉布、絲綢品質都比歐洲人做出來的任何紡織品更好，價錢則便宜多了。有願意使用軍力和武器保護國內製造商的政府支持，加上在新大陸的殖民地立法，使英國棉織品業者得以將印度棉織品排除在英國之外，為自己的商品搶得市場和便宜原料來源。

從生態角度看，因為毀林造田和大量砍伐樹木作為燃料，從中國到英國這些舊大陸（以及舊生態體系）的經濟體，都開始面臨土地匱乏的問題。實際上，那些行為就連在當時也造成了某些物種滅絕。舉例來說，市場規模擴大與勞動分工使中國和英國得以從舊生態體系的經濟體榨取出更好的生產力（主要是在農業上），但是生活所需的一切都依賴土地。中國人沒有煤或殖民地，只能耗費更多勞力與財力去提升土地的產量，英國人則因為擁有新大陸的資源及容易取得的煤而免除了那一層限制。

無可否認，英國製造商與發明家勇於面對他們遭遇的挑戰，尤其是在開採煤礦與研發蒸汽機方面，而英國政府也支持他們的付出。然而我們沒有理由認為中國人或印度人（或者其他擁有先進舊生態體系經濟體的民族，例如日本人），當面臨同樣的全球與生態挑戰時，不具能力以類似的方式將那些問題解決。那些地方的人和他們的政府面臨的挑戰與英國不同，也沒有殖民地或容易取得的煤礦供給——而英國有，這才是造就了完全不同結局的關鍵。[69]

不過，人類在跨入工業世界的最初幾步並未在地球大氣中留下許多痕跡。我們現在知道，過去兩百年來人類燃燒的化石燃料釋放了大量全球溫室氣體到大氣中，尤其是二氧化碳與甲烷。而其中大部分是累積自十九世紀晚期之後；當時的全球競爭壓力促使世界上某些地區成功工業化並富有起來，與此同時，拉大貧富差距的溫床也形成了，其他地區逐漸衰落並墮入貧困的深淵。

第五章

CHAPTER 5

差距

十八世紀的中國、印度與歐洲，在經濟發展、生活水準及國民平均壽命方面都大致相當。從圖5.1可以看到在世界生產總值[1]中，印度、中國與歐洲各自所占的比例相同，大約都是二三%。也就是說，一七〇〇年的全球經濟活動有七成發生在這三個地區。從圖5.2也可以看到類似情況。一七五〇年時，中國生產了全世界製造品的大約三三%，印度和歐洲則各自產出約二三%，三者加起來將近占了全球工業產量的八成。到了一八〇〇年，情況還是差不多，但是印度的比例開始降低，歐洲則開始升高。

然而到了十九世紀初期，圖5.1和5.2顯示的狀況就有了變化；歐洲在世界生產總值與工業產量所占的比例開始迅速攀升，中國的比例則是先停滯，然後急速下降，直到一九〇〇年，印度也是如此。在一九〇〇年的全球工業產量中，印度僅占二%，中國約占七%；歐洲獨自就占了六〇%，美國二〇%，兩者相加共占全球的八〇%。

圖5.1與5.2呈現出世界歷史進程的一次大逆轉。印度與中國在十八世紀時合計擁有全世界一半以上的財富，一九〇〇年時卻落居為工業化程度最低且最貧窮的地區。然而，這兩個地區所占的世界生產總值比例並未下跌得像全球工業產量比例那麼嚴重，主要是因為當地人口持續增長。事實上正如圖5.3所示，一七五〇到一八五〇年中國人口劇增，超越了自一四〇〇年起大致上一直和中國旗鼓相當的印度與歐洲。由於人口增加、創造

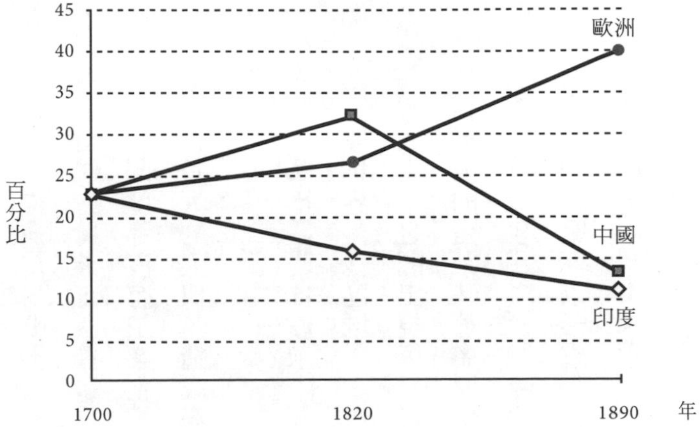

圖5.1 世界生產總值占有率，一七〇〇至一八九〇年

資料來源：Mike Davis, *Late Victorian Holocausts* (London: Verso, 2001), 293.

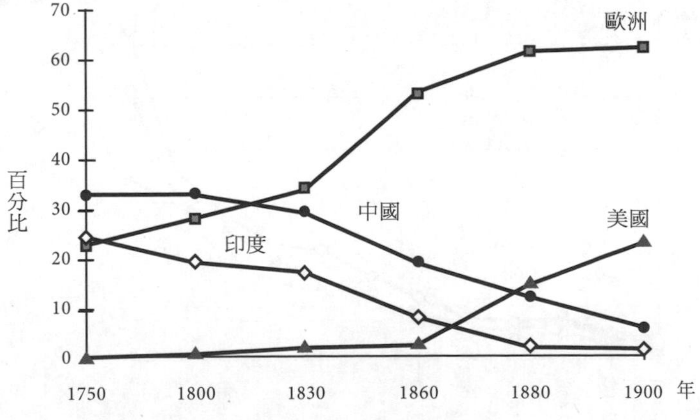

圖5.2 全球工業產量占有率，一七五〇至一九〇〇年

資料來源：數據取自 Paul Kennedy, *The Rise and Fall of Great Powers* (New York: Vintage Press, 1989), 149.

出的財富卻減少，中國人及印度人在十九世紀逐漸變得貧窮，歐洲人和美國人則變得富有了。此外，我們還將看到，由於中國和印度都沒有工業化，當地城市容納不下龐大的人口，造成農村的貧困加劇。

因此，圖5.1和5.2顯示十九世紀期間，西方與世界其他區域——以印度和中國為代表——之間出現了一道很大、而且持續擴大的差距。著名歷史學家布勞岱（Fernand Braudel）曾說：「去解釋這道愈來愈大的差距何以形成，就是在處理現代世界歷史的根本問題。」[2]布勞岱本人對於他自己解釋這道「差距」的能力相當保留，因為他意識到在他寫作的

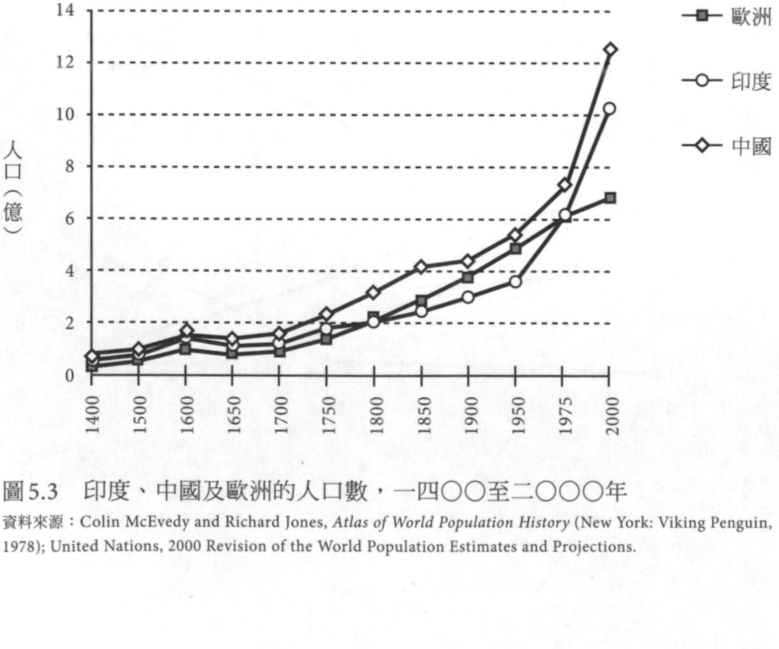

圖5.3　印度、中國及歐洲的人口數，一四〇〇至二〇〇〇年

資料來源：Colin McEvedy and Richard Jones, *Atlas of World Population History* (New York: Viking Penguin, 1978); United Nations, 2000 Revision of the World Population Estimates and Projections.

時期（一九七〇年代後期），世人對歐洲歷史的瞭解多過對印度、中國或其他被稱作「未開發」或「第三」世界的地區。不過有一件事在他看來無庸置疑：「西方與其他大陸之間的差距出現得很晚，而我們這個時代有許多人仍傾向把這一差距簡單歸因於市場經濟的合理化，這樣顯然是過度簡化了。」[3]

本書緒論談到「差距」時，列舉了幾種不同的歐洲中心論解釋，而布勞岱這句話透露了他對那些說法的不滿。特別是他認為那些解釋僅僅著眼於歐洲市場經濟的出現及其「合理化」，實在是過分簡化。的確如此，正如前一章所指出的，中國在十八世紀已有高度發展的市場經濟，結果卻在日益擴大的差距中落居劣勢一方。本章要檢視為何不僅中國與印度，還有亞洲其他大部分地區及非洲、拉丁美洲，在十九世紀的發展過程中會落後歐洲和美國變得愈來愈窮。

我們將在本章看到鴉片、槍炮、聖嬰饑荒和新工業技術（尤其是鐵路、電報，以及奎寧），如何成為歐洲人的殖民探險利器。我將不採用那些歐洲中心論的解釋來闡述歐洲的財富與權力相較於世上其他地區為何能夠不斷增長。根本沒有證據顯示歐洲人比中國人、印度人、新幾內亞人更聰明、文化更優越（意即擁有一種即使不是創造出、也是能夠支撐住工業經濟的文化），或者更擅長管理自然與人力資源。反之，歐洲人是靠殖民地提供他們大量「免費」資源（蔗糖、棉花、木材、鱈魚）；英國人的運氣更是特別好，在因為森林被耗盡而需要新能源的人口兼製造業中心附近，就有距離地表很近的煤礦。

十九世紀的故事大多牽涉到一個過程，在這個過程中，世界被劃分為殖民者與被殖民者、已開發地區與未開發地區、富國與窮國、工業化世界與「第三」世界（近年來被稱為「全球南方」）。[4]當然，從本書所持的環境觀點來看，差距也反映出世界被劃分成仍停留在舊生態體系裡的地區（這些地區日趨貧窮），以及開始擺脫舊生態體系下那些物質生產限制的地區（工業與農業的限制都擺脫了）。此外，十九世紀出現的那道差距不只存在於世上不同地區，也存在於我們討論過的不同社會中。工業為某些國家創造了財富與權力，尤其是那些國家裡的某些人——某些擁有新生產工具的人。另一方面，對於礦工和工廠工人來說，工業不僅創造了新的工作，還有新的工作型態、城市經驗，以及對貧窮的理解。此外，工業也帶來很大的環境問題與挑戰。

鴉片與全球資本主義

本書關於現代世界起源的敘事從十五世紀前期開始講起，當時中國的經濟需要使用白銀；中國經濟連同印度經濟是早期現代世界財富與工業生產的主要泉源。中國的白銀需求啟動了一系列發展，而這些發展在不經意間導致本書到目前為止談過的大多數重要事件的發生。這樣說似乎很合理：如果沒有中國的白銀需求，歐洲人在世界經濟中的重要性會大幅縮減。事實上，正是中國的白銀需求及新大陸的白銀供給，使歐洲人憑藉取得亞洲商品和進入亞洲貿易網絡而富裕起來。

同樣的，十九世紀時中國人對另一種商品的需求——這次是鴉片這種會成癮的毒品——又在世界經濟的建構過程中扮演了關鍵角色。話雖如此，輸入及消費鴉片對中國經濟的影響，並不像四百年前輸入白銀那樣是正面的。此外，促成鴉片需求的是四千萬名上癮消費者的需要，而不是政府的經濟需要。不過中國人在十九世紀的鴉片需求確實促進了全世界的經濟活動。

儘管英國在第一次鴉片戰爭（一八三九至一八四二年）擊敗了中國，但它並未強迫中國將鴉片的買賣與分銷合法化。但英國的新殖民地香港仍提供了一個便利的交易基地，可以免於中國的干擾。接下來的二十年，香港都是英國的鴉片買賣中心。英國貿易公司每年輸入約五萬箱（六百五十萬磅）鴉片賣給中國消費者。

鴉片流入中國，用來購買鴉片的白銀因而外流，不僅英國積聚了巨大財富，美國同樣獲利豐厚。美國獨立之後，該國商船立刻開始在亞洲海域和英國商人競爭，第一艘美國商船在美國獨立一年之後，於一七八四年抵達中國。到十九世紀初，美國人已成為鴉片貿易的密切參與者，尤其是旗昌洋行；美國人的鴉片來源在土耳其，英國人則仍保持對印度鴉片的壟斷。美國用從鴉片貿易得來的收益，提高了對東岸重要大學的資助、充實了波士頓皮博迪（Peabody）家族（和皮博迪博物館）以及紐約羅斯福（Roosevelt）家族的財產，也為貝爾（Alexander Graham Bell）發明電話提供了資本。

與中國打了第二次鴉片戰爭後（亦即一八五八至一八六〇年的亞羅號戰爭，亞羅號是一艘英國船隻的名字），英國人強迫中國將鴉片銷售合法化。雖然此舉為鴉片在中國打開了更多市場，但隨著也有更多開放貿易的中國港埠可供英美船隻直接停靠，香港的鴉片貿易中心地位因而下降。由於印度有新的鴉片產地發展起來，並且開放了市場，波斯、印度與中國商人也先後加入鴉片貿易。到了一八七〇年代，中國農民也開始種植罌粟、製造鴉片，特別是在原先與沿海繁榮貿易無甚交集的內陸省分。[5] 糟糕的是，中國出現這種「進口替代」的地方，有許多正是先前鄉下農民行使自由權利、選擇種植棉花的地方。因此，這些地方大多是以犧牲糧食來擴大經濟作物罌粟的種植；鄉下農民現金收入增多，卻同時提高了歉收時食物供給不足的風險。

到十九世紀後期，中國進口或自己生產的鴉片量已龐大到全國人口有一〇%是鴉片吸食者，也就是四千萬名吸食者，其中多達一半是「癮君子」。在進入二十世紀之際，中國消耗的鴉片占全球供給量的九五%，可想而知這對社會、經濟與政治有多大影響。[6]幾乎每個城市都有鴉片館，銷售與吸食鴉片的行為也深入中國人的生活。吸食鴉片起初是菁英人士的癖好，此時變成一種大眾消費項目。事實上，即使進入二十世紀，種植罌粟與製造鴉片仍繼續為中國政府帶來稅收、為鄉下農民帶來現金收入。[7]

我們先瞭解印度的情況與歐洲工業化的進展，然後我會回來談中國的鴉片消費在十九世紀後期對世界經濟有多重要。這裡我們只需要先知道：儘管中國人必須為自己遭遇的毒品災難負起部分責任，但禍首還是英國用槍炮強迫中國打開市場大門，其次則是因為身兼鴉片生產者與消費者的中國和印度在全球經濟中扮演了特殊（奇特）角色。

印度

中國消費的鴉片最初大多來自印度。英國的殖民政策與中國的鴉片需求相結合，在印度創造出一種農業性質的出口產業。印度在十七、十八世紀本是全球最大的工業中心之一，卻於十九世紀中期轉變成以農業經濟為主，這與鴉片在十九世紀成為印度的一項主要輸出品有很大的關係。事實上，印度的棉紡織業在一八二〇年代被摧毀得太徹底，以致歷史學家對印度的「去工業化」現象時有討論，儘管他們對該現象的成因仍爭論不休。8

我們在前幾章談過，印度棉製品擁有全球市場，非洲人、歐洲人、美洲奴隸都購買並穿著印度紡織品。正如我們所見，英國在十八世紀初期樹立起貿易障礙，排擠印度紡織品。不過印度紡織品還是找到了別的市場，孟加拉、馬德拉斯及其他地方的紡織業區域也一直忙著在為全球市場生產。然而，情況因為兩件事改變了。

首先，英國東印度公司於一七五七年在孟加拉設立了第一個殖民據點，並於一七六五年取得向孟加拉大部分地區徵收土地稅的權利。這筆意外之財為民營的東印度公司增添了大筆收入，不僅可用於購買更多的印度紡織品，還可用於培養自己的「西帕伊」（Sepoys）兵團，也就是由印度士兵組成、英國軍官指揮的軍隊，而養兵是不祥的預兆。接下來，英國東印度公司就利用西帕伊兵團拓展對印度其他地區的控制。印度政治權力正在分崩離析，王公貴族之間你爭我奪，蒙兀兒皇帝權力搖搖欲墜且下墜之勢已成定局，印度教軍事貴族也展現出勃勃野心，這一切形成了一種有利於英國東印度公司施展陰謀的氣候，在軍隊支援下一步步蠶食土地，最後於一八三〇年代將控制權拓展到印度大部分地區。加上幾次代價高昂的大規模戰爭，英國東印度公司的控制權又進一步擴大到旁遮普和信德（Punjab and Sindh，這兩個地區一九四七年後成為巴基斯坦）。到了十九世紀中期，英國已將整個印度變成殖民地。

第二，工業革命導致英國製造品的成本大幅降低，尤其是棉織品。不僅英國棉織品因為價格低廉而開始奪走印度紡織品的全球市占率，印度本身也成為英國棉織品的重要市場。十八世紀時英國人曾用關稅將印度棉織品擋在國門之外，現在英國的殖民政策卻是強制移除印度對英國紡織品所設的關稅障礙。由於價格較低，英國製造的紡織品充斥印度市場。從一八〇〇到一八一〇年，印度棉織品的產量與出口量持續下降，而印度的英國棉織品進口量則持續增加。到一八二〇年，已有數百萬名印度織布工人失業；他們的織布機毫無動靜，家裡空空如也：「一八三三年時，孟加拉的『去工業化』……已經相當徹底。印度失去了一項優秀的技藝，而工匠也失去了工作。家庭主婦的紡錘此時已鮮少在堆著棉花的地板上方轉動。」[9]

於是，印度從輸出製成品轉為輸出原棉；首先出口到中國，然後是英國。昔日的印度織布工人不是移居海外，就是從事新的職業，許多人轉向務農。開始務農的他們必須種植可以銷售的作物，因為英國東印度公司徵稅是徵收現金貨幣，而不是稻米或棉花。

印度的新舊農民因此都轉而種植經濟作物，例如木藍、甘蔗、棉花，以及用於製造鴉片的罌粟。「印度農村化」就此展開。

印度淪落為我們現在所謂第三世界國家、或者說「全球南方」一員——生產出口原料給「已開發」國家換取製成品，因此被視為「未開發」——看似是個單純的「經濟學」問題，其實不然。實情是，印度經濟的運作模式是英國為了自身利益而規劃出來的，尤其是在英國東印度公司對亞洲貿易的獨占權因為政府支持自由貿易而遭到廢止之後。自由貿易原則是一七七六年由亞當．斯密在其名著《國富論》中首先倡導的。

自由貿易與政府最小化對經濟的干涉，結合李嘉圖的「比較優勢」（comparative advantage）概念，英國意在將印度轉變成以出口為目的的糧食與原料生產者。關稅被取消後，殖民政府顯然不會採取行動保護棉布紡織工人，也不會推行工業化政策（因為那很「多餘」，還會和英國國內的工業形成競爭），而「自由」市場可確保糧食和原料從印度銷售到英國，並確保印度人購買英國的工業產品。事實上從十九世紀中期開始，印度確實消費了英國二五％到三五％的出口產品。[10]殖民政府實施的「自由貿易」原則迫使印度走上成為第三世界國家的道路。我們將在本章後面探討上述情況如何與聖嬰饑荒一起將印度徹底轉變成第三世界國家。

這裡只需要先指出：印度的去工業化加上中國的鴉片需求，為英國人與他們的全球資本主義體系帶來了龐大獲利。鴉片利潤的龐大程度，竟使全球貿易模式的整個結構徹底反轉。從一五〇〇到一八〇〇年，歐洲人用新大陸的白銀與亞洲進行貿易，白銀大量流入印度與中國。鴉片讓銀錢往反方向流動，白銀在整個十九世紀都是流入英國人手中。歷史學家特羅基（Carl Trocki）認為，如果沒有鴉片，「可能就不會有大英帝國」。[11]

其他地方的工業化

英國率先展開工業化並將成果運用於軍事，因而確立了世界上最強大國家的地位；而且只要英國工業持續領先其他國家，其軍事力量也將一直無人能敵。到了一八三〇年，英國實質壟斷了鐵、蒸汽機與紡織品的生產，並且利用這份力量將英國產品銷往全世界，建立了全世界最大的帝國，這個帝國不僅包括印度，還包括亞洲其他地區。英國的獨霸地位使它得以倡導取消進口糧食及其他原料的關稅障礙，以加速其工業體系擴張。正如我們在印度所看到的，全球「自由貿易」變成了英國的行動計畫。英國把「自由貿易」原則強加於印度，導致印度的第三世界化，然而，對於其他幾個歐洲國家或曾經是英國殖民地的美國，英國並不能如法炮製。

歐洲國家體系是由歐洲國家之間的頻繁戰爭形塑出來的（美國也是藉由戰爭獨立），這個體系形成強烈的競爭壓力，迫使其他國家仿效英國的做法，尤其在尋求新的殖民地方面。隨著英國的海外帝國擴張，其他歐洲國家也致力於強化軍隊，以在亞洲、非洲和拉丁美洲與別國競爭。雖然英國極力防止自己的工業技術轉移或輸出，法國、美國和德國依然很快就展開工業化。十九世紀後半，又有兩個國家——俄國與日本——開始迅速工業化，主要是為了保持獨立，以免遭西方的歐洲國家殖民。英國的工業化是由一些無法預測或計劃的力量因緣際會結合所造成的，但是在工業化發生後，被迫與英國或其他國家競爭的強大政府都可以透過實施自己的計畫，複製出與工業化相同的成果。因此，幾乎無一例外，在其他國家的工業化進程中，政府都扮演了很重要的角色。

法國

早在英國進入工業化的初期階段，法國（與其他國家）政府就試圖透過竊取情報、收買製造商、聘請英國實業家等手段設法獲取英國的工業技術。法國以這種方式開啟了紡織業和鋼鐵業的工業化，但是因為缺乏大量（且容易取得的）煤礦，加上國內不時發生革命動亂與戰爭（一七八九至一八一五年、一八四八至一八五一年、一八七〇至一八七一年），以及農業相對落後，工業化進程遭遇嚴重阻礙。儘管如此，一八四二年法國政府仍決定修建全國鐵路系統，並於一八六〇年代完成，刺激了法國的工業化。英國的鐵路是私有財產，在法國則不同，法國的鐵路是由政府出資興建後再出租給民營公司，租期九十九年形同私有化。鐵路促成了全國市場，法國經濟的其他領域也在這樣的刺激下工業化，或者至少標準化。在所有歐洲國家裡，法國躍入現代世界的腳步相較於其他國家似乎較為從容不迫。葛斯通（Jack Goldstone）認為，十八世紀全歐洲最接近現代民族國家的就是法國，中央政府強勢，人民也擁有共同的語言及文化。[12]此外，法國還有像奧斯曼（Georges-Eugène Haussmann）這樣，懷有遠見卓識、推動巴黎走入現代的人物。[13]儘管如此，法國依然難以迅速工業化，部分是因為法國農民一直堅守他們在法國大革命時獲得的土地，繼續留在農場，導致法國在工業化上與英國及其他進行工業化的國家相比處於劣勢。

美國

美國的工業化是以東北部及俄亥俄河谷為中心，而且和英國一樣，主要仰賴民間資本家，而不是由政府推動。紡織業是最早工業化的產業之一，而新英格蘭——由美國南方使用奴隸的種植園供應原棉——很快就在美國和全球市場上與英國紡織品展開競爭。政府利用關稅保護剛起步的美國工業，而美國第一銀行則為運河和鐵路提供了一些資金。美國自一八三〇年開始建造地方鐵路線，一八七〇年代時鐵道橫跨北美大陸，對鐵、鋼、蒸汽動力火車頭的大量需求隨之而來。南北戰爭（一八六〇至一八六五年）加速了北方的工業化，而且我們在本章稍後將會看到，這場戰爭也推動了槍炮的工業化生產，以及一種更加工業化的戰爭方式。

在這些發展進行的同時，美國領土也從東部沿岸的殖民基地向西拓展，橫越北美洲。新領土有一些來自收購（特別是路易斯安那購地案），有一些來自與其他國家協商（尤其是與英國協商奧勒岡領地和加拿大之間邊界），但大多數是得自戰爭，特別是一八四六到一八四八年的美墨戰爭，以及對印第安人的戰爭。例如，十九世紀上半葉的北美洲，墨西哥人在其北部數州對基奧瓦阿帕契族（Kiowa Apaches）與科曼契族（Comanches）發動多場戰爭，遭對方回擊並取得多次勝利。這些戰爭非常慘烈，墨西哥北部有些地區的人口因此減少。這類衝突後來在很複雜的情況下捲入美墨戰爭，有可能促成了美國的勝利，讓美國得到大約一半的墨西哥領土，新增的部分即是現在的加州、亞利桑那州、新墨西哥州、內華達州、猶他州，以及懷俄明州。[14]對印第安人的戰爭持續了整個十九世紀，那些在一八四九年加利福尼亞併入美國後對當地印第安人趕盡殺絕的戰爭更是令人咋舌，充滿赤裸裸的種族歧視與暴力，而清除加利福尼亞（保留區除外）印第安人所造成的效應，也讓歷史學家馬德利（Benjamin Madley）稱這一連串事件為「一場針對美洲原住民的種族滅絕」。[15]

美國人也率先在這些清除了印第安人的土地上進行農業的工業化。當英國人坐視他們的農業衰弱，寧可從東歐、愛爾蘭和美國進口便宜的糧食；當法國農民死守著他們在一七八九年大革命之後得到的小片土地，以致直到一九四五年第二次世界大戰結束前，都沒有能力購買或使用現代農業機具；這時候的美國坐擁沒有原住民的廣闊平原，只是也欠缺可以耕作的勞力。但是馬拉收割機和後來的蒸汽動力、柴油動力收割機及聯合收穫機（由芝加哥大亨麥考密克〔Cyrus McCormick〕發明）接力發揮作用，協助美國生產出極大量的餘糧，使美國成為（並且至今仍是）全球市場的主要糧食出口國之一。

德國

有別於英國、美國和法國，德國直到一八七〇年才成為統一國家，在此之前分為許多邦國，每個邦國都有自己的統治者，但是全部使用同一種語言，後來這也為民族統一提供了基礎。政治上的不統一阻礙了德國往工業化努力的腳步。確切地說，沒有一個大一統的政府，日耳曼人的紡織工業就沒有關稅保護來阻擋英國產品的輸入，導致整個產業在一八三〇年代遭到摧毀。日耳曼各邦於一八三〇年代成立關稅同盟——而後在一八四〇年代廢止農奴制，並且在一八五〇年代興建鐵路——其統整程度已足夠讓一些地區開啟工業化，尤其是煤鐵礦藏豐富的魯爾河谷。

德國工業化來得比英國、法國和美國還要晚，所以處於競爭劣勢，而且無法仿效其他三國的工業化進程，亦即從紡織業進展到鋼鐵業。反之，德國在一八七〇年統一後是先全力發展重工業（鋼鐵）來支持其全國興建鐵路計畫與擴軍。貝塞麥（Bessemer）煉鋼法的發展，結合以克虜伯（Krupp）冶煉軍備工廠為首等大型企業組織的創新，促使德國在一八七〇到一八八〇年代迅速工業化。德國人也鼓勵大學參與工業研究，全新的化學及電氣工業隨之出現，這也是該國首度明確地將科學應用在工業發展上。

俄國

需要克服巨大障礙才能工業化的歐洲國家中，以俄國的情況最惡劣。俄國的農村社會根深蒂固，農民一直受貴族地主奴役，直到一八六〇年代才得到解放，但又陷入另一種形式的農村社會，即貴族仍是土地的擁有者，而從前的農奴變成承租者。俄國輸出穀物到西歐，然後輸入華麗服飾供貴族階級消費，這樣的情況長達數百年。該國擁有豐富的自然資源，如森林、煤礦、鐵礦等，吸引西歐投資者前來開採並銷售給正在工業化的國家。儘管俄國有龐大的軍隊，並且被視為歐洲「強權」之一（主要是因為領土廣大、人口眾多），但在十九世紀時它開始顯現出第三世界的特徵：出口糧食與原料；本土工業規模極小，甚至可說沒有；不管什麼製造品，只要它能負擔得起的，都從其他國家輸入。

上述一切在一八八〇年代開始改變，當時俄國財政部——一八九二年後在維特伯爵（Count Sergei Witte）的領導下大有作為——啟動了一項大型鐵路建設計畫，隨後是重工業（煤、鋼鐵，以及石油）。一八六〇年時俄國的鐵路長度不到七百英里，至一八九四年已達二萬一千英里，一九〇〇年更增長到三萬六千英里；其中最長的路線向東延伸到西伯利亞，那個廣大區域及當地資源也因此和俄國其他工業化地區的需求連結得更加緊密。跟德國、法國一樣，在俄國工業化的初步階段裡扮演主要角色的是政府，而非民間資本家；政府開設銀行、聘請外國工程師，並且樹立起高額關稅障礙來保護國內的新興產業免於和外國競爭。

維特伯爵很清楚俄國打算急速工業化的原因：為了擺脫與西歐之間的類殖民關係。

即使到了現在，俄國本質上還是一個農業國家，藉著出口原料來償還所有外債；出口產品大多是農業原料，以穀物為主，製成品的需求則透過從國外進口來滿足。俄國與西歐之間的經濟關係，完全就像殖民地國家與宗主國之間的關係。宗主國視其殖民地為有利可圖的市場，在那裡他們可以自由銷售本國勞力與工業產品，並且採取強制手段取得自己需要的原料。

但維特認為俄國不會成為半殖民地，因為「俄國是一個獨立且龐大的強權。她要自成宗主國〔即殖民勢力〕」。[16]

日本

不同於俄國，日本幾乎不具有工業經濟體所需的自然資源，尤其是焦煤和鐵礦。此外，十九世紀中期的日本還在遵守兩百年前開始實行的「鎖國」政策。美國海軍准將培里（Matthew Perry）於一八五三年率領船隊進入江戶（東京）灣，要求日本開放國門、進行「正常」國際貿易（「否則就走著瞧」），對日本領導階層造成極大震撼。日本領導階層知道中國在鴉片戰爭時吃盡英國人的苦頭，所以決定透過談判向西方開放；此舉增加了日本人與西方人之間的貿易及接觸，卻也導致舊政權在一八六八年瓦解。

取而代之的新政權被稱為明治時代，得名於新任少年天皇明治（一八六八至一九一二年在位）的年號。在一段搖搖擺擺的過渡期後，新政權動手破除舊封建制度，建立一個強勢中央政府，在私有資本還無法承擔帶領日本邁向工業化的挑戰時，肩負起這項任務。然而日本自然資源稀少，與美國簽訂的條約又限制了關稅，所以它工業化的方式相當獨特。由於必須先輸出商品才能輸入工業原料，日本便從蠶絲業下手，盡可能實行標準化與機械化，打入全球市場，並且從中國人與法國人手中奪取市占率。在一八八〇年代，尤其是一八九〇年代，日本發展出棉紡織業，同樣是出口導向，目的為賺取外匯購入工業原料，如焦煤和鐵礦，發展與軍事需求密切相關的重工業。為了在全球紡織品市場中競爭，日本把工資壓得很低，僱用大量女童和婦女，並且禁止成立工會。

這個策略非常成功。日軍強大到可以在一場從一八九四年打到一八九五年的戰爭中擊敗中國，並且在十年後擊敗俄國。英國看出日本軍隊的實力，於是在一九〇二年與日本簽訂軍事協定，而西方強權也在一九一一年宣布中止那些限制日本控制本國關稅的不平等條約。到了一九一〇年，日本所擁有的工業能力與科技知識已能建造出當時世界上最大的戰艦——薩摩號。當中國和印度仍落後於西方且持續在衰落的時候，日本在一九〇〇年的工業化程度卻早已預示，西方將無法繼續透過壟斷工業生產來稱霸世界，而昔日亞洲朝氣蓬勃的樣子總有一天會重現於世。

如同上面這段簡單概述所言，工業化的必要條件之一是有一個決心為建立強大軍隊創造物質先決條件的強有力國家。由於不同原因，在不同時期，法國、德國、俄國與日本都能建立起強有力的國家。世界上那些弱國（例如大部分的拉丁美洲或鄂圖曼帝國）、衰弱中的國家（例如中國）、已被殖民地化的國家（例如印度、東南亞的許多國家，以及後面即將談到的非洲），甚至帝國中那些追求獨立的無國家民族（下面就會談到）都注定留在舊生態體系中，最多只能出口原料或糧食到工業化世界，而且相較於工業化世界將變得愈來愈貧窮。

工業世界中的新動態

一九〇〇年時，全球工業產量有八〇％來自歐洲及美國，日本貢獻一〇％，中國占七％，印度占二％，總計占全部工業產業的九九％。也就是說，情勢在一八〇〇到一九〇〇年的這一百年間出現了大反轉，歐洲和美國取代了原本屬於印度和中國的龍頭地位。因此，世界上最富裕和最貧窮地區之間的巨大差距，在一定程度上可以用工業化及世界的部分地區——如歐洲、美國、日本——擺脫了舊生態體系的限制來解釋。其實嚴格來說，工業產量是來自一些特定地區，而不是整個國家：美國新英格蘭的某些地區、蘭開夏和英格蘭西北部的某些地區、德國的萊茵蘭、義大利北部的米蘭等等……。因為即使是正在進行工業化且日益富裕的國家，國內也還是有貧困的區域。

在舊生態體系中，農業收成的規模和品質決定了一個社會的經濟健康程度、財富，以及安康狀態：收成愈多，糧食就愈多，工資就愈低，產業就愈有競爭力，以此類推。當然，反過來說也是正確的。雖然氣候與變幻莫測的天氣確實對農業造成強大衝擊，但是人的聰明才智、社會組織和勤奮努力能夠將氣候的不利影響減到最低。儘管如此，舊生態體系依然限定了農業經濟發展可達的總額。

新興工業經濟體的情況就不是那樣了（至今都不是）。擺脫舊生態體系及其發展動力所加諸的桎梏後，新興工業經濟體進入前所未知的領域，而這個領域又因為歐洲工業化的範圍擴大而變得更難以捉摸。於是，工業世界在十九世紀開始經歷一種新的經濟活動調節機制：大繁榮之後出現大衰退。愈來愈多工廠被興建來生產同樣的商品，而且這些工廠還分別位在不同的國家，造成全球不時出現供給遠多於需求的情況，導致商品價格下跌以便清掉累積的庫存。競爭者為了大幅壓低價格而大幅削減工資，需求進一步受到抑制，至少是消費品方面的需求，經濟「衰退」（recession）隨之而來，如果事態嚴重、持續的時間久，就會演變成經濟「蕭條」（depression）。第一次的多國經濟衰退發生於一八五七年，為時相當短暫，經濟緊接著就恢復繁榮並維持到一八七〇年代初期。然而另一次衰退於一八七三年開始，一些歷史學家認為這次衰退持續到一八九六年；在那二十年裡，英國的物價下跌了四成。這種經濟的「景氣循環」模式一直持續至今。

一直到一八七〇年代，大多數正在工業化的國家都仿效英國，支持國際自由貿易，因為這些國家都從中獲益。然而一八七三年的衰退改變了這樣的情況，德國與義大利開始提高關稅以保護本國的紡織業；一八九〇年代時法國、美國和我們已經提到的俄國也紛紛跟進。日本則因為條約禁止而無法提高關稅。不出意料，新關稅稅率造成英國對美國及歐洲其他工業化地區的出口下降，使得英國的國際收支平衡出現大問題，也在國內激起要求課徵貿易保護關稅的呼聲。如果英國真的提高關稅，工業化世界也許會進入一段急劇收縮期，形成類似緊接在經濟大蕭條後於一九三〇年代出現的排外貿易集團，隨後就是恐怖的第二次世界大戰。這樣的話，全球資本主義可能剛誕生不久便遭到摧毀。

但是英國由於鴉片貿易的關係，對亞洲、印度、尤其是中國的貿易順差極大，使經濟體系免於崩毀。有了巨大的貿易順差，英國得以償清對美國、特別是對德國的債務，確保了資本主義能繼續在那些地方（以及歐洲其他地方）發展。[17]某種意義上這樣說應該不為過：鴉片——中國的消費與英國的走私販賣——是幫助資本主義世界撐過一八七三至一八九六年經濟衰退的重要因素之一。

雖然工業化世界因此而免於分裂成排外且敵對的經濟貿易集團（像後來在一九三〇年代那樣），經濟衰退依然加劇了十九世紀後期工業化國家之間的競爭與緊張情勢。我們會在本章稍後談到，這種現象促成了一段「新帝國主義」時期，歐洲國家及美國爭相占領世界上的大片地區，以建立或拓展其殖民帝國。

工業化的環境後果

日常經驗告訴我們，工廠會將大量廢物排放到空氣、水、土地裡面，造成環境汙染。十九世紀的工廠也是如此，而且情況更嚴重，因為當時尚未制定與實施工廠汙染物排放量的管控規範。十九世紀的畫作和照片中，大量黑煙從紡織廠與鑄鐵廠的高聳煙囪（這種設計是為了讓煙升到高處，以免嗆到工廠裡的工人、經理或業主）裡冒出來，是告訴我們當時汙染情況的重要紀錄（見圖5.4）。

三個地方的小故事透露了十九世紀工業汙染的嚴重程度。[18]在英格蘭的煤礦開採區，挖掘礦化的生物質造成煤渣散落各處。一名德國遊客表示，「想像一下，黑色的軌道蜿蜒穿過青翠的田野，長長的貨運列車滿載著黑色的珍寶……平原上散布著燃燒的煤堆。」在曼徹斯特，「大老遠就能看到煤煙形成的雲，房子都被染黑了。穿過曼徹斯特的那條河充滿廢染料，簡直就像個染缸。」排放到空氣中的煤灰、黑煙和有毒氣體

圖5.4　十九世紀英格蘭的工廠煙囪

太多，導致各種植物全死光、建築物髒汙，還引發各種肺部疾病。遇到有人抗議時，業者與鎮長就會搬出煤礦創造的就業機會為理由，再深吸幾口刺鼻的空氣，然後說：「啊，是錢的味道！」

在北美洲那些運用水力來轉動紡錘、驅動織布機的紡織城鎮，水壩的興建「馴服」了梅里馬克河，以人的意志力駕馭了這條河的力量。紡織業者改用蒸汽為工廠提供動力之後，梅里馬克河就成了工業廢料的「汙水溝」。河中滿是紡織廠的染料、皮革廠的化學藥劑、伐木場的廢棄物。「有毒的染料與工廠廢料……排入河中。充滿致病因素的河水僅僅流了九英里之後，就被勞倫斯的居民喝下。難怪隨後就引發疾病和死亡。」賓州西南部的「鋼都」匹茲堡周邊地區既開採煤礦，也煉鋼鐵。數百座「蜂巢爐」排放微粒和有毒氣體到空氣中，附近區域全部蒙上了一層灰塵與煤焦油。

這類工業汙染大多是地方性的，直接來自工廠或是發展迅速、生活著成千上萬個工人的城市地區。英國製造業城市里茲、雪菲爾和伯明罕在十年間（一八二一至一八三一年）人口成長了四〇％；紡織大城曼徹斯特的人口則從一七七二年的大約二萬五千人增加到一八五〇年的三六萬七二三二人。而且城市跟工廠和人（以及所有生物）一樣，也有新陳代謝：城市接收糧食、水、燃料及能源，加以使用，然後排出廢物。為了取暖和煮食而燃煤，當然也導致城市地區的煙霧變多，使空氣有時會因為內含大量黑煙而混濁得令人窒息。除了工業化引起的汙染之外，我還想探討環境這條故事線的另一個部分，也就是氮在人類排泄物與城市廢棄物循環中的地位。

我在第一章說過，氮對包括人類在內的所有動植物都是不可或缺的。植物行光合作用時會用到氮，人類（以及所有動物）需要氮來合成胺基酸以組成蛋白質，從而建構肌肉。如果沒有氮，人類就無法生存，所以我們藉由食用含有氮的植物或者肌肉中已經生成蛋白質的動物來攝取氮。我們把需要的氮轉換成蛋白質後，便將多餘的氮及人體組織在分解時產生的氮，和固態與液態的排泄物（也就是人類的糞便及尿液）一起排出。按北美洲成年人現今的飲食習慣估算，他們透過排泄物每年排出大約四磅（兩公斤）的氮。

人類的這些生物、物質與社會特性帶來了幾個問題。人類在城市裡消耗的糧食，幾乎全部都是在農地生產後，再以船、卡車或人力運到城市裡。前面說過，種植糧食這件事本身會帶走土壤中的養分。所以把糧食銷售給城市消費者，基本上就是把那些養分從鄉下轉移到城市，為雙方都帶來了問題。農民必須想辦法補足農地裡的養分，否則農地很快就會退化而失去生產力。十九世紀有數十年的時間，美國、德國、英國及歐洲其他地方的農民會用一種方法來補足田地中的氮，那就是利用祕魯外海島嶼上的大量鳥糞石，以及祕魯乾旱沙漠中的硝酸鈉礦物沉積。[19]這些氮供給提升了農田的收穫量，一直到接近十九世紀末時被消耗殆盡；然而與此同時，土壤中的氮仍持續被提取，以糧食的形式轉移到城市。對城市而言，最大的問題是如何處置每天由這個程序製造出來的所有人類（與動物）排泄物。

一些擁有城市的農業社會解決這個問題的方法，是將人類排泄物與其他的城市廢棄物回收到農場，加以處理後作為田地的肥料。這種循環利用的方法在中國與日本運用得最廣泛、最長久，既保持了城市的清潔，又可以使人類排泄物中的氮回歸農地。[20]美國與歐洲城市當然也有收集糞便用於農田使氮回歸土地的循環利用系統。然而，隨著工業城市迅速激增、人口數量暴漲，人類糞便超出可以回收再利用的極限，便在未經處理的情況下流入河溪；不僅人類排泄物和其中的病菌汙染水源，重要的氮也名副其實地「付諸流水」。堆積在英國泰晤士河的人類排泄物太多，引發一八五八年的「大惡臭」事件，也促成倫敦興建下水道系統來收集排泄物並丟棄到更下游的地方，讓倫敦人不再為惡臭所苦。被開採後很快就耗盡的祕魯鳥糞石和硝酸鈉，對全球活性氮的流通——細菌年復一年將活性氮固定在土地中並進行脫氮——幫不上什麼忙。我們會在下一章看到，一項工業程序是如何打破了全世界天然氮供給的限制。同時，由於氮對農民來說是必要的，這就促使城市規劃師設法從人類排泄物中取得氮並送回農場——回收再利用。[21]

針對這些交互影響的農村及城市廢棄物問題，第一個嘗試解決的大型工業計畫在二十世紀初出現於美國的密爾瓦基市。人類排泄物與城市廢水中含有細菌，所以不能直接用在農地上，必須先經過處理。環境衛生工程師著手研究這個問題，到一八九〇年代中期已解決大半，方法是將廢水引入沉澱池，讓能分解汙水的微生物將糞便轉化成可以直接排入乾燥場的沉澱物。等這些沉澱物乾燥後就能分割或切碎成富含氮的肥料，可以銷售或是運回農場撒在田地上。接下來的數十年，密爾瓦基市的工程師與政治人物規劃與建了一座汙水處理場並於一九二五年啟用，藉由將人類的生活汙水轉化成肥料來解決人類排泄物處理問題。密爾瓦基的成功似乎顯示建立一個龐大的氮回收系統指日可待，可以同時解決鄉下農民面臨的土地含氮量變少與城市中的人類排泄物處理問題。[22]然而我們在下一章會看到，憑空製造出氮肥的工業系統扼殺了原本的再循環過程，城市從此面臨經過處理的人類排泄物愈積愈多卻無處消耗的問題。這個問題至今仍存在。

十九世紀全球暖化氣體的來源

然而令人意外的是，十九世紀的工業化儘管在大氣中造成可見的局部汙染，但是溫室氣體二氧化碳和甲烷的排放，其所產生的足跡與影響，在全球氣候系統中卻沒有那麼明顯。誠然，燃燒愈來愈大量的煤，確實會將二氧化碳與甲烷排放到大氣中。但是為了農耕而開墾土地也是如此——在十九世紀可能排放得比工業還多。布魯克（John L. Brooke）提出證據，表示中國稻田與北美洲大規模開墾所排放的甲烷「無疑是當時最大的溫室氣體排放來源，一直到十九世紀末為止」。另一方面，西非人口由於奴隸買賣而減少，可能也導致當地森林恢復舊貌，那些森林便成為碳匯（carbon sinks）；與此同時，非洲奴隸則在美洲開墾森林、興建種植園。[23]不過，我們會在下一章看到，到了二十世紀，工業已經遠遠超越農業，成為溫室氣體排放的最大來源。

工業化的社會後果

工業革命改變了——而且至今仍在改變——人們的生活方式。就如同一萬一千年前的新石器時代農業革命，工業革命也改變了人與人之間及人與環境之間的關係。工作、家庭、城市、時間、文化、價值觀和許多事物都隨著工業生產方式一起改變。雖然這些變化的確切發展情況因地而異，但也有普遍的相似之處：田地與農場被工廠取代；用來區分時間的四季與年度節日被小時制和時鐘取代；大家族被小家庭取代；安穩被變化取代。社會與經濟的變化，遠不只發生在歐洲和北美洲的核心工業地帶，而是擴及到其他被併入全球體系的地區，那些地區供應工業生產所需的勞力與原料，還有因此累積的額外投資資本，而增加的財富都集中在富裕的菁英階層手中。一八七〇與一八八〇年代，比屬剛果的非洲人被套上腳鐐、毆打、嚴重毀容，強制勞動以生產橡膠，就是一個極其惡劣、殘酷的事件。[24]

工廠與工作

工業化首先創造了一個龐大的新工人階級，主要集中在發展中的城市。事實上，一個國家的城市人口比例，是衡量工業化程度常見的指標。以英國來說，一八五〇年有五〇%的人口住在城市，德國在一九〇〇年達到五〇%，美國是一九二〇年，日本則是一九三〇年。對於新工人來說，尤其是那些剛離開農村進入工廠的人，工廠迫使他們接受一種新的工作觀念。機器決定工作速度，主管制定吃飯和上廁所的規則，業主則盡可能壓低工資以確保高額獲利。

工廠一點也不舒適，很難想像真的會有人選擇在工廠工作，而不是在戶外的田地。但是至少在英格蘭，早在工業革命發生之前，先前的農業轉變就已迫使大量農民放棄耕種了。所以倫敦有許多幾乎完全沒有工作的窮人很高興能接到差事，即使工資只能勉強維持生計。

由於工作環境太差，「訓練」工人適應工作場所的新規律，確保他們每天都會回來工作，就成為「管理階層」的任務；管理階層發展成一種新的職業，也成為新興「中產階級」的骨幹。英國早期的勞動力——尤其在紡織業，還有礦業——大部分是由婦人與孩童組成，婦孺比男性更好管理。雖然情況逐漸改變，一九〇〇年時英國工人階級的男性已多於女性，但是日本紡織業的勞動力主要仍是由女童和年輕女性組成的。在日本，貧困的農家會簽契約將女兒「託給」紡織廠：家長拿到工資（按年付款），女孩則得到工作和在安全宿舍中生活的承諾，直到她們準備結婚。[25]

婦女與家庭

工業化改造了家庭。在農業社會中，務農的家庭是生產單位，也是消費單位。城市的工業生活逐漸將生產的部分從家庭移除，改變了男人、女人、小孩的作用與三者之間的關係。起初是女人和小孩在工廠裡工作（狄更斯以此為背景，寫出了《塊肉餘生記》、《孤雛淚》等充滿悲慘情節的小說），後來法律限制婦孺的勞動情形，工廠於是變成男性的工作場所。女性的職責被重新定義成在家中處理家務，即使幫人洗衣或做其他雜務幫助家計也算是家務。兒童要到十二或十三歲才能工作，於是他們的職責就變成（最少）完成初等教育。由於小孩被認為只會讓家裡花錢、對家庭收入沒有貢獻，夫妻願意生育的小孩人數開始減少，尤其是一八七〇年之後那段時期，家庭規模也就縮小了。

反抗與革命

工廠是工人與業主或業主代表之間每日對抗的戰場，這些衝突時小時大。直接不上班是反抗的一種形式，但是這樣會領不到工資。盡可能把工作拖慢也是一種回應，和破壞機器使其停止運轉一樣，就算只有一小段時間也好。漸漸的，工人發現集體行動可以為他們爭取到更高的工資、更好的工作條件，或者較短的工時，但是通常要經過漫長、痛苦，而且經常見血的罷工。[26]

不令人意外的是，新的城市貧民窟和工廠不僅生產流通全球市場的商品，也是組織對工廠和工業體系反抗活動的地方。早期的反抗者只是對冒著濃煙的工廠、「不正常」的工作方式及其對家庭生活的影響感到厭惡，呼籲資方改採更合乎常情的方式安排工作。對資本主義生產方式最嚴厲且維持最久的挑戰，來自馬克思與其終生合作夥伴恩格斯提出的思想。

馬克思與恩格斯（他父親擁有一家紡織廠）藉由一八四八年出版的《共產黨宣言》發出挑戰：

一個幽靈，共產主義的幽靈，在歐洲徘徊。……到目前為止的一切社會的歷史都是階級鬥爭的歷史。……我們的時代……表明……它與眾不同的特徵：它被分化為階級的對抗。整個社會日益分裂成兩大敵對的陣營，分裂為兩大相互直接對立的階級：資產階級（資本家階級）和無產階級（工人階級）。……資產階級……首先生產的是它自身的掘墓人。它的滅亡和無產階級的勝利是同樣不可避免的。[27]

一八四八年有幾個月的時間，馬克思的預言似乎就要成為現實。西歐各地都有勞苦窮人起義，推翻了法國、義大利邦國、哈布斯堡帝國和瑞士的政府；威脅到西班牙與丹麥的固有秩序；並且撼動愛爾蘭、希臘，以及英國。雖然反抗者的政治訴求主要是希望能大幅擴張工人的民主權利，但是生活舒適的中產階級、特別是擁有工廠的資產階級感受到威脅，所以支持鎮壓起義。然而，社會日漸分裂成兩個敵對階級——即使只是一種分裂可能會發生的威脅感——對歐洲各國統治者來說都是個嚴重的問題。而為滿足工廠的勞力需求，也為各國創造了新的挑戰：管控遷徙。

工業化與遷徙

工業化造成了兩種大規模遷徙。[28]第一種是從農村搬遷到工業化區域裡的城市。在歐洲內部，來自愛爾蘭的移民為了去工廠工作而搬到英格蘭，也有來自歐洲南部和東部的移民遷移到北部的工業城市，尤其是去法國與德國。[29]日本的年輕女性也從農場遷入城市裡的紡織廠。在美國，二十世紀初期有大批非裔美國人遷出以前的蓄奴州，因為許多人無法忍受自己在南北戰爭結束後遭受的恐懼和暴力——有人委婉地稱之為「吉姆·克勞(Jim Crow)政策」，但其實就是一個實行種族隔離的不平等社會，充斥三K黨的毆打與恐嚇。由於預期在工廠工作的生活會好過繼續當佃農，所以一九一六到一九四〇年之間有六百萬非裔美國人參與「大遷徙」，搬到北方的工業城市。

美國的工業發展造成了第二種大規模遷徙，大批人群從歐洲橫渡大西洋到美國，但那不是工業化世界中遷徙故事的全貌。的確，有數千萬人移民到美洲，而且人數在十九世紀末與二十世紀的頭十年激增。這些移民有將近三分之二去了美國，其餘的則分別到了加拿大、阿根廷和巴西。此外，美國中西部與西部的農地由於原住民被殺害或集中在保留區而易於取得，也另外吸引了一千萬人到西部邊遠地區。誠然，「歐洲人逃離了極度貧困、經濟剝削和無數艱辛」，然而如果只聚焦在歐洲移民經驗，就如同狄金森（Eliot Dickinson）所說，就忽略了「非洲人的經驗，而那種經驗的不同之處在於它充滿難以言喻的暴力，而且能徹底致人於死地」。[30]

移民美國的故事，只是全球人類遷徙經驗的一小部分。如同早期現代世界的越洋移民，歐洲人與亞洲人的移民也是發生在跨國網絡的脈絡之下。由亞美尼亞、猶太、中國及印度商人的族群網絡所組成的僑界，將勞力與資金輸送到位於非洲、南美洲和東南亞的邊遠前哨，以取得熱帶原料。家庭也依然是決定移民與否的核心。已先移民的親戚成為家庭決定何時移民與移民到何地的重要參考資訊，而移民社群則形成支持網絡，幫助後來的移民。

歷史學家麥基翁（Adam McKeown）的研究顯示，一八四六到一九四〇年長途跋涉從印度和中國南方到東南亞及印度洋，還有從東北亞和俄國到西伯利亞、滿洲、日本及中亞的移民人數，共約五千萬人，與同時期從歐洲移民到美國的人數相當。[31]世界上某些地區已進入工業化（見第四章）而某些地區沒有，無疑是造成愈來愈多移民和工人遷居到工業中心的背景。中國人從一八五〇年代開始移民到加州，在當地的銀礦和金礦工作，但是也有中國人和印度人移民到東南亞去開採礦物及開設種植園。亞洲與非洲其他地方的發展也是如此，迦納女孩亞碧娜的動人故事對此有精采的描繪。[32] 麥基翁的成果只是一個開始，他希望能對全球的移民性質進行深入的學術探討，而不是只針對從歐洲移民到美洲的敘事做研究。「全球移民人數幾乎同時增加，這代表非歐洲人在全球經濟的擴張與整合中是積極主動的參與者，遠不只是被動接受歐洲的直接干預。」歐洲殖民帝國則建構了從殖民地遷徙到宗主國的移民流動——例如南亞的印度人移民到倫敦，或者阿爾及利亞人移民到巴黎。

第二，一八七〇年代開始的大規模移民潮催生了定下明確邊界以維護治安的管理制度，也使各國開始有意識地「鼓勵、限制、挑選、保護、以及監控移民」。中國、俄國和義大利為了政府的需要而鼓勵移民，其他國家——尤其是美國與澳洲——則企圖終止「不受歡迎」的移民遷入，特別是中國人和其他亞洲人。由於大批中國礦工遷入加州和澳洲，一八八〇年代的反亞洲移民法律「明顯減少了遷往這些地方的移民」。值得注意的是，邊界與移民法規的訂立和維護治安、決定誰可以進入某國的規範，正好應合並促成了十九世紀的民族主義運動，以及社會達爾文主義充滿種族歧視的種族等級觀念；此即本章接下來要討論的主題。

民族與民族主義

國家（state），或者我們現在更常說的「政府」（government），已存在很久，且有過多樣形式。本書目前為止主要談到的有農業型及征服型帝國，特別是亞洲與中美洲的帝國，也談到歐洲各君主國、公國，以及它們在戰爭壓力下轉變成中央集權式國家的經過。讀者可能還記得，第四章所討論的歐洲在「建國」過程中造就了一些領土較為廣大的國家，它們擁有充分的人口和財力來應對國家之間的激烈競爭壓力，其中最成功的就是十七、十八世紀的英國與法國。

十九世紀時，國家經歷了更多轉變，其型態與功能都變得更加接近二十世紀的國家，而且與另一種力量相連結，造就了現代民族國家；那股力量就是民族建構，又稱民族主義。何謂現代國家容易定義，但是民族的概念就稍微難了一點，因為似乎總有例外出現。不過，我們就先把現代國家定義成一片領土（通常是毗鄰連接的），這片領土上面的居民由政府直接派任受薪官僚進行統治，而不是透過如自身擁有權力基礎的貴族作為中間人或代理人；官僚執行統一的行政與制度規畫，並受理臣民或公民的訴求，而臣民或公民的訴求通常是透過代表（由推舉或其他方式選出）傳達。[33]一七八九年的法國大革命，以及法國將軍暨皇帝拿破崙在十九世紀初推行到歐洲其他地區的一些革命理念（《拿破崙法典》），對現代國家的形成非常重要，尤其是人民有權做個在政治上主動的「公民」而不僅僅是統治者的「臣民」，還有政府與公民之間必須有通用的行政法規和直接接觸管道。

另一方面，「民族」與「民族主義」的思想是在現代政府與工業社會興起之後才出現的。[34]當時國家面臨一個困境，即不知道該如何確保人民對國家與統治體系的忠誠。這個困境在法國大革命質疑了國家正當性的所有傳統來源（神授、世襲或歷史權利）之後更加嚴峻。隨著工業化創造出新的社會階級，尤其是城市工人階級與資產階級，以及十九世紀初期的反抗運動在一八四八年的大規模暴動中達到高潮，加上亞洲人和東歐人與其他非白人大量湧入工業化國家，這一切都使得忠誠問題變得棘手。對十九世紀歐洲國家的統治者而言，人民彼此之間和人民與國家之間都出現了嚴重的分裂，威脅著政府的存亡。

工業化也創造了新的通訊形式，尤其是鐵路與電報，這又使那些擁有共同語言和文化紐帶卻沒有一個統一國家的人們，產生了經濟上與感情上交流的需求——特別是日耳曼與義大利的大小邦國。這種情況引發一種思潮，認為一個「民族」——也就是擁有共同語言及文化的「族群」——應該要有一個獨立的統一國家，而這也為專業歷史學家帶來一個新任務，即撰寫民族的歷史。[35]這種歐洲民族主義在一八三〇到一八八〇年助長了歐洲許多以「民族」和「民族分界」為基礎的建國運動。義大利民族主義者馬志尼（Giuseppe Mazzina）呼籲「每個民族都是一個國家，一個民族只能有一個國家」，為這一思潮做了最有力的闡述。

民族主義思想傳到了因為下層發動革命起義而備感壓力的國家統治者民族主義思想，為他們指出一條明路可用於確保「他們的人民」是忠誠的。然而，這些統治者面臨的問題是個雙重難題。第一是如何讓他們的人民認為自己同屬一個「民族」，第二是如何把這個認同與國家連結起來。在解決上述難題方面，公共教育（起先是初等教育，但在二十世紀逐漸升高到中等教育）特別有效，歷史學家編撰歌功頌德的「民族史」也同樣幫助很大。[36]

然而，有一些領土型國家是由一個以上的「民族」所構成。大不列顛王國是由蘇格蘭與英格蘭結合而成，但也包含威爾斯人及愛爾蘭人。俄羅斯帝國則因為在十八、十九世紀大幅擴張而逐漸被稱為「各民族的牢房」。巴爾幹半島對鄂圖曼帝國來說特別麻煩，因為土耳其人在那裡要統治斯拉夫人、塞爾維亞人、克羅埃西亞人、波士尼亞人、阿爾巴尼亞人，還有馬其頓人。要解決一個國家內含多個種族或民族的問題，法國人和美國人的做法是一個可行的方式。他們不是從種族、宗教、甚至語言方面定義「人民」，而是從政治方面定義：「美國人就是那些希望成為〔美國人〕的人。法國國籍就是法國的公民身分：種族、歷史、語言或在家說的方言都與『民族』的定義無關。」[37]對十八、十九世紀的美國人來說，這個方案顯然只適用於自由白人而排除了奴隸和印第安原住民；本章先前已經提過，印第安人不是被逐出家園並集中在保留區，就是在種族屠殺戰爭中慘遭殺害。[38]

到了十九世紀後半，歐洲國家（以及美國）發現，發明民族傳統並將其灌輸給人民的效果更強大，也就是創造一種充滿想像卻很真實的民族主義。另一方面，一些認為自己是「民族」但是還沒有國家的人——猶太復國主義者、愛爾蘭人、塞爾維亞人——則開始鼓吹建立自己的國家。簡而言之，一種排他的、強調種族與文化的民族主義——亦即標榜「我們同屬一個偉大民族」——開始影響歐洲與美國，憑藉其充滿矛盾、曖昧和對人民的強大說服力量，改變了歐洲人處理與世界其他地區關係的方式，成為二十世紀初期第一次世界大戰的壓力來源，同時促成現代民族國家的建立。

民族主義、歐洲國家之間的經濟競爭、工業化引起的內部社會緊張局勢，以及戰略考量，在十九世紀歐洲國家之間點燃了數場戰火，還有十九世紀最後三十年那些針對亞洲及非洲的帝國主義擴張戰爭。歐洲內部最大的一場戰爭是一八五四到一八五六年的克里米亞戰爭，由俄國獨力對抗英國、法國及土耳其聯軍，最後造成各方共有超過六十萬名士兵死亡。美國南北戰爭（一八六〇至一八六五年）也有數十萬士兵身亡。最後，義大利與德國的民族主義統一運動導致了另外四場大型的歐洲戰爭，在一八七〇到一八七一年的普法戰爭進入白熱化。於是，民族主義被注入歐洲國家之間持續延燒的緊張情勢中，幫助軍隊招募年輕男子入伍，卻也助長了歐洲人及美國白人比較優秀、其他人種（尤其是非洲人與亞洲人）比較低等的種族歧視觀念。

競奪非洲與中國

普法戰爭結束後，歐洲國家大致上不再互相開戰（至少到一九一四年第一次世界大戰爆發前是這樣），轉而將軍力用於中國、東南亞、中東，以及非洲。[39]歐洲諸國之間的競爭因此轉移到上述那些地區，造成其衰退，成了我們現在所稱的第三世界。

非洲

有好幾個世紀的時間，歐洲人都認為深入非洲幾乎是不可能的：非洲大陸熱帶地區特有的各種疾病，尤其是瘧疾，把從事奴隸買賣的歐洲人限制在免受疾病侵擾的沿海飛地活動。到了十九世紀，蒸汽船或許讓歐洲人得以從非洲各條河流深入大陸內部，但是大多數探險者依然罹患瘧疾而身亡。雖然瘧疾的病因要到一八八〇年才被發現，它是藉由蚊子傳播更是到一八九七年才為世人知曉，但是反覆的試驗摸索卻讓人類在十九世紀中期就知道南美洲原生的金雞納樹皮中含有奎寧，而這種物質可以阻擋虐疾。接下來，英國軍方在印度成功種下金雞納種子；到了一八七〇年代，供應給軍隊的奎寧已大量增加。隨之而來的歐洲國家「瓜分非洲」就是始於一八七〇年代，起因可能有法國人在一八七一年被德國擊敗後心生不安、比利時國王利奧波德二世暗中策劃的怪誕計謀，[40] 以及英國人決心要保護他們在印度的殖民利益。然而要不是有人發現奎寧能預防虐疾，要不是蒸汽船的發展使航行於非洲河流成為可能，要不是新的槍械科技提高了殺人的效率，那些動機就會變得無關緊要了。新科技很重要。

我們在前面幾章描繪了槍械科技上的一些發展，基本上從十六世紀初到十九世紀初進展不大，幾百年來主要是使用前裝式滑膛槍。滑膛槍裝子彈需要幾分鐘，射擊後冒出的煙很多，而且就算射擊距離僅有數百碼，準度也很差。軍事戰術都會考量到這些缺點，但很顯然要有準度更高、射程更遠、射擊動靜更小（以隱藏士兵位置）的槍，需要有很大幅度的改進。

那些改進在一八五〇年之後迅速實現：槍管的「膛線」提高了準度，紙匣子彈與後來的銅匣子彈是以無煙火藥點燃並從後膛裝填，此外還發明了連續開火的機械裝制。一八六〇年代與一八七〇年代的美國南北戰爭和歐洲軍備競賽，使槍械有了革命性的進展，並且大幅提升歐洲士兵從數千碼之外、在任何天候下快速殺敵的能力。進步的顛峰出現在一八八〇年代，一種性能可靠的機槍被發明出來，並以發明者的名字馬克沁（Hiram Maxim）命名。

這就樣，歐洲人在一八七〇年代有了「帝國的工具」，用來在非洲的土地上與非洲人交戰，並且擊敗他們。非洲人英勇且頑強地抵抗，但是他們的科技比不上馬克沁機槍。最著名、可能也最慘重的一個例子是一八九八年的恩圖曼戰役（Battle of Omdurman），英軍對上四萬人的蘇丹德爾維希（Sudanese Dervish）軍隊。按後來成為英國首相的邱吉爾描述，德爾維希軍隊的攻擊很快就被裝載於內河炮艦上的馬克沁機槍瓦解：「衝在前面的德爾維希人紛紛倒下，屍體交疊堆積。後方士兵停下腳步，躊躇不前，對他們來說這一切發生得實在太快了。」在岸上，英國「步兵團麻木不仁地開槍，不疾不徐也不興奮，因為敵人離他們很遠，軍官也很謹慎」。至於蘇丹人，「在另一邊，子彈穿過肉體、粉碎骨頭；鮮血從可怕的傷口噴出；英勇士兵在金屬呼嘯、彈殼爆炸、塵土飛揚的地獄之路上掙扎著——痛苦、絕望、死去。」五個小時過後，英軍折損二十名士兵，蘇丹軍則有一萬人陣亡。[41]正如一句諺語所說：

> 無論發生什麼，我們有
> 馬克沁機槍，而他們沒有。[42]

新帝國主義與「瓜分非洲」的高潮，發生在一八八四到一八八五年的柏林（西非）會議，會中波濤洶湧。由於擔心歐洲諸國之間的競爭會導致武裝衝突，德國總理俾斯麥邀請十三個歐洲國家及美國的代表到柏林去商討非洲殖民事宜；圖 5.5 描繪了會議代表圍坐在一張大會議桌旁劃分非洲的情景。非洲國家裡只有衣索比亞在國王孟尼利克（King Menelik）的傑出領導下擊敗歐洲最弱的義大利，因而能維持獨立。[43]（見地圖 5.1）

中國

若說是對大量原料儲備的憧憬助長了帝國主義者的非洲夢，那麼促使他們爭奪中國的就是進入當地市場的途徑。英國棉織品業者夢想著「如果我們能為每個中國人的上衣增加一英寸，就可以讓曼徹斯特的工廠永遠經營下去」。雖然「四億個顧客」的市場一直避開歐洲人，但歐洲人整個十九世紀都奮力嘗試「打開」中國，並且在世紀末形成「租界爭奪戰」的高潮。

鴉片戰爭（一八三九至一八四二年）過後，中國又深受一場大規模內戰所傷，那就是太平天國之亂（一八五〇至一八六五年）。太平軍得到貧困

圖5.5　一八八四至一八八五年舉行的柏林（西非）會議

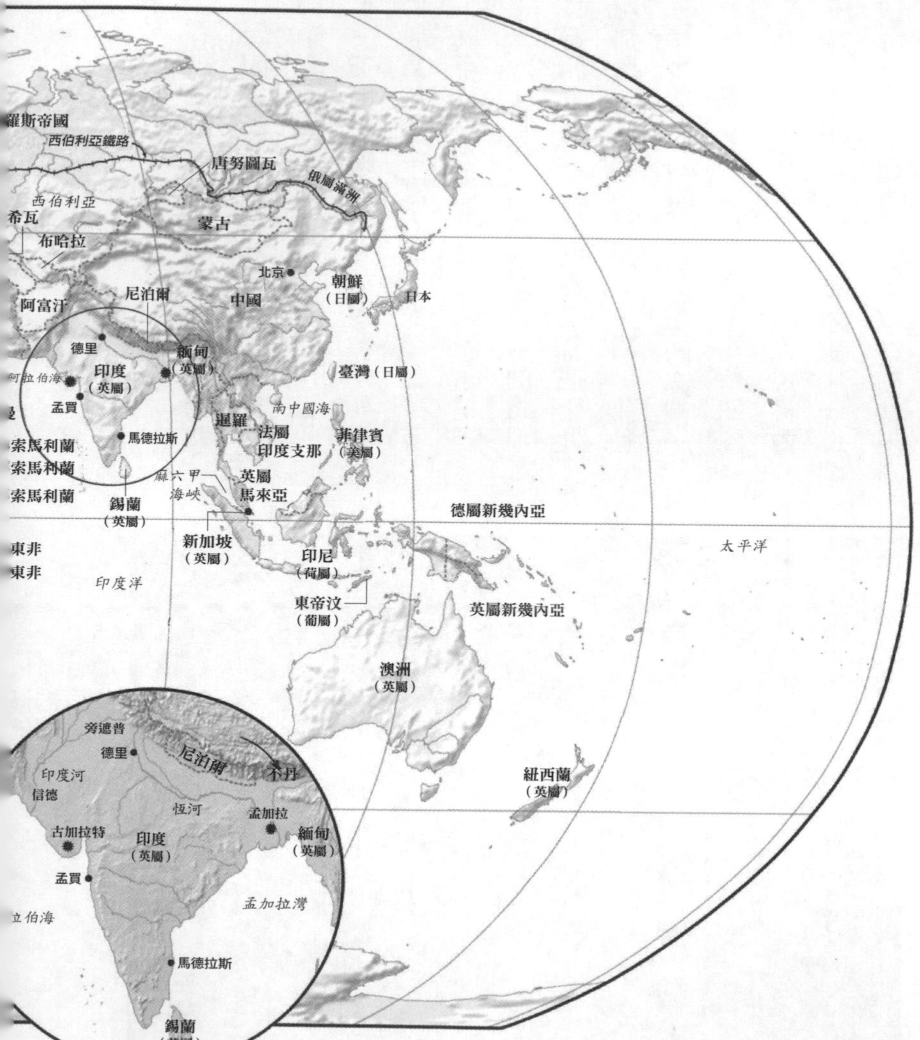
羅斯帝國
西伯利亞鐵路
唐努圖瓦
俄屬滿洲
西伯利亞
希瓦
布哈拉
蒙古
北京
朝鮮
（日屬）
日本
阿富汗
尼泊爾
中國
德里
緬甸
（英屬）
印度
（英屬）
阿拉伯海
臺灣（日屬）
孟買
南中國海
暹羅
法屬
印度支那
菲律賓
（美屬）
馬德拉斯
索馬利蘭
索馬利蘭
索馬利蘭
麻六甲
海峽
英屬
馬來亞
錫蘭
（英屬）
德屬新幾內亞
新加坡
（英屬）
東非
東非
印度洋
印尼
（荷屬）
太平洋
東帝汶
（葡屬）
英屬新幾內亞
澳洲
（英屬）
紐西蘭
（英屬）
旁遮普
德里
尼泊爾
不丹
印度河
信德
恆河
孟加拉
古加拉特
印度
（英屬）
緬甸
（英屬）
孟買
孟加拉灣
拉伯海
馬德拉斯
錫蘭
（英屬）

地圖 5.1　一九〇〇年左右的世界

的農民與被迫離鄉的工人擁護，在自稱是耶穌幼弟、身負建立人間天國之使命的創始人領導下，差一點將中華帝國的滿族統治者逐出歷史舞臺。他們結合了以土地改革為基礎來建立公正新社會秩序、全民平等（包含中國境內的社會階級與性別，還有全世界的民族）、以及推翻滿清的訴求，從中國南方往北進擊，攻占了長江畔的南方大城南京。要不是太平天國領導階層之間產生內鬨、出現怪異行為，還訂下一些拙劣的戰略決策，中國的現代史也許會與後來大不相同。結果是保守的地主組織了自己的武裝勢力、擊敗太平軍，拯救了滿族政權。

滿族政權被內戰削弱（內戰中可能有兩千萬人死亡），被兩次鴉片戰爭後與英國簽訂的條約所束縛，此時又致力於恢復以往的農業體制以滿足那些挽救清朝的地主所提出的要求，於是展開一項有限的軍事現代化計畫來抵禦外國侵略，人稱「自強運動」。儘管在建立現代化軍隊方面看似有一些成果，中國依然持續遭到外國施壓；不只有英國，還有俄國、法國、德國，以及工業化之後的日本。其中德國與日本引發了「租界爭奪戰」，導致中國在一九〇〇年遭「列強」分割。

工業化較晚的日本也心懷帝國主義擴張計畫，並且將注意力轉向朝鮮和臺灣島。雖然中國認為朝鮮屬於其朝貢體系，所以是從屬國，但朝鮮仍然有自己的國內政治。一八八〇與一八九〇年代，朝鮮的國內政治激化並導致許多動亂，日本人趁機支持反中國的一方。中國於一八九四年干預朝鮮內亂（中國政府自認有權干預），中日之間因此開戰。令多數觀察家訝異的是，日本在一場大海戰中輕鬆擊敗中國，結束了戰爭。

日本一心要從衰弱且失意的對手那裡拿盡好處，所以設法迫使中國做了許多讓步，包括巨額賠款三億美元、割讓臺灣島和位於滿洲的遼東半島、讓朝鮮「獨立」（好讓日本能對朝鮮發揮影響力），以及允許日本國民在中國開設工廠和擁有礦場。俄國反對日本對滿洲的覬覦（將領土擴張到西伯利亞，讓俄國自己也開始覬覦滿洲），便說服德國和法國與其聯手，逼迫日本將滿洲歸還給中國。

俄國的計謀成功，並且羞辱了日本；中國統治者對此相當感激，反倒讓俄國人在滿洲興建鐵路。德國人想要擁有中國的軍港來與英國、法國及俄國抗衡，便向中國要求一座基地作為幫忙趕走日本人的回報，但是遭到拒絕。然而後來在一八九八年，德國以兩名傳教士在中國遭到殺害為由，占領了山東半島的一座海港，並逼迫中國將這座海港出租給德國九十九年。此舉引發了「租界爭奪戰」，其他強國也向中國強索九十九年的租界，當時的說法是「瓜分中國」。一九〇〇年的中國彷彿也會和非洲一樣，被劃分成各國的殖民地。

然而，英國需要在中國進行「開放貿易」以維持其全球帝國的運作。對英國而言很幸運的是，美國剛剛才因為一八九八年對西班牙的戰爭而取得菲律賓作為殖民地，所以很輕易就被說服，奮力爭取讓列強都能在中國進行「開放貿易」。美國提出的政策，亦即一九〇〇年的《門戶開放宣言》，因為種種原因被其他國家接受了，令人意想不到。這項政策使得中國免遭殖民，並且保持開放，讓包括日本及美國在內的列強能夠平等利用。

聖嬰饑荒與第三世界的形成

雖然工業化、軍事科技的改良、「列強」之間的戰略操作，以及一八七〇年代開始的經濟衰退，都很有助於解釋歐、美、日對非洲、亞洲和拉丁美洲的優勢，然而第三世界的形成和工業化與非工業化國家之間的差距，也有跟環境相關的一面。

一八〇〇年時，中國在舊生態體系下取得巨大的經濟成就，但也正是這種成就開始對其國內的森林資源造成壓力，並且在十九世紀中期造成嚴重的森林砍伐；亞洲與拉丁美洲其他地區的森林則因為別的因素而遭到清除。在印度，半島上的森林早在十九世紀中期人口開始增長前就遭砍伐。彼此交戰的印度王公清除森林以摧毀敵人的掩護，英國殖民者也樂於使用這種「生態戰」策略。此外，流離失所的鄉下農民也會開墾土地，北方亦有一些商業伐木活動。這一切導致了印度森林在十九世紀晚期大規模地消失。[44]

拉丁美洲的大規模森林砍伐，則是由不同的過程所導致的。殖民列強意圖在當地開採原料，並且將他們占有的殖民地土地轉變成甘蔗或咖啡種植園。在巴西，大西洋沿岸的廣闊森林最早被砍伐開墾成甘蔗種植園。十九世紀初期，巴西地主改種咖啡。咖啡是一種樹（不是原生種，而是引進自衣索比亞），按理說應該可以在同樣的土地上反覆種植，只要土壤的地力得到足夠的照料。但是結果證明，地主寧願將土壤用到枯竭，三十年後再開墾另一片原始森林。「因此，咖啡踏步穿越高地，一代接著一代，後方只留下光禿禿的山丘。」[45]而在加勒比海島上，十八世紀的法國與英國殖民者為了建設甘蔗種植園而大肆開墾森林，就連當時的觀察家都擔心那樣會令島上的氣候改變，隨著一片森林又一片森林倒下而愈來愈乾燥。[46]

於是，到了十九世紀的最後二十五年，亞洲和拉丁美洲大部分地區都因為森林砍伐與土壤地力枯竭而承受嚴重的環境破壞。[47]由於是農業社會，這些變化無疑會為舊生態體系帶來額外的壓力，使社會更容易受到氣候震盪影響，也提高了大範圍饑荒發生的可能性。

一般來說，歉收是局部性的現象。然而在十九世紀後期，一種今日稱為「聖嬰」的氣候現象（比較科學的名稱是ENSO，亦即聖嬰—南方震盪現象El Niño-Southern Oscillation的縮略）增強到大約五百年來的最大強度，全球大部分地區都受到影響。此外，我們現在也開始認識到那時從工業與農業來源排放到大氣中的溫室氣體日漸增多，「對於增強十九世紀後期發展出來的聖嬰模式，至少起了些許推波助瀾的作用。」[48]聖嬰現象使北美洲的小麥產區帶出現極端降雨，歐洲則完全未受影響，而這代表亞洲的大多數地區、北非與西非的一些地區，以及巴西的東北部會面臨乾旱，阿根廷則會出現洪水。這些未來將變成第三世界的地區遭遇了三次聖嬰旱災——分別在一八七六到一八七九年、一八八九到一八九一年，以及一八九六到一九〇二年。聖嬰現象對亞洲、非洲、拉丁美洲與北美洲造成的種種影響，加上歐洲及北美洲工業化地區為了獲利而進行的世界經濟操作，與「新帝國主義」對亞洲與非洲的侵略，三者結合形成一個歷史局勢，帶來全球性規模的大饑荒及上千萬人死亡。

總體而言，在這些遍及全亞洲、非洲部分地區和拉丁美洲部分地區的饑荒中，估計有三千萬到五千萬人慘死。然而這麼多人死亡不僅僅是由聖嬰現象帶來的自然效應所造成，無論那些效應在十九世紀後期有多麼強大。歷史學家戴維斯（Mike Davis）指出，這些全球性大饑荒是聖嬰現象與歐洲主導的新大陸經濟同時發生所導致的結果；新大陸經濟使世界上大片土地變得貧瘠，把亞洲、非洲與拉丁美洲的許多地區變成了「第三世界」。在亞洲，政府若不是不願意，就是沒有能力採取行動減緩災情。英國在印度的殖民地統治者熱中於確保「自由市場」的順暢運作和他們在殖民地的收入，無心阻擋饑荒或防止人民餓死、病死。當地人死去之前還眼睜睜地看著小麥被裝載到火車上，而那些小麥都是要運到英國去供人消費的。殖民地官員斷然拒絕救濟饑荒，認為救濟令人「性格」軟弱，並且助長懶散怠惰。在中國，滿族政府將資源和注意力從內陸地區轉移到承受最多外國壓力的沿海地區，所以沒有能力和資源把穀物送到乾旱與饑荒最嚴重的偏遠內陸省分山西。同樣的，在安哥拉、埃及、阿爾及利亞、朝鮮、越南、衣索比亞、蘇丹和巴西，聖嬰現象引起的乾旱導致饑荒，削弱了當地社會和政府，也引來新一波的帝國主義擴張與併吞。[49]工業化世界與未來的第三世界，兩者之間的差距已然形成。

十九世紀後期的聖嬰現象嚴重打擊亞洲、非洲與拉丁美洲，但與此同時卻增加了美國中西部的農業收成，而且完全沒有影響到歐洲。聖嬰現象看似是一個歷史的意外事件，但是它所帶來的社會經濟衝擊卻是一個歷史局勢所造成的結果，而這一局勢是由本章和前一章討論的歷史進程與聖嬰現象引發的氣候變遷相結合所造就。受到負面影響的地區不是政府太弱（因為帝國主義侵略而大幅弱化）而無法進行工業化或為人民提供饑荒救濟，就是被殖民政府統治（特別是印度的英國殖民政府），而其政策也導致相同的結果。因此在二十世紀開始時，世界上大部分的地區及其人民不得不盡其所能地抵禦舊生態體系的最糟結果、環境退化與全球暖化效應等問題。那些地區的人民平均壽命與生存機會遠低於工業化國家的人民，也就毫不令人訝異。那道「差距」關係到生與死——至今依然如此，而以歷史的偶然性、意外與局勢作為分析工具，可以幫助我們瞭解其中的過程及原因。

社會達爾文主義與自鳴得意的歐洲中心主義

一九〇〇年時，歐洲人與他們在北美洲的後裔已經掌控世界的大部分地區；不是直接透過殖民地，就是間接透過財政、軍事或政治上的支配。他們自己也注意到這件事，英國人甚至分別在一八八七年與一八九七年維多利亞女王登基五十及六十週年的時候，於帝國各處大肆慶祝——而當時正值前面討論到的十九世紀後期饑荒。十九世紀中期之後科學有長足進步、馬克沁機槍輕鬆消滅了蘇丹人、大量亞洲人死於饑荒等事實，使一些歐洲人認為他們可以用一個科學的說法解釋歐洲的崛起，以及亞洲、非洲和拉丁美洲的「落後」，即社會達爾文主義與優生學，後者又稱為科學種族主義。

達爾文曾在他於一八五九年出版的名著《物種起源》中提出，自然選擇（天擇）的過程和適者生存的道理決定了新物種的演化與發展。他不久就把這個看法延伸到人類，將人類的起源追溯到早期的原始人。後來在十九世紀晚期，達爾文的演化觀念被套用於社會。「社會」達爾文主義意欲說明為什麼有的人富裕，有的人貧窮（美德對怠惰），以及為什麼有的社會「進步」，有的社會「落後」。[50]由於非洲人被歐洲人輕易殺死，印度人、印第安人和中國人也因為疾病或聖嬰饑荒而大量死亡，這些事使許許多多歐洲人與北美洲人相信演化論確實適用於人類社會，以及不同種族之間的關係。根據社會達爾文主義頭號提倡者史賓賽（Herbert Spencer）所言，富豪的財富與北歐白人的「優越」可以用自然選擇來解釋：

> 無能之人遭遇貧窮，魯莽之人遭遇困苦，懶惰之人遭遇饑餓，以及強者將弱者擠到一旁，令許多人深陷困境與苦難中；這些都是偉大且具有遠見的良善法則。[51]

因此，對社會達爾文主義者而言，窮人、亞洲人、非洲人與美洲原住民都理應遭遇他們的悲慘命運——那樣很「自然」。此時歐洲及美國社會的富人與窮人之間，以及全球最富裕和最貧窮地區之間的差距已日益明顯，在這樣的世界裡，社會達爾文主義是一種金字塔頂端人士可以拿來自我安慰的意識形態。

在拉丁美洲，尤其是由淺膚色的歐洲後裔所統治的墨西哥與巴西，還出現一種從社會達爾文主義延伸出來的觀念吸引了許多人。優生學最早是用於動植物的選育，以繁殖出最好的系群，後來也被套用在一種信念上，那就是人類的條件只能透過基因操作來改善；方法是增加源自北歐人的優秀人類特徵，並且消滅源自窮人與非白人的特徵。於是，為了「改善」國民的系群，墨西哥與巴西政府著手實施鼓勵淺膚色歐洲後裔移民到他們國家的計畫，以「淡化」人口的膚色，就像在咖啡裡面加一點牛奶。在歐洲和美國，優生學催生了種族主義思想，這種思想主張白人天生優越，南歐與東歐人則屬劣等，和亞洲人、非洲人、美洲原住民一樣。眾所皆知，這種偽科學後來在納粹領袖希特勒的操作下，演變成二十世紀的種族屠殺。

結論

是的，我們繞了一圈又回到本書原點。二十世紀初有人為西方崛起編造出一些解釋，那些說法現在看來很愚蠢（而且危險），但在當時世界上最富裕、強大的地區卻被許多人信以為「真」。我們現在可以看出這些觀念（在緒論中探討得更詳細）是意識形態，而不是歷史事實。因為「西方崛起」其實是某些國家和民族從歷史的偶然性事件與地理及環境條件中受益、而有能力在某個時間點（歷史局勢）支配其他國家和民族並累積財富與權力的故事。除此以外沒有更多的祕密了。而瞭解西方財富、權力及特權的偶然性之後，那些獲益的人應該要為他們好運的真實來源感到慚愧，沒有獲益的人則毋須灰心喪志，未來很可能出現大大有利於他們的新的偶發事件。歐洲的優勢並非一開始就存在，更非不可違的天意，儘管歐洲中心的意識形態造成了那個迷思。[52]

CHAPTER 6

第六章

大轉向

引言：二十世紀至今

一九〇〇年時，現代世界的主要元素已經都出現了。民族國家成為控制領土最成功的組織形式，在歐洲大部分地區和美洲被廣泛採行。一些民族國家已經工業化（特別是西歐國家、美國及日本），並且利用新獲得的工業實力來滿足帝國主義的軍事與經濟目的，在幾乎是全非洲及亞洲大部分地區建立殖民地。歐洲人、美國人和日本人形成了我族比他族優越的種族主義思想——歐洲白人的優越感源於基督教的「文明」使命，再加上社會達爾文主義，日本人的優越感則源於他們認為自己在亞洲中與眾不同；種族主義思想促成了他們的殖民計畫，也讓他們堅信世界秩序由他們高居上位是應該的。[1] 工業生產中化石燃料的燃燒，不停將溫室氣體排入大氣層，持續將生物圈中工業化的地區轉變成「人類圈」，在「人類圈」裡，人類行為開始擁有與自然過程相當，甚或超越自然過程的衝擊力。

從二十世紀到二十一世紀頭十年，世界發生了驚天動地的改變。的確，我們今天仍生活在一個民族國家的世界、工業化的世界；全球及某些國家裡最富裕的地區與最貧窮的地區之間依然存在日益擴大的差距，環境挑戰依然不斷加劇。然而，二十一世紀初期和十九世紀初期的差別很大。在過去一個世紀裡，發展出許多新興產業，工業世界因而天翻地覆。這些新興產業包括：石油與汽車、電氣與電話、無線電廣播、電視與電腦；馬達與飛機、噴射引擎、太空旅行，還有洗衣機和吸塵器；疾病的細菌理論和預防接種；基因操作；自動化與人工智慧。科學的進展改變了全世界人類的生活，上述只是列舉其中幾種。二十世紀又出現了幾波工業化，並且擴及全球。一波波的發明創新，帶來了需要燃燒大量廉價化石燃料來提供能源的消費模式，而將大量溫室氣體排入大氣中所造成的影響，則化為不斷增多的氣候變遷與全球暖化紀錄。[2]

除了科技變化及其造成的經濟與環境後果外，在二十世紀中期，西歐國家也失去了主導地位。第一次世界大戰（一九一四至一九一八年）動搖了十九世紀後期帝國主義秩序的根本，並且帶來諸多惡果，使二十世紀成為一個充滿戰爭與暴力的世紀。然而第二次世界大戰（一九三九至一九四五年）影響更大，不僅摧毀了舊的歐洲殖民秩序，也瓦解了新的日本帝國，並且導致世界分裂成兩個陣營，分別以兩大強權為首：美國及蘇聯（全名「蘇維埃社會主義共和國聯邦」）。二十世紀期間有將近兩億人死於戰爭、革命、種族滅絕，以及其他人為造成的集體死亡。[3]兩次世界大戰，連同發生於戰間期的全球經濟危機「經濟大蕭條」，構成全球從一九一四到一九四五年的三十年危機。現代世界的「三十年危機」摧毀了歐洲的全球主導地位和日本的亞洲帝國，為兩個新興的超級強權（美國與蘇聯）崛起及其冷戰鋪平了道路，許多前殖民地此時也紛紛獨立，並且努力尋求發展工業的祕訣。

二十世紀發生過兩次大規模全球化，一次是在一九四五年二戰結束後，另一次則是在一九九一年冷戰終結後。全世界的連結在這兩次全球化中日漸緊密：思想、資本與勞力在全球的流動日益迅捷、便利；於是到了世紀末，愈來愈多人開始擔心緊隨著全球化而來的「去疆界化」對國家與認同而言將造成怎樣的影響。這一波全球化在很大程度上由美國主導，其目標很明確，就是要將資本主義和保護資本主義的制度傳播到全世界；有些人因此獲益，但大多數人並沒有，導致富裕的全球北方與貧窮的全球南方之間差距持續擴大。最近，由美國主導、一些人口中所謂的「以規則為基礎的自由世界秩序」，在許多國家遭到民族主義領袖抨擊。事實上，民族主義崛起正是資本與勞力無視國界、在全球迅速流動所引發的一種反應。此外，全球北方與全球南方之間的主要分界——「分隔美國與墨西哥的格蘭河，以及分隔歐洲大陸與非洲大陸的地中海」——則是大批移民與難民由南向北遷徙時激起最強烈衝突的地方。[4]

不過這些都不會被視為現代世界在二十與二十一世紀最重要的改變；放長遠來看，

最重要的或許是人類對環境造成的衝擊。在追求經濟高速發展的過程中，資本主義世界、社會主義世界，還有第三世界，人類與自然環境之間的關係都在發生轉變，而且已經到了人類活動會影響全球環境進程的地步——我們現已完全進入了人類世。如同使用化石燃料在十九世紀讓工業生產與經濟成長擺脫了自然的限制，化學肥料也在二十世紀增加了食物供給，讓全球人口暴增。二十世紀之後工業迅速成長與人口迅速增加同步，顯示人類及人類歷史脫離了舊生態體系的節律和限制，形成了一次「大轉向」（The Great Departure）。

為了幫助讀者理解，本章分成四個部分。第一部分談到二戰結束為止；第二部分分析從一九四五到一九九一年的二戰後時期；第三部分探討一九九一年至今的全球化及其反對者；第四部分則要談談世界涉入新紀元，也就是人類世的程度有多深；人類的行為與活動在這個新紀元中開始征服自然力，就我們與地球自然系統的關係來說，這將把我們帶向危險的新領域。本章的故事要從合成氮肥的發明開始講起。

第一部分：氮、戰爭與第一次去全球化，一九〇〇至一九四五年

在二十世紀之初，社會達爾文主義和種族主義使歐洲人對兩大危險視而不見。第一，他們無法相信世界上「高級、進步、文明」的民族（亦即白人）彼此之間會開戰；這個神話後來在第一次世界大戰中破滅，歐洲全能的幻象也隨之崩毀。第二，他們無法想像貧窮、落後、黑皮膚、棕皮膚、黃皮膚的民族會有能力在軍事上挑戰歐洲霸權。這個迷思在一九〇五年日本擊敗俄國後開始碎裂，然而徹底破除是在一系列對歐洲人發動的革命與戰爭成功後，此時舊的殖民秩序也被推翻了。二十世紀的戰爭之所以破壞性那麼強，其中一個主因就是殺人的手段工業化了。

關於帝國主義國家在整個十九世紀用來對付亞洲人、非洲人與美國原住民的戰爭科技，最特別的地方在於，火藥這一關鍵元素的製造要靠速度極慢的自然過程。歐洲人可以用工廠製造鋼、蒸汽與槍械，卻製造不出讓火藥爆炸的硝酸鹽，於是他們只能在自然界尋找這種原料。硝酸鹽中的關鍵元素是氮，雖然歐洲科學家已經知道這件事，卻找不出方法提取空氣中的氮並加以「固定」成活性氮（Nr；見第一章與第五章的討論）。[5] 矛盾的是，煤、蒸汽、鐵與鋼讓工業化國家有能力擺脫舊生態體系的一些限制，但這些國

家用來支配其他國家的火藥卻依然受制於自然產生的氮資源。

如同前幾章所述，氮對植物的生長很重要，對於生成維持動物（包含人類）生命的胺基酸也不可或缺。地球上的生物都是全球氮循環的一部分，透過這一循環把大氣中豐富的氮的一小部分轉化成植物可以吸收的氮，再透過植物轉化成動物可以吸收的形式。以豆類、花生、苜蓿為代表的豆科植物能夠把氮固定在土壤中，這有助於增加土地肥沃度進而提高作物收成，為人類供應更多糧食。雷擊也能製造少量的氮。自然產生的氮，最大的來源之一是人類與動物的排泄物。全世界的農民都知道這一點，所以很早就開始將動物的糞便施用在田地裡。這些自然產生但有限的氮來源維持了生物的生命，但是有限的氮也限制了糧食的生產量，連帶限制了人口規模。我們在本章稍後會看到磷也是如此；磷同樣是生命必要的元素，若以磷酸鹽的型態存在，則是肥料中不可或缺的成分。人類只要必須仰賴自然來供給氮，就依然被限制在舊生態體系的節奏和進程中。

諷刺的是，提高農業收成與製造炸藥竟然都少不了同一種物質——氮化合物硝酸鹽。[6]於是出現全球人口的規模與發動現代戰爭的能力既依賴自然、又受制於自然的弔詭狀況。這導致人類在全球各地尋找自然形成的磷酸鹽與硝酸鹽沉積，這類沉積大多以蝙蝠糞石和鳥糞石的形式存在。糞便在特定的情況下——尤其是沒有雨水可以溶解滴落的糞便與其中珍貴的氮時——就有可能累積成糞石。洞穴是一個可以累積蝙蝠糞石的地方，而後糞石由礦工開採來製造肥料，在十九世紀也愈來愈常用於製造火藥。但後來發現，最龐大的鳥糞石礦藏是數千年、甚至數百萬年來在祕魯外海的乾旱不毛之地欽察群島所累積下來的。

祕魯鳥糞石最早是在一八〇四年由德國博物學家兼世界探險家洪堡德（Alexander von Humboldt）帶到歐洲，隨後被英國商人開採並輸出，數量一次比一次龐大。到了一八九〇年，祕魯鳥糞石的供給大多已枯竭，不過祕魯南部又發現了一種可以開採的天然資源，即硝酸鈉，又稱硝石；一八七九年智利曾對祕魯開戰以取得硝酸鈉的控制權，並且將硝酸鈉輸出到工業化世界，用來製造肥料與火藥。例如，一九〇〇年美國從智利進口的硝酸鈉便有大約一半被用於製造炸藥。要糧食還是要炸藥？[7]這個問題對世界上的帝國主義強權來說本就夠頭痛了，但情況又因為智利壟斷了最龐大的天然硝酸鈉來源而更加棘手。此外，硝石必須以船運從智利運送到歐洲或美國。所以海權對於維持硝酸鈉供給至關重要，任何容易遭到海上封鎖的帝國主義強權，勢力都會被嚴重削弱，因其糧食生產和軍火工業皆受制於智利的硝酸鈉。[8]德國尤其如此，所以這個國家是十九與二十世紀交替之際，最積極設法以工業化方式生產硝酸鹽的地方。

這並不代表其他國家的科學家就沒有察覺到問題的重要性，他們絕對注意到了。只是對德國來說，農業產量落後加上海運航線有限，導致問題很急迫。一九〇九年，一個名叫哈伯（Fritz Haber）的化學家在自己的實驗室中把氨（NH_3，其中所含的氮可以轉化成硝酸鹽）合成出來，一年後德國巴斯夫公司（BASF）的博施（Carl Bosch）則解決了工業化生產的問題。藉由合成氨來將氮從大氣中提取出來的做法稱為哈伯—博施法；植物生長時能吸收的氮受到自然的限制，而這個方法解除了這種限制，深刻影響了世界史後來的發展方向。

氨合成技術可用來製造氮肥，促使全球人口在二十世紀有了爆炸性成長。以鳥糞石和硝石製造的肥料加上農地擴張，兩者配合讓全世界的人口從一八〇〇年的十億成長到一九〇〇年的十六億。但是到了一九〇〇年，全世界適合耕種的理想土地大多已經是耕地了，所以增加糧食產量最快的方法就是使用更多肥料；然而正如前面所說，自然形成的鳥糞石大多已用盡，全球軍事競賽則導致大量硝石被用於各國的軍火業。一名專家斷言，若使用舊生態體系內的原料與技術來提高農業產量，那麼全球人口可能最多只會達到三十五億。[9]哈伯—博施製氨法讓糧食供給得以增加，並且在二〇〇〇年時供養了大約六十二億的全球人口（短短十年又增加了十億，二〇一〇年來到七十三億）。換言之，全球人口在二十世紀期間從大約十六億成長到六十二億（亦即增加了四十六億人，而且大多出生於一九五〇年之後），這大半是因為哈伯－博施法的緣故。[10]單憑人口增加的情況，就足以使二十世紀成為人類史上最獨特的存在。[11]氨合成法與後來氮肥以工業規模生產，讓人口增長擺脫了舊生態體系的天然限制。到了二十一世紀初，工業生產方式為全世界陸地及水道增添的活性氮，已經多於所有由自然方式形成的活性氮總和。除此之外，氨合成法也讓以硝酸鹽為基底的炸藥可以大規模生產；德國是第一個使用這種新科技的國家，德國軍事領袖的自信心也因此提升。而那將在日後成為引爆一九一四年世界大戰的一個重要因素。

第一次世界大戰與三十年危機的開端，一九一四至一九四五年

到了一九〇〇年，全世界只剩下極少數國家尚未被帝國主義強權控制，其中最大的兩個地方是中國與鄂圖曼帝國。在中國方面，一九〇〇年的《門戶開放宣言》讓帝國主義強權達成協議，認為中國政府軟弱無力，這就足以讓他們享有各自「勢力範圍」帶來的利益而毋須征服並統治中國，何況這也是太過困難的任務，畢竟包含美、日在內的競爭列強們都渴望成為這一地區的主宰。事實上，各國都希望，接受《門戶開放宣言》能

緩和帝國主義強權在亞洲的競爭，消除掉一個可能引發戰爭的刺激因素。

後來歐洲列強之間真的爆發了一場大戰，但是引爆點不在亞洲，而是在歐洲東南部的巴爾幹半島。一九一四年七月，一名塞爾維亞民族主義者暗殺了奧地利王儲斐迪南大公（Archduke Ferdinand）與他的妻子，當時他們正在出訪位於波士尼亞的行政中心塞拉耶佛，而那裡不久前才被奧匈帝國併吞。奧地利妄圖藉由發動戰爭來擴張帝國版圖，且得到德國的支持，因此向塞爾維亞發出最後通牒，而塞爾維亞背後則有俄國支持。

這場發生在巴爾幹半島的小衝突之所以引爆成大戰，是因為先前幾年裡，帝國主義國家間的對抗與歐洲強權政治最後催生出一個聯盟體系，很大一部分動力來自法國與俄國對德國日漸強大的經濟與軍事力量感到擔憂。二十世紀初，英國加入法國與俄國陣營，組成協約國；德國則與奧匈帝國組成同盟國。因此，奧地利靠著德國的支持攻擊塞爾維亞，而俄國對塞爾維亞的支持不久後便把法國和英國捲入戰爭。

俄國與德國派出軍隊支援各自的盟國後，整個歐洲很快就處於交戰狀態。接著，英國在亞洲的新盟友日本向同盟國宣戰，鄂圖曼帝國則因為擔憂會遭協約國瓜分而支持德國；英國的領地（加拿大、澳洲、紐西蘭）也被動員；英國與法國從各自的殖民地派出軍隊與物資；不久後，整個世界除了美洲以外不是陷入戰爭，就是派出軍隊去支援彼此交戰的歐洲國家。美國原先被大西洋隔絕於歐洲那些自我毀滅的戰事之外，到一九一七年也為了支援英國及其盟國而參戰。一九一八年十一月十一日宣布停戰時，已有超過一千萬名軍人死亡；傷殘、瞎眼或受到其他傷害的則超過兩千萬。一戰呈現出跨國互動極其緊張的一面，而這樣的跨國互動也表現出全球化進程特徵。

這是當時世界上空前血腥的一場衝突，很大原因在於工業化讓戰爭比以往更具有破壞力。不僅哈伯的發明讓炸藥製造擺脫了自然限制，[12]他還發現了製造多種毒氣的方法；接著這些方法就被使用在一戰的壕溝戰裡，後來也被希特勒的納粹政權用於集中營。坦克車、潛水艇和大型戰艦更加劇了殺戮。

從長時段的歷史角度來看，這場當時人稱為「大戰」（Great War）、後來人稱為第一次世界大戰的戰爭，是由歐洲所支配之世界秩序走向結束的開端，在經濟大蕭條和另一場世界大戰之後，這一秩序最終退出歷史舞臺。然而當第一次世界大戰結束時，這樣的結局尚未清晰可見。

美國於一九一七年參戰支持英法兩國，注定了德國與奧地利的落敗。美國有軍隊、戰爭物資，還有生產力驚人的工業經濟可以投入戰事。美軍也有超過十萬人死亡、二十萬人受傷，和歐洲主要參戰國相比之下顯得極少，卻足夠讓美國在各國為了起草終戰條件而召開的巴黎和會上占有一席之地。德國尚未投降，但是已經同意停戰，所以希望對自己在戰後的命運有發言權；德國的願望沒有實現，因為戰敗國就是得接受戰敗國的待遇。在戰爭中為英、法殖民統治者而戰鬥的殖民地臣民本以為自己得到的待遇會改善，尤其是在他們得知美國總統威爾遜提出內容包含呼籲尊重各民族主權的《十四點和平原則》之後，但他們的願望也沒有實現。許多阿拉伯民族起義反抗鄂圖曼人以換取英法兩國承諾讓他們獨立，結果同樣大失所望。想要收回山東省德國租界而加入英法陣營（派遣年輕男子到法國的工廠工作）的中國，則將承受另一次不同的打擊。

前述的希望與抱負都寄望能有一次公正的和談，然而英國、法國與日本卻以獲勝的帝國主義者自居，認為和談的主要任務就是瓜分戰利品。法國從德國手中奪回亞爾薩斯—洛林，德國被迫支付鉅額戰爭賠款；奧匈帝國遭到分割，產生了捷克斯洛伐克、匈牙利與南斯拉夫這三個新國家；波蘭復國，其領土也來自德國部分地區。中國並未從戰敗的德國手中收復山東半島，該半島的控制權反而轉移給與勝利方一同作戰的日本。

國際聯盟成立後，英國與法國利用這個組織取得「託管地」，以控制鄂圖曼帝國在中東的殘餘部分：法國得到敘利亞，英國取得伊拉克，而巴勒斯坦阿拉伯人和猶太復國主義者都沒有得到巴勒斯坦，那裡成為英國的託管地。幫助過法國的越南人與支援過英國的印度人，也都遭到他們的殖民宗主國鎮壓。然而，戰勝的帝國主義強權在一戰結束後的行為激起了連串難以遏止的反作用力：德國人的怨恨不斷累積，開始支持希特勒和他的納粹計畫，而民族獨立運動則激發了反帝國主義與反殖民主義的聲音。

革命

除此之外，一九一七年在俄國由共產主義者發起的布爾什維克革命，向資本主義世界秩序提出了挑戰。沙皇政權在一戰中慘敗而瓦解後，布爾什維克黨人在列寧的領導下於一九一七年十月奪取政權，而後立即單獨與德國簽定和約，使俄國脫離了戰爭。儘管隨後有外國武裝干涉和內戰，布爾什維克黨人最終仍建立起世界上第一個由共產主義者領導的國家，公開宣稱要建立社會主義制度並希望看到資本主義世界的終結。一九二四年列寧死後，史達林鞏固住政權，帶領蘇聯進行他所謂的「一國社會主義」速成工業化計畫，即完全仰賴俄國自身的資源，盡可能減少與資本主義世界接觸。

一戰前後那些年，革命不僅動搖了俄國，也動搖了世界其他國家。在墨西哥，先是一九一〇年的溫和改革，接著發生農民起義，起義群眾在南方是由薩帕塔（Emiliano Zapata）領導，北方的領袖則是比利亞（Pancho Villa），最終釀成墨西哥革命（一九一〇至一九二〇年），促成了土地改革，也限制了外國人在墨西哥的自然資源所有權。在中國，革命分子於一九一一年推翻滿清，接著經歷了十年混亂的軍閥政治後，兩個具有明確民族主義宗旨的新政黨成立了。兩黨在一九二〇年代合作消滅軍閥，並揚言要打破帝國主義對中國經濟裡那些現代產業的控制。在義大利，一個新運動——法西斯主義——興起，領導者為強人墨索里尼，以促進民族團結與增強國家實力為目標，主張打擊共產主義，同時也承諾會防範資本主義帶來苦難。

殖民地獨立運動

殖民主義世界秩序在一戰後那段時間所遭遇的挑戰，不僅來自俄國、中國、墨西哥及義大利的革命運動，也來自歐洲殖民地的獨立運動，其中最重要的是印度。在那裡，甘地發起了非暴力獨立運動，著重在抵制英國商品（尤其是棉織品）和鹽。公民不服從就是在這個過程中誕生的。甘地因違反殖民地法律而遭到監禁，這一切都是為了印度獨立。本身是印度教徒的他，卻堅持自己帶領的國民大會黨領導階層必須包含穆斯林與錫克教徒，藉此強調反殖民運動事關多個族群。

面對帝國主義列強在一戰中的失敗與分裂，民族主義不僅在印度與中國，而且還在埃及、越南和巴勒斯坦掀起了反帝國主義與反殖民的獨立運動。十九世紀在歐洲與日本發展起來的民族主義，到了二十世紀成為一股全球力量。歐洲的民族主義主要是一種保守勢力，強調文化、語言及宗教的共同一致，以緩和隨著工業化發展出來的階級衝突；在亞洲與非洲，民族主義的宗旨則明確是反對帝國主義，時常成為社會革命運動背後推波助瀾的力量。

恢復常態？

一戰將資本主義世界體系帶到了一個危機爆發的臨界點，只不過這場危機因為一九二〇年代工業化世界表面上的「恢復常態」而延後了。戰後的歐洲搖搖欲墜，生產能力被摧毀大半，但來自美國的銀行貸款（尤其是對德國來說）提供了歐洲人充分的流動資金購買美國產品、恢復歐洲繁榮，也刺激了美國工業發展。美國資本維持著全球體系的運轉，不過當時意識到這一點的人很少。威爾遜總統渴望能由美國來領導像國際聯盟這樣的新國際組織，改善那些引發戰爭的經濟與政治狀態，然而在巴黎和會締結完和約正式結束一戰後，他的希望破滅了，抱持孤立主義的美國國會拒絕同意美國參與國際組織。

工業化世界還有其他一些嚴重問題已露端倪，尤其是農業方面。整個歐洲和美國的戰時需求與上漲的物價導致農民增加了產量，而戰後的通貨膨脹又促使他們去貸款來進一步擴大糧食生產。到了一九二〇年代初期，糧食生產嚴重過剩（但與此同時貧困地區仍有營養失調與餓死的危機），農產品價格陡降，農民因還不出貸款而喪失抵押品贖回權的情況則激增。世界市場上日益增加的糧食供給有些也來自澳洲和紐西蘭，還有新成立的東歐國家。雪上加霜的是，拉丁美洲向來依賴的咖啡、蔗糖及其他農產品與初級產品的出口價格也暴跌。一九二〇年代後期，全世界幾乎沒有農村生產者買得起製造品。

一九三〇年代的經濟大蕭條

為了保護本國製造業，工業化國家開始提高進口商品的關稅，這就進一步削減了工業產品的國際貿易。美國銀行家開始向歐洲國家追討貸款，事情發生時，投資者心生恐慌，導致美國股市崩盤，形成一九二九年十月的「黑色星期二」。財富一夕消失，銀行倒閉，數百萬人的存款就此蒸發。世界經濟進入惡性的螺旋式下滑，工廠解僱工人，工人的收入與購買力因此萎縮。需求降低導致生產進一步降低——在一九三〇年代，唯一升高的就是失業率。在工業化世界有二二％（瑞典）到四四％（德國）的工人失業。美國的失業率在一九三三年來到二五％。

一九一三年時，美國已成為世界上最大的經濟體，生產全世界三分之一的產品。在一戰的刺激下，美國經濟更上一層樓，到一九二九年時其生產產品已成長到占全球產量的四二％，相當驚人。所以大蕭條打擊美國的時候，全世界都深受影響。美國的進口總額在一九二九到一九三三年間大跌七成，出口總額也減少了一半。[13]

因此，大蕭條是全球現象。位於西歐、拉丁美洲、亞洲與非洲的國家都蒙受損失。只有和資本主義世界斷絕往來、並且在史達林領導下努力建設「一國社會主義」的蘇聯顯得毫髮無傷。資本主義世界陷入大蕭條的同時，共產黨領導下的蘇聯反而出現快速經濟成長，並且把整件事吹捧成共產主義優於資本主義的證據。

大蕭條是一場資本主義的全球危機，造成一些國家揚棄一戰前的自由市場模式，愈來愈偏向孤立主義與保護主義。有的國家嘗試改革，為陷入絕境的工人與農民提供社會安全網（例如美國總統小羅斯福推行的「新政」）。在德國，一戰過後的賠款問題與領土損失加上大蕭條危機，為一九三三年希特勒及其「納粹黨」，亦即國家社會主義黨的崛起奠定了基礎。納粹黨承諾，一個由強勢領袖領導的強大政府將會帶領德國脫離危機的泥淖：到一九三〇年代中期，德國經濟的確再度成長，許多德國人相信是希特勒的國家社會主義改變了他們的命運。日本方面，由於美國女性減少購買絲襪，日本出口到美國的生絲因而大為減少。日本軍事領袖認為依賴世界市場是一項戰略錯誤，於是開始更積極地謀求成為亞洲霸權，以其正式殖民地臺灣與朝鮮為基礎，於一九三二年成功拓展勢力範圍，在滿洲建立了滿洲國。滿洲是日本以武力向中國奪來的一個地區。一九三〇年代初期，德國與日本已由結合民族主義、極權主義和好戰軍國主義的政府掌權。

日本在一戰期間對中國的所作所為，顯示它有意成為亞洲帝國主義強權的霸主。雖然日本在一九二〇年代還不夠強大，無法抵抗英美聯合起來的勢力，然而世界進入充滿危機的一九三〇年代後，日本侵略中國來拓展自身的帝國，最後更為了控制太平洋而與美國展開軍事對抗。美日兩國在爭奪亞洲主導地位的同時，忽略了中國共產主義運動不斷增長的實力與足以改變世界的重要性，這場運動將帶領中國在二戰過後擺脫半殖民地位，也是中國在二十世紀晚期崛起為世界強權的重要基礎。

經濟大蕭條時期，全球貿易與貨幣體系崩潰，那些有能力尋求增加國際貿易以擺脫蕭條狀態的國家，這時反而急於切斷與全球體系的連繫，盡可能獨立於全球體系之外——其目標是「自給自足」。一九三〇年代初期，英國嘗試強化其殖民地與國內市場的連結並阻撓其他國家在那裡進行貿易，藉此保護自身的經濟。美國對它在加勒比海地區和菲律賓的殖民地以及受它擺布的拉丁美洲國家，也採取了類似的行動。蘇聯早已先一步脫離國際體系。日本將滿洲國納入其殖民帝國之後，繼續建構以日本為中心的「大東亞共榮圈」。義大利擴展到北非，而希特勒的納粹德國則企圖在中歐及東歐重建一個帝國，並於一九三八年併吞了奧地利，一九三八年初瓜分了捷克斯洛伐克，一九三九年初占領其剩餘部分。世界體系分裂成彼此競爭、後來更互相交戰的集團，如果不是因為爆發二戰，整個體系可能會固定成那種去全球化的狀態。

第二次世界大戰

英法兩國曾經保證會保護波蘭，所以納粹軍隊於一九三九年入侵波蘭後，英國就宣戰了。依然抱持孤立主義的美國沒有介入衝突，但是日本於一九四一年十二月七日攻擊珍珠港後，美國便在太平洋與歐洲雙邊參戰。當時蘇聯也已捲入戰爭，因為希特勒違反了《德蘇互不侵犯條約》，在一九四一年攻擊蘇聯。共產黨領導的蘇聯後來與資本主義國家英美聯手對抗軸心國的直接威脅，日本帝國也在不久後加入了由納粹德國與法西斯義大利組成的軸心國。

二戰比一戰更加慘烈。不僅傷亡士兵人數遠多過一戰，平民也被動員起來為戰爭貢獻心力（參戰國的幾乎所有工業生產都是為了戰爭所需），於是同樣成為敵軍攻擊目標。

一九四三年，同盟國（英國、法國、美國、蘇聯）已決定只接受軸心國徹底且無條件的投降，一九四四年，美國平息了國內反對對敵方平民動武的聲浪。美國派出戰鬥機加入英軍用燃燒彈轟炸德國德勒斯登的行列，之後又在日本轟炸東京與其他六十三座城市，最後於一九四五年八月在廣島、長崎上空投下了史上第一批原子彈。

如果說戰爭是地獄，那麼「全面戰爭」(total war，總體戰）就是世界全面淪為地獄。眾所皆知，納粹以工業化手段造成六百萬猶太人與其他「不受歡迎人士」的死亡，日本則對中國村民實施「三光」（殺光、燒光、搶光）政策與其他暴行。在二戰中喪命的無論軍人還是平民都比一戰時更多。傷亡數字令人震撼，全世界死亡人數超過五千萬，蘇聯有兩千萬，中國有一千萬，合計起來占了其中大半數。

「三十年危機」對於世界上最富裕國家的財富造成了巨大的影響，這些財富是它們在過去的一個世紀裡憑藉將自身經濟工業化與對世界大部分地區進行殖民累積起來的。無庸置疑，兩次世界大戰對歐洲有形資產造成的實質破壞是一次重傷害，就跟破產潮在經濟大蕭條期間對資本造成的破壞一樣。然而對歐洲國家（及日本）累積財富造成更大破壞的，是其殖民帝國的喪失，有的是因為在二戰中敗北，有的是因為在俄國和中國的共產革命中以及在其他地區的去殖民化運動中，資本投資被沒收。此外，各國在戰爭期間發行債券向國民借款，藉由這種赤字開支的方式來籌措龐大的戰爭經費，此舉消耗了私人財富，就連那些最富有的人，其大量儲蓄或投資的能力也大為受限。[14]弔詭的是，我們在本章稍後「富國裡的不平等」一節會看到，三十年危機造成的財富破壞在二戰後時期為工業化國家內部的收入平等打下了基礎，尤其是在結合了改善許多勞工命運的稅收與薪資政策後。

第二部分：二戰後與冷戰的世界，一九四五至一九九一年

一九四五年第二次世界大戰結束的情形，與第一次世界大戰結束時差異很大。首先沒有「停戰協定」或撤軍這回事；全面戰爭換來了徹底承認失敗——德國（一九四五年六月）與日本（同年九月）無條件向戰勝的同盟國投降。而最重要的差異或許是，歐洲國家（包含戰勝國與戰敗國）都沒有能力重建殖民帝國——接下來的數十年，位於亞洲與非洲的殖民地陸續成為獨立國家。在亞洲，日本的殖民帝國也在一九四五到一九五二年美國占領日本期間瓦解。中國的一場內戰則讓中國共產黨於一九四九年掌權。很快的，前殖民地世界與共產主義領導的中國開始積極追求以工業化為重心的經濟「發展」。

希特勒的國家社會主義、義大利的法西斯主義、日本的中央集權發展，這三種模式雖然成功地讓這些國家比歐洲和美洲國家更快走出經濟大蕭條，卻也導致戰爭與潰敗。歐洲的殖民主義模式同樣遭遇唾棄和毀滅。二戰與三十年危機結束後，僅剩美國與蘇聯屹立不搖，而且比先前強大許多，是於戰後世界崛起的兩大強權。事實上，若不是有蘇聯紅軍，納粹德國根本不可能戰敗，正如日本主要是因為美國才潰敗。

比起踩在潰敗的敵國廢墟上建立自己的殖民帝國，美國更希望重建一個新的世界秩序，避免再次犯下那些引發第一次世界大戰與經濟大蕭條的錯誤及失策。毫無節制的民族主義與它所助長的仇恨令人厭惡，同樣引人反感的還有孤立主義、貿易保護主義和封閉經濟（autarky）。美國領導階層深信，世界各地如果可以更加緊密相連，貿易和外交都透過國際協議和組織來控管，就會成為對全人類而言最理想的世界，而美國認為自己有實力、也有他國支持，可以實現這樣的戰後願景。美國沒有想到蘇聯的社會主義願景竟給它帶來挑戰，我們會在本章稍後的冷戰段落談到這個部分。

與此同時，美國與蘇聯的反殖民主義立場倒是很一致。就美國的情況來說，這有幾分令人訝異，因為在此之前的五十年裡，美國大多時候都致力於擴張及統治它的海外帝國。美國有許多殖民地是在一八九八年的美西戰爭結束後得到的，包括位於加勒比海的波多黎各，以及位於太平洋的菲律賓群島。二戰結束時，美國是戰勝國，而且是全世界經濟與軍事實力最強的國家，所以它沒有失去任何一塊殖民地，此外還又占領了日本，以及朝鮮、德國與奧地利的部分地區，這些被占領地方的總人口數比美國本土還要多。[15]

美國沒有以殖民強權的身分統治世上大片地區（英國在二戰結束後是這樣做的），而是放棄了殖民領土之中的大部分，並且遠離殖民主義。歷史學家因莫瓦爾（Daniel Immerwahr）注意到，最大的美國殖民地成為獨立國家（菲律賓），一處殖民地成為自由邦且居民最終獲得美國公民身分（波多黎各），另有兩處成為美國的州（阿拉斯加與夏威夷）。因莫瓦爾提出一個重要的問題，即美國為何採取這種不尋常的做法。他說有部分是因為殖民地人民抗拒被殖民——尤其在那些曾經是日本帝國成員的亞洲國家——促使美國與其他殖民強權承認其獨立地位。更重要的是，戰爭催生了一些新科技，讓美國即使沒有殖民地也能擁有一個環球帝國：它有飛機、有無線電、有船運，還有化學與工業工程方面的種種創新，毋須仰賴熱帶殖民地的資源也能生產出合成橡膠、塑膠及其他許多以合成材料製造的產品。[16]然而最重要的是，「〔美國〕軍方只花幾年就建立了一個遍布全世界的後勤網絡」，更少仰賴殖民地，而是與他國政府合作在海外或者在美國所轄無人島上建設軍事基地。美國「在全世界大約有八百處海外軍事基地……。這些……都是美國世界強權的基礎」。在戰後時期，美國從這些基地出兵過二一一次，前往六十七個國家。「你要說它是維和也好，」因莫瓦爾表示，「說它是帝國主義也行。但總之這個國家顯然不只管自己的事。」[17]

於是，二戰之後美國與蘇聯出於不同的原因採取了反殖民立場，也反對歐洲國家繼續保有殖民地，而這件事促成了戰後的反殖民主義運動浪潮。但是這兩個國家的社會與經濟體制也迥然不同——一邊主要是支持自由市場的資本主義體制（美國），另一邊則是由國家規劃的社會主義體制（蘇聯）——雙方都企圖將自己的體制發展成全球模式。美國想要終結殖民主義，不單是因為美國相信民族獨立是固有的權利，更是因為沒有了殖民主義，美國就能進入那些因為實行殖民帝國優惠制而將它拒之門外的市場，取得它想要的原料。蘇聯人認為終結殖民主義會提高殖民地轉型到社會主義的可能性，而這是邁向共產主義世界必要的一步。

雖然美國與蘇聯都反對殖民主義，對新近獨立的殖民地在世界上的地位卻有極度不同的看法，導致美蘇兩國之間局勢緊張，後來形成冷戰；這場軍備競賽包含可怕的新式核武，雙方都瞭解這種武器絕對不能使用，卻又能嚇阻對方發動攻擊。這種戰略思想稱為「相互保證毀滅」（mutually assured destruction）。因此，美蘇之間的軍事對峙沒有引發真正的「熱」戰，而是一場「冷」戰；二戰過後的世界主要都是在冷戰的背景下發展，直到蘇聯於一九九一年瓦解。

去殖民化

大多數的殖民地都是到二戰結束後才成為獨立國家，但是這個過程在一戰結束後就開始了。一戰過後，被宗主國背叛的感覺，加上清楚看到殖民列強的脆弱，助長了亞洲與非洲各地受到民族主義啟發的獨立運動。二戰爆發時，一些民族主義領袖，尤其在亞洲，他們站在日本一邊並支持日本提出的「亞洲是亞洲人的亞洲」口號，開始鼓吹與殖民宗主國分道揚鑣。[18]

二戰快結束前，最大的殖民地印度，其獨立事宜已排入議程；戰後英國很快就擬定了撤離這塊次大陸及恢復其獨立的條件。然而，印度獨立運動在過程中伴隨著大規模的暴力事件，成為這個運動的悲劇。甘地與國民大會黨意欲建立一個多種族、多宗教的民主國家，但是一些印度穆斯林領袖在一九三〇年代已開始鼓吹另外建立一個穆斯林國家，國名叫巴基斯坦。印度教民族主義者也想要一個純粹屬於印度教徒的印度，而同為印度教徒的甘地就是遭到一名極端民族主義者的印度教徒暗殺，原因是甘地想要建立的是一個保護印度教徒、穆斯林及其他族群和宗教團體的多種族單一國家。到了一九四七年，獨立的結果是這塊殖民地被劃分成以印度教徒為主的印度，以及由穆斯林主導的巴基斯坦（後者又分為東巴基斯坦和西巴基斯坦兩個部分）。多數人口為穆斯林、卻由一名印度教親王統治的喀什米爾邦，也被一分為二，至今仍是印巴之間緊張關係與衝突的一個根源。[19]

由於英國人已撤離，印度教徒與穆斯林對彼此的恐懼又因雙方民族主義者的煽動而加劇，於是印度教徒從即將成為巴基斯坦的地區逃往印度，印度的穆斯林也湧入巴基斯坦。這場後來稱為「印巴分治」的事件造成大量人口流動，過程中有數百萬人失去財產與家園，成千上萬人慘遭殺害。毫不意外，印度與巴基斯坦自此之後一直相互提防，交戰了兩次，另外發生過無數次因爭奪喀什米爾控制權而起的邊界衝突，並且（自一九九八年起）將核武指向對方。

印度的獨立與分治，凸顯出戰後亞洲與非洲去殖民化的兩個重要面向。第一，歐洲殖民主義者以為獨立就是領土國家取得獨立。他們的殖民地中當然有一些曾有過作為國家的歷史經驗（尤其在亞洲與中東），然而非洲很多地方並沒有。歐洲人為新獨立非洲國家所劃下的國界經常相當獨斷，沒有考量到生活在當地的人民。因此，一如劃分出印度與巴基斯坦的界線為數千萬不湊巧生錯邊的穆斯林和印度教徒釀成浩劫，在非洲和中東劃下的界線也將擁有共同語言及文化的民族拆散到兩個（甚至更多）國家。現居於伊拉克北部、伊朗西部、土耳其東部和敘利亞部分地區的庫德族，以及住在盧安達和剛果的胡圖族與圖西族，都是典型的例子。

一九五〇年時，亞洲與中東大部分地區已擺脫殖民統治，一九六〇年的非洲也大半是由獨立國家組成。位於加勒比海和太平洋那些較小的島嶼領地則在一九六〇年代獨立。這波去殖民化浪潮，形成了許多新的獨立國家，聯合國的會員國因此從一九四五年創始時的五十一國增加到一九七〇的一二七國。二〇一五年時，聯合國的會員國已有一九三個，反映出新建立的獨立國家愈來愈多，領土則愈來愈小。

亞洲革命

第二次世界大戰的全球性規模不僅創造了去殖民化的條件，也創造了革命的條件，而這些革命大多是由共產黨或其他左派政黨領導。在中國，共產黨在巴黎和會與俄國的布爾什維克革命結束後於一九二一年成立。貧困的中國農村給予共產黨大量支持，因為他們實現了減租與減息的承諾，並且將剝削農民、加深農村困境的地主當成攻擊目標。

日本於一九三七年入侵中國後，共產黨與執政的國民黨共組「統一戰線」抵抗日本。日本的侵略迫使國民黨撤退到中國偏遠的西部，共產黨則在日軍後方組織游擊戰，此舉強化了他們的軍事技能，也擴大了他們掌控的領土。一九四五年日本向美國投降之後，共產黨與其敵人國民黨之間爆發內戰，最後共產黨勝利，並於一九四九年建立中華人民共和國。中國共產黨決心建設一個強大的中國，不再受外國勢力威脅。一九五〇年共產中國在韓戰（一九五〇至一九五三年）中與美國戰成平手，證明那份決心禁得起考驗。

在二戰結束後的法屬中南半島，胡志明領導的越盟宣布脫離法國獨立；戰爭期間，越盟在當地領導抗日游擊戰，不僅獲得民眾廣大支持，也建立了一支強大的軍隊。然而，法國人不願意放棄他們在亞洲的殖民地（一如他們想要留住在阿爾及利亞的殖民地），所以設法重建他們在越南的勢力。在隨後而來的戰爭中，胡志明的軍隊於一九五四年擊敗法軍。然後美國介入戰爭，起初是外交干預，而後是軍事介入。美國沒有遵守承諾在一九五六年舉行全國選舉並推動統一，反而決定支持南方的侍從政權（client regime），以致越南繼續處於南北分裂的狀態。當美國支持的南越政權執政不力、無法讓民眾對北方與南方的越盟游擊隊戰士保持反感時，美國先是派出顧問團，接著在一九六〇年代中期大舉出動戰鬥部隊去支援南方。經歷十年的戰爭，美國與南越戰敗；越南在越南社會主義共和國的共產黨領導下，於一九七六年正式統一。

阿爾及利亞在擺脫法國控制的過程中同樣不可避免地使用了暴力，最後阿爾及利亞於一九六二年獨立。另一個抗拒讓殖民地獨立的殖民強權是葡萄牙，它死守位於非洲西岸的安哥拉，直到武裝反叛分子在一九七五年迫使其放棄控制權。歐洲工業革命與軍事優勢造就出來的帝國時代結束了。[20]在二戰結束後的數十年裡，亞洲人、非洲人與拉丁美洲人都決心善用他們新得到的獨立地位，透過工業化來改善自己同胞的命運。

發展與低度發展

殖民地並未工業化的原因完全不難理解：除了日本的殖民地朝鮮以外，殖民宗主國的政策大多禁止殖民地工業化，視殖民地為原料的來源與製造品的市場。[21]中國有一些現代工業，但大部分屬於外國人所有，而且僅限於沿海城市。二十世紀前半，中國仍是農業國家，受地主掌控。中國共產黨在一九四九年的勝利改變了一切，這個國家開始消滅地主階級、將外資企業國有化，並且擁有軍事力量能支持自身的行動。

二戰後的去殖民化與革命，讓致力於推動明確經濟與社會「發展」政策的勢力掌權。此外，由於大多數前殖民地（中國別不用說了）與資本主義的西方之間有過一段慘痛的交往經驗，所以這些地方選擇的模式多半受到社會主義、共產主義或其他中央集權思想的強烈影響。在戰後的世界，許多低度發展地區開始邁向某種由國家推動的工業化。那對美國而言是個問題，因為美國懷抱著不一樣的全球願景，以財產與資本的私有制為重心，遵守國際自由貿易原則，或是其他有所規範且各國皆同意的貿易原則。

二十世紀前半可說主要就是邁向去全球化（經濟大蕭條）與兩次世界大戰的過程，二戰後時期卻有兩波全球化浪潮捲土重來。二戰結束之前，美國就已積極打算以資本主義原則為基礎重建世界並著重自由貿易，一來可防止世界又回到經濟大蕭條時期幾個集團在經濟上壁壘分明（而後交戰）的狀態，二來可確保有充分的全球需求來推動美國經濟成長。美國還揚棄其戰前抱持的「孤立主義」，帶頭成立聯合國以解決國際衝突，並且創建新的國際機構來負責管理戰後全球經濟，尤其是世界銀行與國際貨幣基金。強大的蘇聯、中國的革命，以及社會主義對前殖民地的影響，三者同時威脅到美國的自由市場願景與全球影響力；美國的回應之一是在世界各地成立反蘇聯的軍事同盟：北大西洋公約組織、東南亞條約組織，以及中部公約組織。美國也與日本單獨訂立了雙邊軍事協定。

蘇聯在二戰結束時占領了東歐大部分地區並成立「衛星國」，此外也支持共產北韓及越南，還有在中國逐漸壯大的共產黨勢力，因此美國領導階層決定出手復甦德國與日本的經濟，將其建設成歐洲與亞洲的工廠，以及在歐亞的反共堡壘。這一扶持德國與日本的「逆進程」（reverse course）和對蘇聯的「圍堵」政策，從一九四七年開始實行。美國尋求的不是透過戰爭擊退布爾什維克革命（用今日的話來說，就是尋求「政權輪替」），而是透過「圍堵」限制蘇聯在世界上的勢力與影響力。

冷戰於一九四七年展開並持續到一九九一年，決定了二戰後世界大部分地區的走向。為了落實圍堵共產主義的政策，美國在朝鮮參戰（一九五〇至一九五三年），同時面對北韓與中國的共產部隊；介入越南事務，而後參戰（一九五六至一九七五年）；利用祕密行動推翻拉丁美洲國家民主投票選出的左傾政府；支持拉丁美洲和中東的獨裁政權；並且在世界各地扶植不民主但反共的專制政權。諷刺的是，這一切都打著「自由民主」的名號。

冷戰還造成了其他後果。美國開啟二戰後時期的時候，是唯一的核武強國，然而蘇聯在一九四九年引爆該國第一枚原子彈，核武軍備競賽就此正式展開，不僅產生了配有核彈投擲裝備的戰鬥機隊，更可怕的是還開發出發射後幾分鐘就能擊中目標的洲際彈道飛彈。當時沒有（現在也沒有）防禦這些大規模毀滅性武器的方式，唯一肯定的是飛彈發射一旦被偵測到，必定會引來大規模的報復。到了一九六〇年代，雙方都有數千枚洲際彈道飛彈與核彈頭，核武攻擊不僅能終結人類文明，還很有可能消滅人類這個物種。[22]

正因為如此，雖然世界多次面臨核武攻擊的威脅，但只有在一九六〇年代時一度真正瀕臨核武戰爭的「邊緣」；當時蘇聯在卡斯楚（Fidel Castro）於一九五九年統治古巴後不久，將飛彈運到古巴。

冷戰也導致世界上大半地區處於備戰狀態，而且導致史上首度有許多國家實施全面軍事動員，尤其是美國、蘇聯與雙方各自的盟國。有別於先前那些戰後時期，美國與其盟國，以及蘇聯與其盟國，仍保持全面動員狀態，而且隨時能準備在歐洲及亞洲的多條前線上作戰。美國政府因此將大約三分之一的歲出用於軍事（在一九八五年時約占國內生產毛額的五％），而蘇聯花在軍費上的比例更高（超過其國內生產毛額的一〇％）。競爭雙方經濟體的規模與活力因而成為至關重要的因素，深刻影響兩大超級強權在冷戰時期打造並維持軍力的能力。必須強調，冷戰就是一場經濟戰役。因此當美國經濟發展在一九八〇年代跨越了「煙囪」工業時代、進入先進的電腦科技領域後，美國與蘇聯兩國經濟體在生產力上的差距隨之擴大。[23]

消費主義vs生產主義

如前所述，蘇聯實行計畫經濟，由中央政府決定和選擇如何分配資源。就此而言，蘇聯經濟完全不受資本主義自由市場經濟固有的「景氣循環」影響。這充分解釋了蘇聯能在經濟大蕭條期間迅速工業化的方式與原因，當時資本主義經濟體都在大幅萎縮。二戰過後，蘇聯也從其支配的東歐國家得到了資源與產能。

讓蘇聯集團經濟保持成長的，是國家計畫。雖然國營經濟是否與「真正的」共產主義存在關聯尚有爭議，但是蘇聯的共產主義領導階層確實受到馬克思主義對人類的看法影響。馬克思主張，人類天然具有生產的本能，而人類的本質就是勞動和享受勞動成果。根據馬克思所說，資本主義體制的問題並非人民必須工作，而是他們為了薪資而工作，與自己勞動的產品「疏離」，產品則被資本家收走並出售。在社會主義的未來中，馬克思設想人民會繼續工作，但是會在勞動中得到自我實現，因為他們是在為自己勞動，而不是為資本家。

在蘇聯體制中，人民當然會工作，但當時的說法是因為國家代表勞動人民的利益，所以為國家工作就是為他們自己工作。蘇聯模式是一種「生產主義」模式：生產得愈多愈好。因此，蘇聯的國家計畫號召大力建設工業與工廠，但那些工業生產大多用於創建其他產業或支持軍事發展。生產，尤其是重工業（例如煤、鐵、鋼、電氣）的生產和為重工業而進行的生產，成為生產本身的目的。管理者得到的評價和報酬是依據他們的產量而定，而產量的衡量標準有時候很扭曲，生產出來的煤確實運抵發電廠與否並不重要，重要的是那些煤有沒有送上火車。因此，一些鐵路管理者據說會來回運送同一批煤，以提高自身單位的生產評分。國家計畫對於日用消費品的投資著墨極少，儘管國家有承諾提供最低限度的住宅（在大型公寓社區內）、健康照護，以及教育。

蘇聯也將科學運用在他們的體制上，並且大舉投資科學教育和發展新科技，尤其是在軍事應用及太空探索方面。於是，蘇聯在一九五七年發射史普尼克一號，搶在美國人前面將衛星送入太空，不久之後又率先把人送入地球軌道，激化了與美國的「太空競賽」，並導致甘迺迪總統於一九六〇年誓言在進入一九七〇年代前將美國人送上月球。這個目標在一九六九年實現。

中國的共產主義者在一九四九年戰勝之後，起初是遵循蘇聯的發展模式，而中國的第一個五年計畫（一九五三至一九五七年）讓年度成長率達到一八%，並且成功為中國的經濟奠定重工業的基礎。然而中國領導人毛澤東對於蘇聯模式帶來的一些意料之外結果有所警惕，特別是當時特權城市菁英階級形成，大有成為新統治階級之勢，所以他尋求一種更平等的發展方式。他認為他找到了一個新模式，這個模式的基礎是大規模農村集體合作（公社），以及透過農村工業化達到充分就業。一九五八年，毛澤東號召「大躍進」，宣稱中國的工業產量會在十五年之內超越英國。

那場實驗後來變成一場災難，某部分是因為壞天氣持續了三年（北方乾旱，南方洪水），但主要是因為共產黨領導人沉迷於農業產量數字愈來愈高的報告，即使這類報告並沒有真憑實據。中國政府因此錯信還有充分的糧食供給可供人民食用，並將穀物運出村莊。隨後發生的三年大饑荒裡（一九五九至一九六二年）——由於天災而更加惡化——估計有一千五百萬到四千三百萬人死亡，其他領導人因此對毛澤東的能力失去信心，蘇聯領導人內心也開始質疑中國路線。在蘇聯領袖赫魯雪夫拒絕與中國共享核武科技、引起毛澤東公開批評蘇聯之後，蘇聯撤回其顧問，西方世界首度明顯看見共產世界的分裂。蘇聯與中國之間的緊張局勢在一九六〇年代持續升高，導致黑龍江沿岸在一九六九年發生武裝邊界衝突。

儘管中國與蘇聯在何為通往社會主義的正確道路與打擊資本主義世界的方式上有所分歧，但它們無疑都致力於提升經濟生產。蘇聯與中國的共產主義模式傾向生產主義，造成了可怕的環境後果。在蘇聯，西伯利亞原本清澈澄淨的貝加爾湖因為工業汙染而混濁；鹹海由於所有的水都被引到附近的棉花田而乾涸；多數城市的空氣都在地球最骯髒之列；以及車諾比核能發電廠於一九八六年爆炸。發出惡臭的工業廢料堆汙染了土地、空氣，還有水。[24]在中國，「向自然宣戰」[25]造成鋼鐵廠大量排放汙染物、灰色的煤灰覆上了附近的植被；河中流淌著帶有工業毒物的黑水；北京居民冬天騎腳踏車上班時必須戴口罩，以免將煤塵吸入肺部；黃河的河水不斷被大量引去灌溉，很少流入海中。奇怪的是，過去三十五年，中國以市場改革和民營企業為基礎，在經濟上飛速成長，然而上述情況非但沒有改善，反倒日益惡化：全世界汙染最嚴重的十個城市，有七個在中國；中國的短期前景是環境退化加劇，儘管領導人現在大談要建設「生態文明」。[26]

消費主義

身為戰後資本主義世界公認的領袖與經濟強國，美國決心不讓二戰後的世界經濟落入一戰後生產過剩、經濟衰退、禍害全世界的境地。這不僅需要改革國際貿易體系以降低關稅，提高全球對美國工業產品的需求，還需要改變美國的國內經濟。

一如工業化世界的其他地區，早期的工業化是以提供產品為導向，然後創建更多的工廠與更大的工業規模。某種程度上，是工業創造了更多工業，把工人吸引到愈來愈大的城市。城市與其人口無疑為工廠提供了勞力，但也創造了消費需求。一直到二戰後時期，城市消費者的需求主要都是針對生活必需品——食、衣、住。然而美國在二戰後的一系列發展，很快就刺激出一種全新經濟產業的成長，這個產業以供應消費者商品為目的。[27]

實際上，美國早已率先大量生產主要賣給消費者的商品，而不是賣給其他公司或工廠。一戰前，福特（Henry Ford）就發明了汽車裝配線，但他也意識到如果經濟要永續，工人就必須得到足夠的薪資，才能購買他工廠生產的T型車。經濟大蕭條與後來的二戰降低了消費者對汽車的需求，但是戰爭結束後，工廠需要從戰時生產模式轉換成和平時期的生產模式，這為美國汽車製造商帶來了機會。一九四〇年代後期開始，美國汽車產量激增；很快的，許多美國家庭都擁有一輛小汽車或小貨車，部分是由於強大的工會為美國工人爭取到顯著的薪資成長。然而一旦每個人都有了車，需求就會減弱，汽車生產也會逐漸停滯。

若要保持對汽車的需求，就得創造新需求，而這透過兩種手段來進行：計畫性報廢與廣告宣傳。在一九五〇年代，汽車報廢不一定是因為破爛解體，而是因為改款了。車子改款，加上花俏有力的廣告，消費者很容易被吸引而想要購買新車。許多家庭逐漸相信，財力允許的話就應該每三年換一輛新車，即使是沒有足夠財力的人也有那個念頭。

信用貸款變得更容易取得，促使汽車變成了一種消費品。貸款最早開放用來買房。

在二戰之前，房貸期限很短（三到五年），購屋者必須拿出購屋價格的一半，銀行才會借錢。這種情況使得一九四〇年時只有約四〇％的人口買得起房子。二戰後，銀行業的規範改變，促成銀行降低還款條件，並且將房貸期限延長到二十年。兩個新的聯邦機構——退伍軍人署與聯邦住宅管理局——為貸款作保，又使房貸更容易通過。後來信用貸款進一步擴大，很快就透過「卡片」的形式發放，卡片最早由百貨公司發行給顧客，到了一九六〇年代改由專門管理與銷售信用貸款的公司發行（大來〔Diners Club〕、美國運通〔American Express〕、萬事達〔MasterCard〕、威士〔Visa〕）。信用貸款大幅擴張，尤其是用來買房，導致二〇〇八年的「經濟大衰退」；當時全球銀行體系凍結，雇主無法獲得信用貸款來維持業務，無數人因此失去了工作與棲身住所。

汽車與廉價住宅結合後相輔相成，城市周圍因此形成大片近郊住宅區，其原型就是洛杉磯。在那裡，汽車使通勤成為可能，加上「紅色電車」軌道系統拆除及高速公路陸續興建，洛杉磯一帶的近郊居民可以早上進城裡工作、晚餐前回到家。戰後蓬勃發展的建築業，在原本以乳牛牧場或果園為主的地區，蓋起一片片新的近郊住宅區，也在小型農業城鎮周圍擴建出新的住宅社區。戰後洛杉磯的汽車革命產生了極大量高臭氧濃度的煙霧，導致地方政府在一九八〇年代發出警告，要民眾在情況特別嚴重時留在室內。以混凝土修築道路與其他建築物也助長了空氣汙染及全球暖化；不僅是洛杉磯，全世界都是如此。[28]

還有另一項發展促成了二戰後的消費革命。電力最早是在十九世紀後期開始用於工廠運作和城市照明，並且在二十世紀初期擴及城市家戶。而後一九三〇年代的各項公共工程計畫讓美國大部分的鄉下地方在一九四〇年之前實現了電氣化。當冰箱、洗衣機、縫紉機等各種類型的家用品也開始使用小型電動馬達，全新的產業隨之蓬勃發展。由於家家戶戶都有電源插座，加上休閒時間增加，電視機於是湧入美國家家戶戶的客廳，大多數家庭後來也裝設了電話機。[29]

就這樣，大眾消費文化在一九三〇年代到一九五〇年代之間形成，而且在美國經濟中的分量逐漸增加。到了二十一世紀初期，美國的國內經濟有七成用於生產消費品，只有三成用於提供生產物資，逆轉了二十世紀初期的比例。戰後的美國經濟成長推動了大半個二十世紀的世界經濟，其動力大部分來自消費革命，至少到一九八〇年代、一般美國人的消費能力開始減弱前都是如此。美國人逐漸將消費者購買商品與「自由」劃上等號，並譴責蘇聯的缺席。事實上，一名評論者認為美國政府在一九五〇年代對國民只有兩項要求：反共與消費。[30]其後果有一項是消費者革命將女性從繁重的日常工作中解放，讓她們得以更大程度地投入職場與政界，並且要求平等待遇。

消費社會的前提是要有廉價且可獲得的能源，例如驅動汽車文化的汽油和維持家中照明與電器運作的電力。若說十九世紀是煤、鐵、鐵路的「焦炭城」時代，那麼二十世紀就是石油、鋼、汽車的「汽車城」時代。[31]石油和煤一樣，在世上分布得並不平均，而美國很幸運，在德州與南加州有重要的油田。墨西哥、委內瑞拉、奈及利亞與俄國也有石油礦藏，但到目前為止，全世界最大的石油集中地位於波斯灣一帶，尤其是沙烏地阿拉伯，其次是伊拉克、伊朗，還有南美洲的委內瑞拉，不過近年風行的水力壓裂（簡稱「壓裂」）技術也顯著增加了美國的天然氣與石油產量。汽車造就了石油業，而由於美國的消費量很快就超越國內油井的產能，全球運輸與金融體系應運而生，可將石油運送到世界各地。到了一九七〇年代初期，美國進口的石油已達國內消費量的三分之一左右。這讓美國把注意力集中在中東，但是也造成影響深遠的後果：科技被「鎖定」在特定一類靠著燃燒石油才能運作的全球經濟中。世界不僅依賴石油與天然氣提供能源，也依賴某些為了控制能源而出現的社會、經濟、政治、文化與軍事集團。

一九五〇年代，消費社會擴及英國與加拿大，一九六〇年代到法國、義大利、其他西歐社會、日本，以及拉丁美洲城市的一些小地方；汽車隨之普及，石油需求也變得更大。到了一九七〇年代，冰箱與電視機等消費品的需求、甚至可以說是整個消費型社會，也擴散到共產主義的東德與捷克斯洛伐克。

跟蘇聯與中國模式秉持的生產主義一樣，西方的消費主義也產生了嚴重的環境後果。不僅提煉石油與燃燒汽油在美國、歐洲及日本幾乎所有的主要城市造成空氣汙染，抽取石油並以油輪運送到世界各地也在陸地與海上造成漏油。製造汽車同樣需要大量能源，每製造一公噸的汽車就會產生近三十公噸的廢料，而且使用的木炭是以亞馬遜雨林的樹木燒製的，這一切都直接加劇了全球暖化與森林砍伐。[32] 以壓裂法開採石油則嚴重影響水質，可能還造成地震活動。

第三世界發展主義

二戰後的去殖民化與革命產生了數十個新國家，特別是在亞洲與非洲，但也有一些是在拉丁美洲。儘管這些新國家對蘇聯社會主義模式裡常見的中央集權與集體主義做法表現出好感，但許多國家並沒有仿效蘇聯，尤其是在韓戰與越戰之後，因為這兩場戰爭活生生血淋淋地展現出冷戰變為熱戰時可能發生的情況。正如印度領袖尼赫魯（Nehru）所說：大象打架時，草會被踐踏。於是在一九五〇年代初期，這些國家當中有數國——

尤其是印尼、埃及、南斯拉夫與印度——的領導人發起了「不結盟」運動，想要避開美國與蘇聯當時正在組織的冷戰聯盟體系。一九四九年，美國成立北大西洋公約組織（主要成員是西歐、美國和加拿大），為的是在歐洲與蘇聯對抗；蘇聯的回應是成立華沙公約組織，創建一個由蘇聯主導的經濟與防禦集團。為了從蘇聯南方的中東「圍堵」該國，美國促成伊朗、土耳其與伊拉克的保守派領導人組成中部公約組織；巴基斯坦、泰國及菲律賓則組成東南亞條約組織。為了回應兩大超級強權的舉動，「不結盟國家」於一九五五年在印尼的萬隆召開了第一次會議。那些國家與拉丁美洲國家很快就一併被歸屬於「第三世界」，與稱為「第一世界」的工業化資本主義世界和稱為「第二世界」的共產國家形成對比。

雖然第三世界國家之間存在許多差異，但也有一些共同的爭議和問題，其中有三個特別明顯。首先，這些國家的經濟向來被殖民宗主國或區域霸權（例如以拉丁美洲來說就是美國）掌控，使得當地一直以農業為主，也是糧食與原料的供應者。即使在政治上獨立了，這些國家的經濟依然「依賴」別國。打破依賴成為「發展」的一個目標。第二，由於幾乎沒有工業發展，有些地方的都市化也相當有限，所以第三世界國家主要是鄉村農民社會。即使那些國家迅速發展工業至今已三十多年，世上人口最多的兩個國家——

印度與中國——本質上依然是農村社會，儘管正在快速都市化。第三，去殖民化與革命為二戰後第三世界國家走上人口大爆炸鋪平了道路。

農村社會通常出生率和死亡率都很高（特別是嬰兒）。在舊生態體系裡，傳染病與有限的食物供給造成多達半數的孩童死亡。因此，為了確保有足夠的孩子可在農場工作並為其他家庭提供新娘，就要多生小孩——有四到七個活產的孩子是常有的事。二戰結束後，高出生率繼續維持，死亡率卻大幅下降，因為新獨立的國家在世界衛生組織（一個聯合國組織）的支持下，讓農村民眾能夠取得現代藥物（例如抗生素和免疫接種）。嬰兒死亡率急遽下降（多達一半），人口因而大增，許多國家的人口在三十年內成長了一倍。糧食供給增加，供養了增長的人口。結果，一九五〇年的世界人口約為二十五億，一九七〇年是四十億，二〇〇〇年是六十億，到二〇一〇年則超過了七十億；增加的人口大多出生並生活在第三世界（全球南方）的國家。到了二十一世紀初，這種人口格局在現今世界仍是一個沒有改變的顯眼事實。

由於人口增長，發展最重要的意義就是改善農業以增加糧食供給。一方面，農民可以耕種新的土地，然而新土地大多是生態脆弱的邊際土地，或者林地。但不管用哪種方式，試圖透過增加農地來滿足糧食需求，都會因為森林砍伐和泥沙淤積而造成環境問題。

所以若要大幅提升糧食產量，就要增加農業收成，而最快的方式就是灌溉與施用化學肥料。如同在本章開頭時所述，製造氨基氮肥的工業程序發明於二十世紀初期，並且在二十世紀前半被用來增加歐洲與美國的農業收成。這種技術在二十世紀後半傳播到開發中國家，至少是那些農民手頭夠寬裕、買得起人造肥料的地區。一九六〇年代化學肥料與灌溉和新開發的高產量種子結合在一起，造就了後來人所稱的「綠色革命」。

然而即使成功實行綠色革命，第三世界國家依然是貧窮的農業國家——自一九三〇年代的經濟大蕭條以來，糧食和原料價格相對於製造品的價格，一直都在下降。換言之，農業國家必須出口更多產品，才能購買和以前相同數量的製造品，其人口卻不斷增加。也就是說，由於人口增加與農產品價格相對弱勢，第三世界的大部分地區有許多人在二十世紀後半變得更貧窮，買不起可以為他們提高收成的工業化生產肥料。解決之道——至少對某些國家而言——就是工業化。

一八〇〇年前後數十年，工業化在英國展開，靠的是強大、組織良好、高效率、領導人能力超群的國家，致力於實行扶植工業的政策。[33]國家強勢干預的其他例子還包括十九世紀後期的日本與德國、一九三〇年代史達林統治下的蘇俄，以及一九四九年以來的中國。二十世紀後期，東亞也有一些小國積極實行工業政策，這些國家都有強大的政府主導整個過程：南韓、臺灣、新加坡、香港，亦即亞洲「四小龍」。[34]在拉丁美洲，巴西、墨西哥與智利建立起重要的工業體系，同時維持著龐大而貧窮的農業體系。

某種程度上，這些實行工業化的國家都擁有強有力的政府帶頭推行工業化，一方面壓抑勞工成立工會與提高薪資的要求，另一方面也對因循守舊的宗教領袖進行控制；那些宗教領袖覺得，他們對世界的願景受到以城市與工廠為代表的新型社會組織方式威脅。此外自一九七〇年代起，世界經濟的結構性變化帶來了能讓這些國家獲益的機會。其中最重要的是，在充滿國際貿易與競爭的世界裡，全球運輸及通訊的進步讓第一世界的製造商得以將工廠遷到工資較低的地區，尤其是亞洲與拉丁美洲。一九九一年蘇聯解體後，從前的「東方（東歐）集團」國家也吸引西歐工廠前往。在以富裕國家消費者需求為首的推動下，越南製造的耐吉（Nike）運動鞋、泰國製造的T恤，還有電話機與上千種來自亞洲與拉丁美洲的產品裝滿了貨櫃船，被運往長灘、紐奧良或紐約的港口，以及距離最近的沃爾瑪（Walmart）大賣場。

第三世界有些國家的經濟直到最近仍幾乎完全依賴單一原料的輸出，即石油；這些國家在大幅提升石油的國際市場價格方面相當成功。產油國（主要在中東，但也包括非洲的奈及利亞與拉丁美洲的墨西哥與委內瑞拉）在一九六〇年成立石油輸出國組織，但是該組織無法支撐油價；一九七〇年每桶石油的售價大約是二．五美元。然而一九七三年的以阿戰爭期間，石油輸出國組織的阿拉伯成員國（及其另組的阿拉伯石油輸出國組織）宣布禁止將石油輸出到美國，因為美國是以色列的主要支持者；石油輸出國組織因此得以在一九八〇年之前將油價提高到一桶四十美元。美元流入產油的阿拉伯酋長國，創造了極度富裕（儘管並未工業化）的社會。

移民、難民與國家

從整個二十世紀直至今日，近乎成為普世政治秩序形式的領土型民族國家和世界上持續進行工業化的地區，是全球移民嚮往的目標。[35]如同前一章所述，政府開始監控和守衛自己的國界，管制外國人進入。全球方面，移民在二十世紀的頭四十年大增；即使跨大西洋的移民減少，遷到東南亞和北亞的人數依然從十九世紀開始激增，原因如同第五章的討論。全球移民的模式通常是從愈來愈常被稱為全球南方的貧窮地區（大多是位於非洲、亞洲、拉丁美洲和中東那些以前遭到殖民或半殖民的區域）遷徙到世界上被稱為全球北方的工業化核心國家，主要是歐洲與北美洲。在研究移民的歷史學家狄金森看來，全球北方吸引人之處在於「從比較的角度來看，富裕的核心國家提供工作、受教機會、社會流動性、穩定的政府，以及政治自由」。[36]我們在本章稍後會更看到更多細節，認識到世界上最富裕和最貧窮地區之間的「差距」並沒有消失，而且對許多人而言，在很多方面反而變得更嚴重，迫使他們找尋方法改善生活。

二十世紀的兩次世界大戰和諸多內戰，為全球移民增添了另一股動力；人民在民族主義與種族主義運動的背景下逃離戰爭、破壞、迫害，以及種族滅絕。各方估計不盡相同，但是二十世紀的國際戰爭造成一億二千五百萬到一億七千五百萬人死亡，令二十世紀成了世上最暴力的世紀。[37]此外，一九三〇年代蘇聯政府與一九五〇年代後期中國政府的計畫性行動都直接或間接引發饑荒，造成六千萬到八千萬人死亡。戰爭與政治迫害也導致大量人民逃離；二戰結束時，歐洲已有四千萬名難民。那場戰爭過後，聯合國成立，難民的定義、地位及權利於一九五一年制定成公約，納入了為逃離迫害而出國且擔心回國會有生命危險、或者因為其他因素而無法返回原籍國的人。二十世紀的移民中，難民所占的比例愈來愈高，這個趨勢一直持續到二十一世紀。

在一戰初期，鄂圖曼政府將亞美尼亞人「重新安置」到帝國的南部邊境，過程中遭到處決的人非常多，導致這個事件被稱作「亞美尼亞種族滅絕」。在南非，非洲黑人被排除在政治決策過程之外，無權居住在白人區，而且被迫遷到「非白人區」並按照「種族隔離」規定留在那裡。納粹的大屠殺促使猶太人逃出歐洲，到別的地方尋找安身之處，包括美國，而美國至少有兩次拒絕讓猶太難民進入。一九四七年的印度分治造成數百萬印度教徒向南逃到後來的印度、數百萬穆斯林向北逃到後來的巴基斯坦。過程中有數十萬人死亡，而且多數人的財產及土地遭到沒收。

在冷戰時期令人不安的國際和平中，民族或種族邊界經常發生內戰，導致難民逃往他處尋求安全。一九七〇年代與一九八〇年代發生在非洲的內戰，促使大批難民往北湧向地中海和歐洲，而中美洲的內戰則迫使難民往北逃向美國，必要時還會非法越過美國的南界。一九五一年的《聯合國難民公約》將難民定義為在母國之外尋求保護、以免在母國遭受迫害的人；儘管美國簽署了這項公約，非法入境的行為依然存在。該公約要求簽署國遵守其內容，接受難民。激烈的敘利亞內戰於二〇一一年展開，截至本文撰寫時尚未結束；這場戰爭摧毀了敘利亞政府反對者居住的城鎮與城市，反對者也被迫逃離：大約一百萬人在土耳其避難，數十萬人跋涉到歐洲、尋求歐洲國家的庇護；多數國家都很通情達理，但至少有一個國家——匈牙利——架起了圍籬，拒絕所有難民進入。近期的另一個例子是大多為穆斯林的羅興亞人從緬甸湧入孟加拉，以逃離迫害與死亡。難民總數從二〇〇七年的四千多萬人增加到二〇一七年的將近七千萬，其中許多人住在難民營，其他人則分散在地主國的人口中，德國於二〇一五年接收約一百萬名敘利亞難民時情況就是這樣。

由於有數百萬難民與人民在自己的國家流離失所，大規模移民也就持續發生，移民者尋求改善自己和家人的物質生活與政治命運，從非洲遷徙到歐洲、從亞洲遷徙到北美洲、從中美洲與墨西哥遷徙到美國。根據一項全球總數的計算結果，一九一〇年時各國人口中總共有三五七〇萬人出生於外國（占全球人口的二%），到了二〇〇三年則有一億七千五百萬人，亦即全球人口的二・八%。[38]

一方面，人員的跨國遷徙，尤其是遷到城市地區，有助於創造一種活潑的國際文化；在這種文化中，食物、飲料、藝術、音樂、思想、宗教等文化產物可以為願意接受新住民的居民增添並豐富其人生體驗。另一方面，移民與他們的文化可能會被視為對當地居民（或本土主義者）的威脅，因為有人覺得新住民會搶走工作，或者有種族主義者堅持不能、也不該接受移民並加以同化，否則可能會出現不好的文化與政治轉變。過去十年的移民，有許多是來自世上最貧窮的地區——撒哈拉以南的非洲和中美洲——想要尋找更好的生活機會。這些移民不斷抵達歐洲國家和美國的邊界，引發了強烈的反移民觀點及運動。[39]

不只上述地方，史上最大規模的人口遷徙之一也正在中國發生；當地最近數十年來已有數以億計的人從鄉村搬遷到城市，而且中國政府預計，到二〇三〇年之前還會有五億人從農村地區搬到新建城市，到時候中國會有至少三分之二的人口住在百萬人以上的城市。[40]

二十世紀後半產生的全球化浪潮是由諸多因素造成的——工業化；資本流向製造業工資較低的地區；全球供應鏈網絡擴張，從汽車到智慧型手機，什麼都製造；世上大部分地區處於貧困狀態；國際戰爭與內戰；種族滅絕——而一波波的全球化浪潮在二十一世紀的頭二十年，並未顯示出消退的跡象。全球化浪潮對民族國家主權與其邊界管理所造成的挑戰——有些人把這個過程稱為「去疆界化」——在二〇〇八年全球經濟大衰退的背景下，也引發了一股政治反彈；這種政治反彈顯得愈來愈本土主義、民族主義，可能還潛藏了孤立主義，本章稍後會探討這些趨勢。現在只需要說，全球化導致商品、原料和資本在全世界自由流通，上述事物的障礙都已解除，倒是阻止人穿越國界的障礙還在，讓跨國遷徙以尋求更美好或更安全的生活困難多了。

全球不平等

儘管從前的第三世界有一些地區實現了工業化、石油輸出國組織的成員國幸運致富、大批人潮移民到富裕國家，世上最富裕的地區和最貧窮的地區之間那道差距卻沒有縮小；事實上，差距還擴大了。一九九〇年，最富裕國家的人均收入為一萬八二八〇美元，是最貧窮國家的五十五倍。從另一方面來看，一九六〇到一九九五年最富裕國家與最貧窮國家的所得比從三〇：一變成了八〇：一．四一。[41]也許更令人震驚的是，最貧窮的人口竟占全球人口的二分之一。[42]其中有相當數量集中在中國與印度這兩個世界大國的農村，儘管它們正在迅速發展；另外有數百萬窮人是在東南亞與加勒比海島國海地。不過非洲窮人所占的比例還是最大（見地圖6.1）。

非洲的貧窮可以追溯到幾個因素，包括奴隸制度、殖民主義、後殖民債務、內戰，以及衰弱性疾病（debilitating disease）。去殖民化讓原先沒有建立過國家的地方建立了領土型國家。這些新國家組成擁有行政與軍事權力的組織來榨取和控制資源，不僅徵收稅金，也徵收原料。為了籌錢資助「發展」，新國家的統治者向世界銀行、國際貨幣基金和非洲開發銀行貸款，但是這些貸款有大半資助了貪腐。由於掌控國家機器為領導人獲取財富大開方便之門，因而使政府機構之外的人也想透過掌控國家（大多藉由暴力手段）來掌控財富，導致一個又一個的軍事政權、武裝反抗運動，以及內戰。競爭勢力通常屬於不同的種族或語族，只是在殖民統治結束後被歸入同一個國家。慢性病，尤其是瘧疾、愛滋病與伊波拉病毒，則在撒哈拉以南的非洲逐漸侵蝕數億人的健康活力與工作能力。[43]

到了一九八〇年代，撒哈拉以南非洲的許多地區實在太貧窮，對外國投資者幾乎毫無吸引力，流入非洲的資本也極少；就連非洲人都把資本轉出非洲，在別的地方投資。因此，許多非洲國家變得更依賴貸款來維持生計。現在，許多非洲國家除了其他問題之外，背負的債務更是沉重到被歸為「重債窮國」（Heavily Indebted Poor Countries, HIPCs）。二〇一三年全世界的三十九個重債窮國當中，有三十四個位於撒哈拉以南非洲，三個在拉丁美洲，亞洲與中東各一個。[44]非洲極端貧窮人口數字從一九八一到二〇〇一年增加了一倍，儘管國際間有設定目標要降低非洲貧窮程度，但是當地的貧窮人口仍持續增加，在二〇一五年達到三億四千萬。[45]糧食安全是一項挑戰，因為有超過四成的非洲人無法每天取得糧食，就連農場是自己的也一樣。撒哈拉以南非洲有三分之二的土壤缺乏氮與磷這兩種關鍵營養素，當地農民也買不起化學肥料來用；營養不良的人口達三成。[46]

惡劣的是，工業化世界的政策聯手讓貧窮的國家持續貧窮。美國、日本和歐盟都補貼自己的農民並持續對進口農產品課徵高額關稅，以保護其農業。這些國家的農民很富

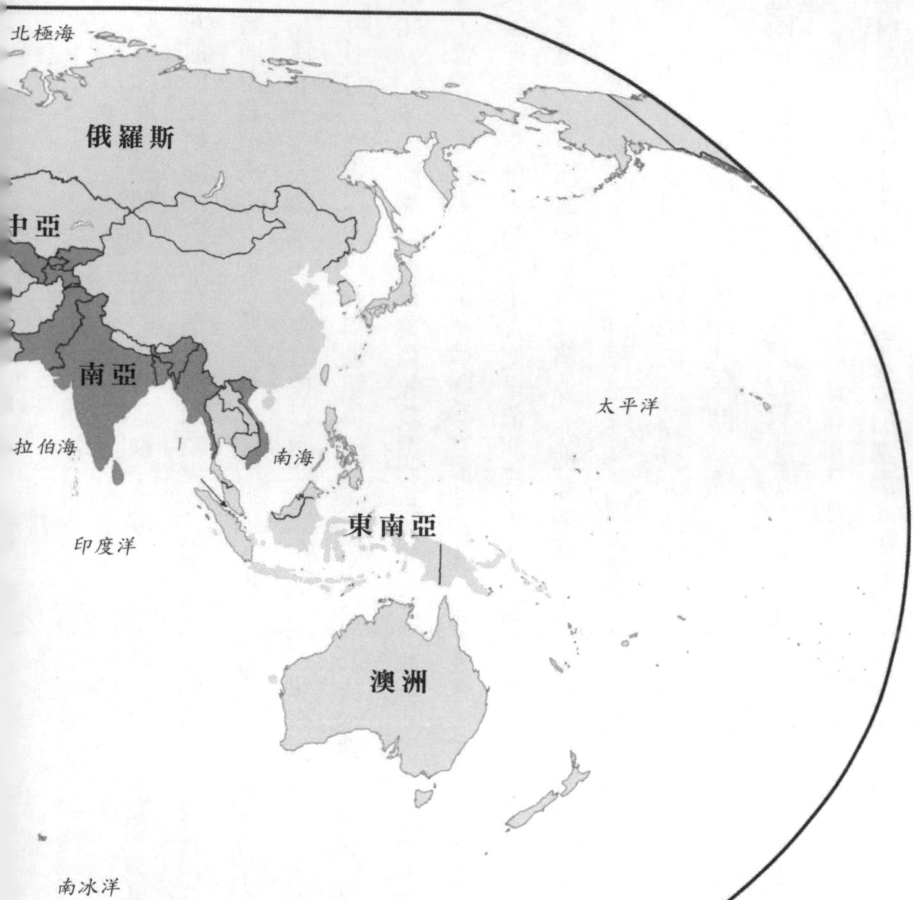
北極海
俄羅斯
中亞
南亞
拉伯海
南海
太平洋
東南亞
印度洋
澳洲
南冰洋
極洲

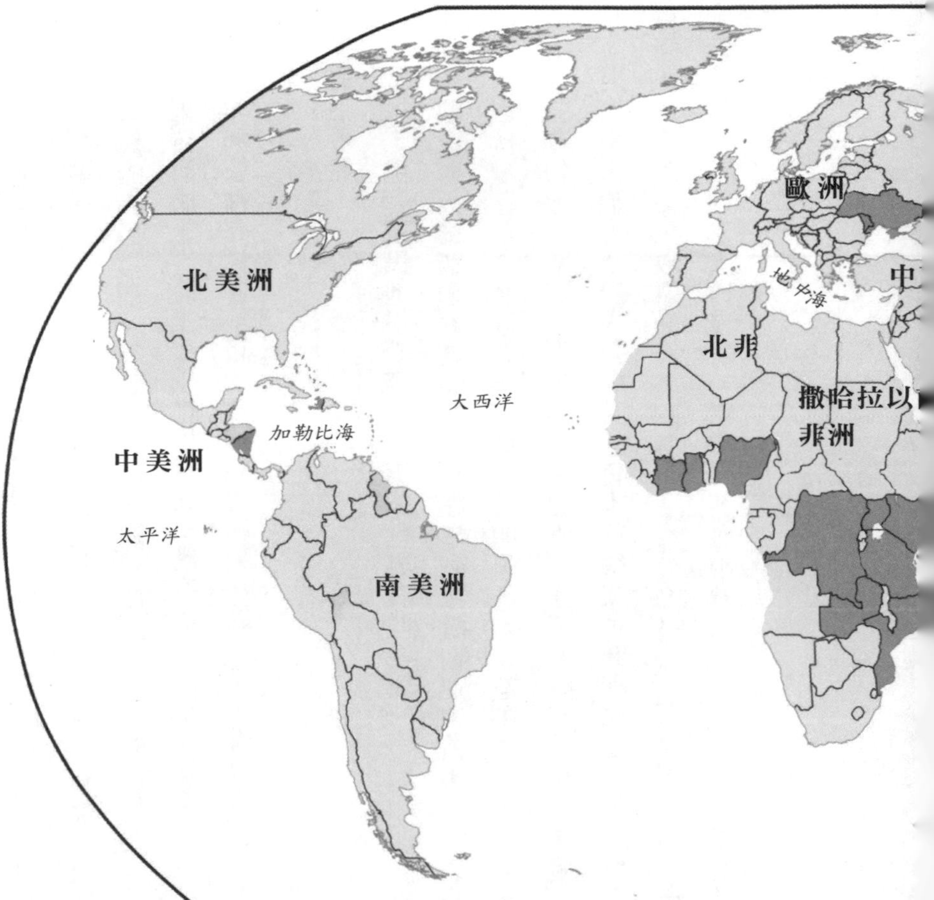

地圖6.1　世界最貧窮國家在各區域的分布情形
（二〇一七年人均國民所得毛額在二千五百美元以下，並以深色標示）

有，負擔得起化學肥料、改良的種子、灌溉，這一切都能提升他們的農業產量。窮國的農民處境已經夠差了，但是農產品的高額關稅讓他們幾乎不可能在國際市場上競爭：市場往往對有錢的人最有利。因此，降低富國對農產品所課關稅的要求並非來自工業化世界，而是來自窮國——而工業化世界對此反應冷淡。[47]由美國總統歐巴馬主持的二〇一四年美國—非洲領袖高峰會承諾，會透過增加美國的貿易與投資大力促進非洲的發展。[48]

富國裡的不平等[49]

二戰後，儘管殖民地紛紛獨立、第三世界有些發展、中國和印度近來崛起，但世界上最富裕國家與最貧窮國家之間的差距在二戰後時期並未縮小。同樣的，單一國家內部的不平等也持續存在，最近幾十年更大幅加劇，尤其是在最富裕國家。二戰之後頭三十年的情況並非如此，當時先進工業國家的不平等情況降到了最低層級。十九世紀時，工業化、財富累積加上政府未對收入、資本利得或企業利潤徵稅，導致最富裕國家內部出現嚴重不平等現象（以歐洲與美國為主），八到九成的財富由人口中最富有的一〇％持有。最貧窮的五〇％人口幾乎一無所有，而兩者之間的四〇％中產階級則持有一到兩成的財富。

先前談過，在一九一四到一九四五年的三十年危機尾聲，兩次世界大戰與一次全球經濟蕭條帶來的衝擊，大幅降低了金字塔頂層一〇%人口所持有的財富份額；套用經濟學家皮凱提（Thomas Piketty）的話，這些衝擊「在壓縮不平等方面扮演了重要角色」。二戰後，正在崛起的中產階級帶動了消費，美國開始建立以消費為基礎的經濟市場，於是徵收所得稅、從一九一三年開始對資本利得與財富（資產）繼承徵收累進稅，還有調高最低基本工資，這些措施在二戰後仍持續施行。接受大學教育的機會大量增加，也幫助許多家庭改善了經濟狀況。從很多層面來看，一九四五到一九七五這三十年是全世界最富裕的那些國家中，所得不均程度最低的時候；但一些經濟學家卻錯把這項發展歸因於市場資本主義的奇蹟。[50]

戰後時期相對較平等的狀況在一九八〇年代初期開始消退，取而代之的是一個所得不平等持續加劇的時期，情況嚴重到當時最富裕的社會，其財富分配不均的程度就和一九一三年一戰前夕一樣，在很多人眼中那是一段財富極度集中的時期（見圖6.1）。在今日幾乎所有社會裡，全部的財富有六到九成由金字塔頂層的一〇%人口持有，最貧窮的金字塔底層占人口的五〇%，但擁有的財富還不到五%，而剩下的四〇%人口（「中產」階級）則持有一國財富的五%到三五%（多半是來自房產）。

毫無疑問，世界無疑又回到了一個世紀前那種不平等的狀態。政策制定者、經濟學家、歷史學家與其他專業人士都在談論這波不平等程度惡化的原因及後果，尤其是在二〇〇八年全球金融崩潰（通常稱為「經濟大衰退」）並造成持續的影響後，討論更為熱烈。不平等現象從一九八〇年代開始不斷加劇，因為資本利得稅大幅降低（尤其是在雷根與柴契爾主政時期的美國及英國），而且花費高昂的阿富汗與伊拉克戰爭（稍後會討論），其經費來源並非對最富有的人加稅（像兩次世

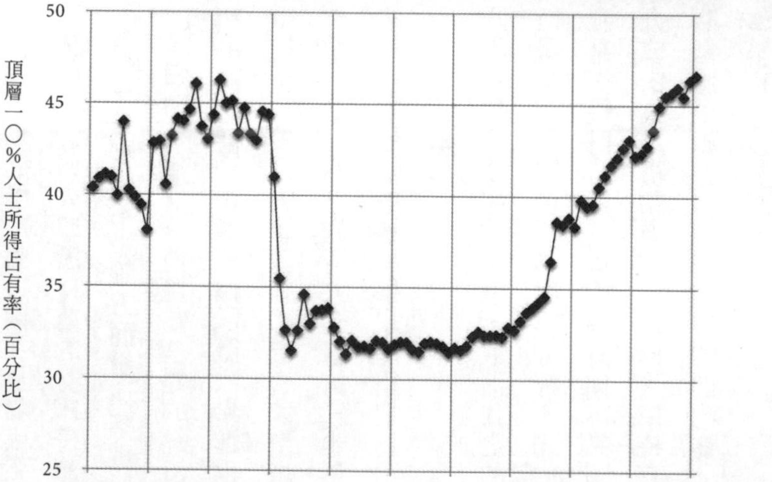

圖6.1　美國所得不均情形，一九一〇至二〇一〇年

資料來源：Thomas Piketty, *Capital in the Twenty-First Century* (Cambridge, MA: Harvard University Press, 2014), technical online appendix (http://piketty.pse.ens.fr/en/capital21c2). Data points for 1911–16 inferred from chart I.1, p. 24.

界大戰時那樣），而是來自赤字開支（deficit spending）。自一九八〇年代以來，金字塔頂層一〇％人口，尤其是尖端那一％人口的收入所占比例大幅增加，而其他九〇％的人口則幾乎毫無成長。換言之，最富裕國家裡絕大多數人的所得停滯不前，富人卻變得更富有了。這個趨勢無疑會在美國持續下去，因為二〇一七年開始的大規模減稅措施擴及企業與最富有的一％納稅人。幾乎沒有證據顯示最近的全球化浪潮對世上絕大多數的人來說有任何助益。

但是，那又如何？所得不平等難道不會激勵低收入者更勤奮工作、迎頭趕上嗎？某方面來說或許是這樣沒錯。但是正如標準普爾（一家美國金融服務公司）在二〇一四年的一份報告所指出的，財富分配不均會阻礙經濟成長。究其原因是因為最富裕者的消費欲望其實低於窮人或比較不富裕的人；後兩者較常把收入花掉，而不是存下來。所以，如果總體國民財富增加，但是增加的部分大多屬於最富裕的人，那麼整體消費並不會有顯著提高。對消費品的需求沒有增長，經濟就會陷入停滯。美國最近的情況看來就是如此，[51]而這似乎指向以大眾消費為前提的全球經濟秩序運作所存在的一個嚴重問題。由於收入停滯，處於「下層」的九〇％當中有許多人只能藉由增加負債來繼續消費，而這個體系在二〇〇八年金融危機時瓦解，數百萬人在隨後的經濟大衰退中失去了房子與工作。

第三部分：全球化及其反對者，一九九一年至今

冷戰終結

一九七三年石油輸出國組織為了提高世界石油價格而禁運石油，引發了「石油危機」，讓一些在一九七一年開始顯露跡象的全球經濟困境更加惡化；那一年美國屏棄金本位制、任由美元價值「浮動」，美元價值確實變了——變低了（這是刻意讓美元貶值，以便支付石油進口費用）。美國經濟陷入無法解釋的「停滯性通膨」慘況，也就是經濟停滯加上通貨膨脹，這種組合難倒了經濟學家。美國經濟衰退的同時，也把資本主義世界的其他經濟體一起往下拉。危機？暴跌？衰退？歷史學家霍布斯邦（Eric Hobsbawm）把一九七三年視為二戰後「黃金時代」的結束與「危機年代」的開始。[52]無論世人怎麼稱呼一九七〇年代，當時對資本主義世界來說就是一段很緊張的時期。

不過，蘇聯集團的情況更慘。經濟成長自一九五〇年代以來一直逐步放緩，根本不可能同時滿足軍隊、工業、還有消費者的需求。結果苦的是消費者，在賣場排著長長的隊伍，等著購買基本食物。同樣重要、甚至更重要的是，蘇聯體制的「生產主義」傾向正在導致再也無法迴避的嚴重環境問題。到了一九七〇年代，改革顯然勢在必行，然而

要改變龐大的蘇聯官僚體系相當困難，甚至不可能，因為在政府部會任職的共產黨幹部都從他們的職位得到了好處。曾有其他東歐國家嘗試改革，但是遭到蘇聯坦克鎮壓（一九五六年的匈牙利、一九六八年的捷克斯洛伐克）。不過對蘇聯而言，讓東歐衛星國繼續乖乖聽話的代價愈來愈高了。

在美國與蘇聯雙雙遇到危機的這些年，有兩名政治領袖在減輕與終結冷戰中扮演了重要角色：雷根（一九八〇年當選美國總統）與戈巴契夫（一九八五年當上蘇聯領導人）。雷根總統大量增加軍費支出（也增加了美國財政赤字），有部分是為了想挽救深陷衰退的美國經濟，這是他在一九八一到一九八二年時猛然大幅調升利率所一手造成的。雷根希望重啟新一輪的軍備競賽可以耗盡蘇聯的力氣，某種程度上來說他想的沒錯。戈巴契夫上臺後瞭解到，蘇聯無法跟上美國的軍事支出，也無法應付美國天基導彈防禦系統造成的威脅，因此積極尋求與美國協商，而且不只要商議控制核武，還包括刪減軍備。他希望他對西方思想與文化表示善意的「開放政策」（glasnost），能為陳腐的蘇聯體制注入一些生機，同時推行「改造」（perestroika）工作來改革黨、國家，以及經濟。冷戰正走向盡頭，蘇聯體系也是。

此時，東歐國家的共產勢力也面臨挑戰，這些挑戰有一些來自勞工領袖，例如波蘭的華勒沙（Lech Wałęsa），有一些則來自羅馬天主教會與東正教會。經濟處於嚴重困境，政治腐化，加上莫斯科的控制力逐漸減弱，讓東歐人民有勇氣公開示威，國家警察和軍隊也突然拒絕鎮壓。一九八九年從八月到年底，「人民的力量」（people's power）和平推翻了全東歐的共產政權。只有羅馬尼亞處決了一名共產黨首領。蘇聯的終結也即將到來。隨著組成蘇聯的一個個名義上獨立的共和國紛紛取得實質上獨立，蘇聯於是名存實亡，戈巴契夫的蘇聯元首地位也變得無足輕重。一九九一年八月，部分蘇聯軍方領導人意圖用武力恢復「聯盟」，但是俄羅斯聯邦領導人葉爾欽（Boris Yeltsin）挺身反對；政變失敗，蘇聯也隨之瓦解。到了一九九一年底，美國已是世界上僅存的超級強國。

蘇聯解體的直接效應就是世界上民族國家的數量變多了。過程大致和平，這要歸功於當時美國總統老布希與戈巴契夫的合作。前蘇聯分解成十五個新國家，其中最大的是俄羅斯；該國繼承了前蘇聯的大部分勢力，包括核子武器。有一個例子則是讓世界上的國家少了一個，那就是德國，因為前共產東德與西德統一了，合併過程是由西德主導。捷克斯洛伐克分裂成兩個國家（捷克共和國與斯洛伐克）。然而，前南斯拉夫分裂成六個小國之後，隨之而來的卻是內戰、「種族清洗」、殘酷暴行、戰爭罪行，最後導致北約與美軍出手進行軍事干預。聯合國會員國的領土型國家增加到一九一個。

歷史的終結？

人們對蘇聯解體與冷戰終結的反應不一，有的如釋重負，有的歡欣鼓舞，有的則是觀望持疑：原本擔憂冷戰會升溫的人如釋重負；深信資本主義與民主及其相關價值的人，眼見自己的信念即將取得全球性勝利而歡欣鼓舞；而對美國擺脫蘇聯威脅後的意圖與行動感到憂心的人，則觀望持疑。

事實上，蘇聯一直是二十世紀歷史的一個決定性因素。它在一戰結束後不久以資本主義的挑戰者之姿崛起，在二戰中扮演擊垮希特勒的關鍵角色，然後在冷戰時期與美國爭奪全球領導權。蘇聯消失、冷戰結束之後，有些人認為造成全球衝突的根源已被永久消滅——衝突帶來變化，因此書寫變化的「歷史」也終結了——未來大致將是民主制度與自由市場經濟和平推進的過程。[53]顯然，過去三十年的歷史走向並不是那樣。

沒有錯，蘇聯集團終結意味著「生產主義」形式的共產主義也終結了。俄羅斯與大多數的前蘇聯及東歐國家在那之後便將私有資產合法化、建立法治以保護資本、歡迎外國投資，並且展開自由貿易。簡而言之，在一九九〇年代，世界上向資本主義敞開大門的地區大幅擴增；隨之而來的是，「全球化」進入了世界上許多人的意識裡。

共產中國的市場改革也助長了一九九〇年代自由市場資本主義的擴張，並且進一步加強了全球一體化。在中國共產黨的領導下，中國於一九八〇年代開始鬆綁國有與國控經濟。此舉看來或許有些奇怪，但是中國領導人鄧小平將刺激經濟成長視為第一要務，他宣稱「不管黑貓白貓，能捉到老鼠就是好貓」。

中國在一九八〇年代初期開啟農業私有化，一九八〇年代後期轉向工業化，接著開放外國投資，到了一九九〇年代早期，中國經濟基本上已屬資本主義陣營，只是銀行體系與能源產業仍屬國有。中國吸引外資前來建設新工廠（附帶條件是外國公司要與中國工司合夥，而且外國公司要把技術轉移給中國的合作夥伴），其策略集中在為出口市場生產消費品。一九九〇年代，大量中國所製造的產品湧入世界市場，尤其是美國，使得中國每個月的出口額比進口額多了大約一百八十億美元。於是中國累積了大量美元（截至二〇一九年三月，大約是三兆），並且用這些錢購買美國公債和美國公司（IBM公司的個人電腦部門——現為中國的聯想電腦——是第一個著名案例）。自一九八〇年代起，中國的經濟成長速度一直是最快的，而且在二十一世紀初期超越了德國與日本，近年更可能超越美國，成為全世界最大的經濟體。

文明的衝突？

一些觀察家對於冷戰結束是否消除了世界上的衝突不敢肯定，也不敢保證不會再有新型態的衝突出現。一個很有影響力的觀點認為，冷戰只是掩蓋了更深層的「文明」差異，而那些差異會再度出現，更會讓「西方」與歷史上著名的西方挑戰者對決，亦即伊斯蘭文明與中國文明。這些理論家建議美國做好準備，以面對一場即將來臨的「文明衝突」。[54]

冷戰結束以來發生的諸多事件，特別是涉及穆斯林世界的事件，似乎讓上述看法更具說服力。一九九〇年，海珊統治的伊拉克入侵鄰國科威特，聲稱該國在歷史上是伊拉克的一部分。美國率領一個多國聯盟，先是在聯合國譴責伊拉克，然後在一九九一年的第一次波斯灣戰爭中動武，將海珊的軍隊逐出科威特。此後，由於美軍駐紮在沙烏地阿拉伯以牽制伊拉克，一九八〇年代曾與蘇聯入侵中東勢力作戰的穆斯林開始將怒氣轉向美國，攻擊美國在沙烏地阿拉伯的利益（一九九六年的霍巴塔〔Khobar Towers〕轟炸），一九九八年又攻擊美國駐肯亞與坦尚尼亞大使館，二〇〇〇年則在葉門攻擊美國驅逐艦柯爾號（Cole）。接著，發動許多這類攻擊的伊斯蘭團體，也就是賓拉登所領導的基地組織（al Qaeda），在二〇〇一年九月十一日對世貿大樓與五角大廈發動攻擊，造成三千名美國公民死亡。這件事成了戰爭導火線，讓美國的小布希政府於二〇〇一年對阿富汗開戰，後來又於二〇〇三年不顧諸多爭議對伊拉克開戰，推翻了海珊，卻沒有找到任何美國聲稱被他囤積來威脅世界和平的大規模毀滅性武器。

九一一攻擊事件、賓拉登針對事件發出的聲明影片、美國建立的全球反恐聯盟，[55]還有後來以美國為首對阿富汗、伊拉克發起的戰爭，都令人懷疑現代世界的動力是否發生了改變。賓拉登復興伊斯蘭帝國的夢想，以及西方與伊斯蘭世界之間存在著「文明衝突」的想法，上述兩者的根本問題在於它們都忽略了現代世界形成的過程與力量。世界上最富裕和最貧窮地區之間的差距或許助長了第三世界（例如巴勒斯坦、阿富汗、巴基斯坦等地）人民對美國、歐洲及日本的憎恨，但我們實在沒有什麼理由認為，賓拉登夢想中那個規模與八世紀時相當的伊斯蘭帝國有可能建立在今日民族國家的框架之上。誠然，二〇一二年開始的敘利亞內戰讓ＩＳＩＳ（Islamic State in Iraq and Syria，伊拉克與敘利亞伊斯蘭國）有機會崛起，占領了敘利亞及伊拉克北部並宣布建立伊斯蘭國，但由伊拉克、土耳其、伊朗、美國與無國籍的庫德族所組成的實質軍事聯盟，已把ＩＳＩＳ逐出其「首都」拉卡（Raqqa）與伊拉克的摩蘇爾（Mosul）。截至二〇一九年初，ＩＳＩＳ已被逼退到敘利亞與伊拉克邊界的幾個小地方，為了與該組織對抗而成立的軍事聯盟則致力於摧毀他們。賓拉登與ＩＳＩＳ所描繪的未來願景非常過時老舊，想在一個看重國家利益的世界裡實現，可能性微乎其微，就算在阿拉伯語地區也一樣——這個地區的大多數人是生活在已確立的民族國家內，信奉著伊斯蘭教中的這個或那個教派。以巴勒斯坦人為例，他們對未來的期盼，與他們的民族主義情懷和建立一個主權國家的願景密不可分，而不是跨民族的伊斯蘭帝國。也沒有任何證據能證明「文明」是全球舞臺的要角（即使可以證明文明存在於現代世界中）。舉例來說，伊斯蘭教內部一直存在遜尼派與什葉派的分歧，更別提激進聖戰組織崛起後又挑戰到主流遜尼派與什葉派族群的利益，這些顯而易見的歧異都令單一伊斯蘭世界或「文明」的觀念變得站不住腳。事實上，我們最好將九一一事件理解為不是在攻擊西方文明，而是在攻擊現代世界基石的象徵：世貿中心象徵全球資本主義，五角大廈象徵民族國家（如果白宮是攻擊目標的話，就更有針對性了）。

事實上，所謂「西方」與伊斯蘭之間的衝突多半是歷史上的偶發事件。美國會在伊斯蘭世界出兵動武，並不是出於想要打某種反伊斯蘭的文明聖戰，而是因為地理上的偶然：全世界的石油供給大多位於波斯灣地區，也就是伊斯蘭教的發源地。無論統治中東的是誰、信奉什麼宗教，美國都會捲入當地事務。而波斯灣同時身為伊斯蘭教發源地與世界大部分石油供給的所在地，這是純屬巧合。

全球自由貿易

儘管伴隨冷戰結束而來的不是「歷史的終結」也不是「文明的衝突」，但一九九〇年代的確見證了市場與資本主義的全球性擴張。上述世界秩序曾遭遇的兩大挑戰，蘇聯的共產主義模式（及其中國變體），還是實行中央集權統治的納粹德國（或日本帝國主義模式），俱已被摧毀，美國成為唯一超級強權。在美國的支持下，全球經濟秩序遠比之前更有一致性、全球一體化程度更高。然而矛盾的是，沒有任何國家可以控制世界經濟，無論它的勢力或財力有多強大，包括美國在內。[56]

當然，美國在世界銀行、國際貨幣基金和世界貿易組織還是最有發言權的一個，而且「七大工業國組織」（G7）各成員國的領袖也在每年七月開會協調全球經濟政策。然而全球市場的發展已使得大多數政府無力控制本國的經濟命運，每個國家都無法自外於殘酷的競爭；競爭目前仍由富國主導，但並非沒有挑戰者。事實證明，為了保障充分就業與控制通貨膨脹（或通貨緊縮）而制定的政策，在國際競爭面前毫無招架之力，以致工資與福利持續面臨下行壓力。在高度一體化的全球經濟環境中，堅持高額社會福利、失業救濟或健康保險而導致企業獲利無法提高的國家，必須面對企業關閉工廠並搬遷到其他有利設廠地點的可能性。於是，除了大多數的農業原料價格下降之外，全世界的工業生產成本也在下降，原因與國際自由貿易擁護者所預言的「比較優勢」（comparative advantage）無關，而是生活水準降低；不只貧窮、正力求發展的地區如此，美國這類富裕國家也一樣。[57]

在這個由國家和經濟體組成的全球體系中，長期身為體系中樞的美國面臨著兩難處境。一方面，美國擁有地球上最強大的軍事力量；另一方面，美國雖然經濟強大，但它的生產量在世界生產總量中所占的比例卻逐漸降低，其他國家卻是逐漸提高，尤其是中國。美國無法控制世界經濟，但是一直覺得有必要使用自己的軍事力量來引導全球性力量，讓國際體系的運作保持像抹了石油一樣滑順（就是字面上的意思）。有些人認為美國這樣做像是在管理一個新的全球帝國，並且為了自身利益而自許是「世界警察」，[58]儘管歐巴馬政府（二〇〇八至二〇一六年）在動用美國軍事力量方面非常謹慎，卻也因為這樣的態度而遭遇猛烈抨擊。川普在二〇一六年當選美國總統後，就要求將美國軍隊從世界各地撤離，[59]但是到目前為止，美軍在全球各地駐紮情形似乎沒有太大改變。

能源、石油與戰爭

人類社會需要能源。人類自出現在地球上以來，大部分的時間裡都是依賴自己和動物的勞力執行工作，將來自動植物的熱量轉化成動能。十五世紀鄭和、達伽馬與哥倫布的大型海上冒險開啟了航海時代，靠的是捕捉風所產生的力量。工業革命藉著開採利用煤礦而大幅拓展了能量來源；二十世紀時，其他化石燃料，尤其是石油的利用，提高了能量輸出與汽車、飛機等耗能機械的移動能力。任何一種開發與利用能源的方式，都會帶來新的技術、社會與經濟關係，還有政治利益，它們把社會框定在其特有的體制之內。[60]

能夠調動能源用於工業、消費和軍隊的社會都很強大，而這些社會也會利用這份力量確保能源順利從世界其他地區流向自身。這種力量，和煤、石油、天然氣礦藏一樣，在世界上分布不均，更拉大了全球貧富差距：今日，人口約占全球二〇％的消費社會，使用的能源大約是全球產量的三分之二，這些能源幾乎全部來自化石燃料。

此外，中國與印度快速成長，高消費「中產階級」出現，增加了兩國的石油需求及消耗，一名分析師因此認為會出現一波「瘋狂的能源探勘」和「愈演愈烈的全球能源爭奪戰」，導致競爭和潛在的國際衝突。中國愈來愈常宣稱對已證實蘊藏石油的大片南海海域擁有主權，但是其鄰國越南、菲律賓、印尼也主張自己在南海海域擁有主權，造成了國際緊張局勢。不斷增加的全球石油需求和有限的石油供給，這樣的矛盾無可避免地會導致油價上漲。但在「壓裂」（水力壓裂）技術的幫助下，美國許多已開採油井又被開採出大量的石油，天然氣產量也激增，這或許能讓美國在石油與天然氣方面變得自給自足。

去疆界化[61]

反對全球化及其結果的陣營成員，原本大多是持進步左派立場，但過去二十年來逐漸變成以偏向民族主義和孤立主義立場的右派人士居多。[62]左派在開始反全球化時指出，全球化是設計來獎勵資本所有者的，使他們可以更自由地將資本轉移到世界各地以尋求最大獲利，不顧那樣做對資本流出國的人民以及新設廠地區的人民和環境會有什麼衝擊。世界貿易組織、國際貨幣基金、G7（世界主要工業國組成的「七國集團」〔Group of 7〕）等國際組織，持續施壓要求放寬那些防止金融資本藉由貸款流向開發中國家的法規，同時堅持開發中國家需要進行「結構重整」，降低它們的關稅、社會支出和農民補貼。[63]G7在二〇〇一年於義大利熱那亞會議後發出的聲明提到：「全球經濟的永續成長，需要各國重新投入〔全球〕自由貿易。開放全球市場並強化世界貿易組織這一多邊貿易的基石是……經濟上的當務之急。」[64]換言之，那些尚未完全整合進全球經濟的國家，將成為資本擴張與利潤增長的新機會之地，代價是犧牲工人與環境。

反當代全球化浪潮的第一場群眾示威運動發生於一九九九年世界貿易組織在西雅圖開會的時候，這次事件後來被稱為「西雅圖之戰」。大規模街頭示威擾亂會議，扮裝成海龜的抗議者也吸引各界關注資本主義無節制發展對環境造成的衝擊。每年世界貿易組織或G7開會時必然伴隨抗議活動的情況持續了好幾年——二〇〇一年G7會議時的示威活動尤其血腥，一名抗議者被鎮暴警察殺死——直到世界貿易組織與G7會議的主辦單位開始將會議辦在杜哈這類比較難動員群眾抗議、或者抗議影響較小的地方（二〇一五年的G7會議是在巴伐利亞一座偏僻且有防禦能力的城堡舉行）。不過更近期在德國漢堡舉行的二〇一七年G20會議倒是很平靜，有部分是因為時任德國總理的梅克爾安排民間社會代表與會，而且會議主題是全球暖化，那是當時許多國家想要優先處理的議題。

與此同時，二〇〇八年的經濟大衰退開始讓許多失業與破產的屋主（尤其是在美國）注意到CDO（擔保債權憑證）這種全球化金融商品的效應，以及全球菁英做決策時不受國家限制或影響的情況。很多人因此清楚意識到，這些全球菁英和他們的組織並不會考慮一般民眾的最大利益。歷史學家林．亨特如此總結她對全球化的一系列批判：

資本市場與隨之而來的金融投機，已經不再受國界、甚至工業生產力所限制。由於全球資本並非固定在任何地方，所以它造成的影響也在「去疆界化」；交易不再發生於特定的地方。這種去疆界化挑戰到民族國家的主權，畢竟這些國家是建立在控制領土的概念上。[65]

二十世紀最後十年開始並持續至今的第二波全球化，有一個明顯的矛盾之處：資本與商品可以更自由地在國際間流動——事實上，進一步的財富創造與資本累積都仰賴自由流動——人的遷移卻遇到愈來愈多邊境限制。由於從中美洲及墨西哥北上進入美國的移民數量龐大，於是有人開始指控美國南部邊界門戶大開或是管理鬆懈，以及移民奪走了美國公民的工作機會，反移民情緒因而逐漸累積，等著被某個政治領袖利用來掀起一場政治運動。不過，這些情緒張力在全世界很多地方都能感受到，不只是在美國。全球化引發的經濟不確定性與擔憂，既伴隨著愈來愈多對國族認同、種族及移民的關注，又因為左右兩派政治對立加劇而持續升溫。

類似的去疆界化情勢也影響到歐盟（歐洲聯盟），而且原因也雷同，儘管歐盟的意圖很明確，就是要降低成員國的主權；根據歐盟官方網站，該聯盟「旨在終結鄰國之間那些頻繁而血腥、最終導致第二次世界大戰的戰爭」。[66]歐盟是歐洲國家經歷數十年日趨密切的政治與經濟合作（例如一九五七年成立歐洲經濟共同體，又稱「共同市場」）之後，於一九九三年簽署條約而成立的。該聯盟創造了一個單一市場，「內部沒有國界，商品、人員、服務與資本都保證可以自由流動」，[67]取消成員國之間的所有關稅，建立共同貨幣（歐元，多數歐盟國家使用，但並非全部），並且允許成員國的公民自由往來其他成員國，以及在任何國家定居和工作。成員國身分的吸引力在於能夠進入一個龐大且持續成長的共同市場，而歐盟陸續審查並接受了新成員國，使成員國總數在二〇一三年來到二十八個，總人口超過五億，國內生產毛額接近十九兆美元，成為世界上第二大的經濟體，儘管成員國因此「去疆界化」，各國內部也有許多民眾對自己國家把主權讓渡給在他們眼中只是住在布魯塞爾的一群歐盟官僚感到憤慨。

成員國也把貨幣政策交給位於法蘭克福的歐洲央行決定，而且不允許出現未經批准的赤字，但是當全球經濟因為二〇〇八年的經濟大衰退開始下行時，一些國家就難以配合這項限制。為了得到貸款來維持政府的償債能力，希臘、西班牙與義大利都不得不刪減社會支出、平衡預算，結果為本國公民帶來許多經濟與政治問題。也就是說，歐盟早在二〇一一年敘利亞內戰爆發前就已處於巨大壓力之下；戰爭爆發後很快的，一波波尋求庇護的難民開始出現在邊境國家，尤其是希臘與義大利。德國領導人梅克爾允許近一百萬難民進入德國，波蘭與匈牙利則架起圍籬、拒絕難民進入，歐盟內部因此在移民政策與移民對本地經濟文化的衝擊等問題上，爆發激烈辯論。

此時在英國，民族主義者對歐盟在布魯塞爾所做的決策大發怨言，開始刺激到一些保守黨人士，他們力促英國舉辦公投，交由公民決定是要繼續留在歐盟，還是離開。認為英國應該脫離歐盟、亦即「脫歐」的人主張，掌控自己的國界和貿易政策（英國保留了自己的貨幣，也就是英鎊，所以貨幣已在掌控之中）能把國家主權拿回英國手中。一些英國人也認為，有太多移民從其他歐盟國家來到英國工作、搶走英國人的工作機會。脫歐派極力宣傳脫歐，並且對英國人做出許多含糊的承諾，告訴他們脫歐後會有種種好事發生。脫歐公投於二〇一六年六月通過，英國政府隨即開始商討脫歐條件，該程序在本書撰寫時尚未完成。

然而就跟美國的民族主義與反移民運動一樣，脫歐的起因也是全球化過程帶來的去疆界化遭遇強烈反彈，導致民眾只去看歸屬於一個領土型主權國家的好處。在匈牙利、波蘭與巴西，也是由類似的民族主義派領導人與政府上臺掌權。歐盟內部其他國家也舉行了選舉，德國、法國與荷蘭的傳統派領導人都擊敗了受到反移民情緒激勵的民族主義政黨；但那些民族主義政黨依然活躍，並且不斷指出全球主義不好的一面與維護國家主權的必要性。

那麼，全球化是否會如許多人擔憂的那樣，意味著領土型主權國家的終結？他們擔憂和反對的可能主要不是全球化這一過程，嚴格來說他們針對的是「全球主義」；這個概念可以理解為決策權從民族國家轉移到跨國且毋須負責的全球菁英手中，而他們在做經濟或政治決定時傾向做全球性的考量，而不是基於國族自身的利益。在這些反對者看來，「民族主義」和民族主義者是抵抗全球主義和全球主義者的手段。

德國總理梅克爾極度強烈不認同這種看法；她最近明確表示，處理和解決全球問題需要國際合作。在二〇一九年的跨年夜演說中，她說德國在擔任聯合國安理會成員國的兩年期間，會極力找出減輕全球暖化、管理移民和打擊恐怖主義的「全球解決方案」。「我們都因為自己的利益而想要解決這些問題，我們若是同時考量他人的利益，就可以做到最好。這是上個世紀兩次世界大戰帶給我們的歷史教訓。然而如今並非每個人都抱持這種信念，國際合作的不確定性也正面臨壓力。」[68]在她眼中，全球凝聚起來好過另一種結果——像一九三〇年代經濟大蕭條及其前後兩次世界大戰那樣的全球失穩（global destabilization）。

歷史會重演嗎？

過去不會改變，但是我們如何理解過去，以及如何看待過去對現在的意義，也許會促使我們重新評估或再次強調歷史敘述中的某些部分，以凸顯當代關心的議題，並希望藉由歷史觀點幫助釐清或引出值得進一步探討的問題。以下就是民族主義興起與二戰後全球經濟體系恐將瓦解所引出的問題：世界有可能回到本章先前所述「三十年危機」時的狀態與經歷嗎？

確實，民族主義與民族主義派的領袖在許多國家掌權，包括一些崛起中的強權如俄羅斯、中國和伊朗，還有美國、匈牙利、波蘭與巴西。有些民族主義派領袖掌權的手段是煽動反移民恐懼情緒，或是煽動對全球菁英的疑懼，因為認為那些菁英試圖破壞國家的民族認同。而二〇〇八年的「經濟大衰退」也證明，全球經濟危機的確有可能發生。

這些反制全球化的趨勢是否足以除去二戰後七十年來各國對自由秩序的共識，並且改變歷史進程？有些人認為答案是肯定的。歷史學家連納（Mitchell Learner）說，川普先生在美國的所作所為，「不單純只是一個見識貧乏的領袖做了幾件錯事，而是對現代世界體系核心的一拳重擊。」倫敦國際戰略研究所的柯莉．謝克（Kori Schake）則說：「幾十年後，我們也許會……把二〇一八年視為世界史上的一個轉捩點：自由秩序在此終結。」[69]

如果這是真的，這個全球化的現代世界會發生什麼事？會出現另一輪的失序、去全球化和國際戰爭，一如世界在一九三〇年代經濟大蕭條期間所經歷的那樣嗎？

如果美國日益傾向孤立主義，會不會有其他國家站出來取而代之、領導全球？這個結果一度看起來極有可能發生，特別是當中國領導人習近平在二〇一七年達沃斯（Davos）世界經濟論壇上表現出承接大任的企圖，此外他宣布中國將持續推動世界各國履行《巴黎協定》，也已展開了一項規模宏大的新基礎建設計畫，名為「一帶一路」，借款數十億美元給各國建設機場、水壩、道路、水力發電廠，以及從東南亞到南美洲的海港。[70] 中國還成立了自己的跨國開發銀行，德國、法國、英國、澳洲都有參與。不僅如此，中國更向國際貨幣基金提議，希望中國的人民幣可以和美元一起擔任世界儲備貨幣。曾任美國助理國務卿、負責歐洲事務的多賓斯（James Dobbins）總結道：「由美國領導、建立在規則上的國際秩序，其真正的替代方案並不是成功（川普式）的雙邊主義，而是由中國領導的秩序。」[71] 另一名分析師則說這是中國的「百年馬拉松」，是一項圖謀「取代美國、成為全球超級強權的祕密戰略」。[72]

有一個觀察或許更令人憂心。觀察者以長時段歷史視角追溯民族主義的興起，並且循此脈絡回顧二十世紀的「三十年危機」，也就是兩次世界大戰與經濟大蕭條。世界一開始是怎麼陷入那種處境的？他認為主要是幾種充滿惡意的民族主義同時興起（尤其是德國與日本），再加上全球經濟危機不僅帶來高額關稅與貿易障礙，使得國際貿易幾乎完全停滯，也導致國際貿易體系瓦解。其造成的偶然後果，在一九三〇年代和一九四〇年代的日本最是明顯可見：當時日本的領導人瞭解到，他們不能依賴全球貿易體系來確保自己取得製造產品所需的原料來源，以及確保商品進入海外市場，因此他們斷定，唯有日本以軍事力量掌控的地方，才是穩當的原料來源和市場。這樣的盤算驅使日本於一九三一年入侵滿洲，一九三七年入侵中國，一九四〇年入侵法屬印度支那及荷屬東印度群島，並且於一九四一年攻擊美國。日本宣稱自己控制的地區是「大東亞共榮圈」，由日本統治，不容英美兩國插足。德國也在朝著類似的方向發展，而施行「一國社會主義」的蘇聯更早已自成一個世界。

因此，二戰後美國政策規劃者的目標，是打造出一個無論民族主義仇恨或貿易戰都難以、甚至不可能引發大國軍事衝突和另一場世界大戰的世界。本章內容已清楚顯現，不管我們覺得是好是壞，美國人後來創造的世界確實就是他們構想的那樣，而這樣的世界秩序也是歐洲和美國許多人認為儘管還是有風險、但比較可取的一種。

我們現正生活在一個巨大的歷史局勢中。二戰後建立的秩序正在受到挑戰。前蘇聯集團和中國所實行的中央計畫經濟瓦解，為資本在全世界快速流動並追求最大利益打開了大門。工廠紛紛從工業化的全球北方出走，遷移到勞力較便宜、環境保護規範較少的地方，失業潮和吸毒人口大增等問題隨之而來，尤其是在農村地區。與此同時，全球化也造成全球南方許多地區陷入赤貧與暴力，導致數百萬人移居，為自己與家人追求保障和機會。全球化使資本的跨國流動既安全又有利可圖，與此同時卻有許多國家對人員的跨國遷移設下障礙，只有歐盟例外，它移去了影響成員國之間人員自由流動的阻礙。在這些結構性改變持續造成壓力的同時，世界人口也持續增長，到二〇五〇年可能會超過九十億。人類的集體經濟活動，尤其是自二戰結束以來的經濟活動，正威脅著攸關地球上人類永續未來的全球環境基礎。

第四部分：大轉向——進入人類世[73]

現代世界對化石燃料的依賴，加上一些其他原因，促使一位傑出的歷史學家認為，二十世紀是一個與過去決裂的時代，也是一場大規模、不受控制、前所未有的實驗的開始——這是一場豪賭，彷彿想證明二十世紀這種消耗化石燃料的地球組織方式不會傷害地球生物賴以生存的生態基礎。[74]二十世紀美國的消費主義、蘇聯的生產主義，還有第三世界的發展主義，這些現象都引發全球性迴響，並且在不同程度上形塑了所有社會；它們竭力促進工業化的經濟成長，共同創造了一個「人類圈」，其規模與力量大到能對抗、取代及改變生物圈的自然過程。到了二十世紀末，來自光合作用這一自然過程的產物已有四〇％被人類取用。[75]我們活在一個新的紀元——人類世。[76]

粗略地說，一八〇〇年工業革命展開時，全球經濟規模比三百年前，亦即一五〇〇年時大三倍。自此之後，經濟成長不斷加速，一九〇〇年的全球經濟規模又是一八〇〇年的三倍。二十世紀期間，世界經濟規模擴張成一九〇〇年的十四倍，大部分的成長出現在二戰結束之後，也就是現在被稱為人類世「大加速」（Great Acceleration）的時期。[77]

經濟成長是人類與環境之間關係的一個概略指標，因為幾乎任何算得上是「經濟」的事物，都來自對自然的轉化。採礦、生產與耕種的過程，都會把自然的某些部分轉變成人類可以使用或消耗的東西。經濟愈發展，對自然造成的改變也就愈多。二戰過後，消費主義、生產主義與發展主義結合起來，更加速了經濟的成長。對經濟成長的追求不僅大幅改變了全球權力關係，也改變了環境與全球生態過程。根據〈千禧年生態系評估報告〉（Millennium Ecosystem Assessment），「過去五十年來，人類對生態系的改變，速度之快、規模之廣，在歷史上是空前的，主要是為了滿足人類對糧食、淡水、木材、纖維及燃料的需求。這導致地球生態的多樣性嚴重受損，而且幾乎都無法逆轉。」[78]

氮基化學肥料在哈伯—博施法發明後，於一九一三年首度量產，現在從氮基化學肥料排入環境中的氮已經和所有全球自然過程產出的氮一樣多；二十世紀期間，人類行為超越了自然的氮循環。一九五〇年，人類用掉了四百萬噸的氮肥，而大部分是用於先進國家。一九七〇年用掉了三千萬噸，一九八五年增加到七千萬噸，到二〇〇〇年則高達八千萬噸，其中部分是分散到工業核心國以外的更多國家。值得注意的是，全部的氮肥有七成是被僅僅三個國家消耗掉：中國（二千五百萬噸）、美國（一千一百萬噸）和印度（一千萬噸）。這些肥料主要用於農業，但是有很大的量用於製造食用動物與乳用動物（肉牛、乳牛、豬和雞）的飼料，二戰過後也愈來愈常用於美國市郊住宅區的草坪。

人類在工廠製造出來的活性氮現在不僅多過自然生成的氮，也多過了脫氮細菌可以從生物圈中消除的量。這意味著逸散的氮會進入人類與其他動物生存所需的水和空氣中，如果攝取的量夠大就可能會致死；美國好幾座農場都發生過這種事，硝酸鹽進入水中所引發的「藍嬰症」（blue baby syndrome）也是一例。

如同需要氮一樣，地球上的生物也需要另一種化學元素：磷（phosphorous）。人類

DNA的雙股螺旋是由一種磷酸二酯橋（phosphodiester bridges）相互交織而成的，沒有它，生命就不可能存在。磷也和氮一樣，人類與其他生物可藉由食用蔬菜與肉類等糧食取得。然而與氮不同的是，大部分的磷生成蘊藏於各種岩層裡，需要仰賴岩石的風化與有機物質的分解這樣極度緩慢的全球自然循環過程，才能向土壤提供磷酸鹽。

農耕會耗盡土壤中的磷，而糧食從鄉下農業地區運到城市消費中心的過程中，可供攝取的天然生成的磷也會減少。在舊生態體系中，農民藉由回收再利用人類與動物的排泄物來解決這個問題。但是磷和氮不一樣，主要集中在尿液裡，而不是糞便裡。中國與日本是舊生態體系內，兩個透過保留人類尿液而成功將磷回收再利用的農業體。在歐洲，土壤中磷被耗盡的問題在十九世紀中期因為使用從祕魯外海島嶼開採的鳥糞石而暫時解決（詳情見第五章）。當那些來源在二十世紀初期枯竭，開採磷酸鹽礦就成為與氮結合以製造肥料的主要磷來源。然而有別於氮，磷無法憑空製造。磷的供給僅限於可以從礦床中開採出來的資源，而礦床在地表的分布並不平均，所以有人擔憂磷的產量不僅有限，還有可能已經達到高峰，會在二〇三〇年之前開始下降，儘管這種看法備受爭議。[79]

硝酸鹽與磷酸鹽汙染河溪、含水層與海洋，導致藻類大量出現在淡水中和海洋中的「死區」（dead zones），這種過程叫作「優養化」（eutrophication）。[80]硝酸鹽也會進入空氣，當硝酸鹽因為逆溫現象而滯留在地面附近、又被陽光烘烤成棕色煙霧狀的二氧化氮時，就成為洛杉磯和其他城市的霾害起因。為了處理這些環境問題，美國政府與各州政府制定了限制飲用水中硝酸鹽含量的標準和許多法律，想要藉此減少汙染土地、空氣與水的硝酸鹽。[81]

這麼做是否為時已晚？斯德哥爾摩韌性研究中心（Stockholm Resilience Center）證實，環境中氮與磷的負荷量是「地球九大限度」指標中，已經被人類超越的其中兩項，[82]但是人類還是可以採取行動來抑制並減少進入環境中的氮和磷，這些行動正在付諸實行。

磷的供給有限、滲入水生生態系又會造成環境衝擊，就連肥料產業團體都因為這種雙重擔憂而設法進行回收，並減少在化學肥料中使用磷，希望盡可能達成永續利用。這樣做是否會成功還有待觀察，但各地都在進行實驗，美國佛蒙特州有農場回收利用人類尿液，印度與瑞典有人打造尿液分流廁所，而巴基斯坦城市居民食用的蔬菜則有二五％是以處理過的城市廢水施肥。[83]

相較之下，撒哈拉以南非洲，也就是地球上最貧窮的地區，幾乎完全不使用氮肥或磷肥。[84]那裡和其他地方的農民愈來愈窮困，沒有財力可負擔人造肥料、灌溉或高收成種子，因此一直困在舊生態體系內，逐漸耗盡能夠維持他們生活的自然資源，也造成環境變得更加貧瘠。窮苦的農村人口燃燒森林、草原或任何物品來烹飪、取暖、照明——也就是生存——而這讓環境和他們本身都更貧乏了。改變全球環境的不只有工業，還有農村的貧困現象。

有些人提出，生技、電腦、網際網路等新科技或許能促進擺脫貧窮束縛所需要的經濟成長，同時減少對環境的衝擊；這些人還舉出智慧型手機的解放效應作為例子。相較於火車頭或船隻，製造電腦晶片或操控基因使用的原料極少。但是若沒有電，電腦界與生技界就不可能存在。事實上，二十世紀的世界能源使用情形與經濟和人口的大幅增長並行；一九九〇年的能源使用量是一九〇〇年的十六倍。一名分析師計算出來，人類在二十世紀使用的能源比從農業革命到工業革命的一萬年加起來還要多。早期的工業靠煤與蒸汽推動，然而二十世紀是石油的時代，加速了汽車與發電廠的普及。大量電力是透過燃煤產生的，而燃燒石油、天然氣與煤（都是無法再生的「化石燃料」）結合起來，造成了全球暖化。

全球暖化是溫室氣體釋放到大氣中造成的，特別是燃燒煤和天然氣產生的二氧化碳，還有因為人類活動而失控的工業程序所產生的二氧化硫。稻田灌溉後和畜群排放的甲烷也促成了全球暖化。[85]雖然火山噴發留在大氣中的火山灰與二氧化硫可能在十九世紀與二十世紀前半葉減輕了全球暖化，但是全球溫度自二十世紀至今有明顯上升，而且溫度上升「是隨著溫室氣體的大幅增加而出現的。二氧化碳濃度在一八九〇年代達到百萬分之二九五（295 ppm），二戰時是百萬分之三一〇（310 ppm）；自一九四五年以來，濃度已激增到百萬分之三八五（385 ppm），而且毫無放慢跡象」。[86]緒論中有提到，現在的二氧化碳濃度已超過百萬分之四〇〇（400 ppm）了。

為了處理全球暖化問題，聯合國在過去二十二年多次召開會議，請世界上的主權國家合作制定溫室氣體排放的限制，第一次是一九九七年的京都峰會。要讓獨立國家達成共識相當困難，首先是因為以中國和印度為首的開發中國家抱怨說，限制它們使用化石燃料來生產能源會阻礙其經濟發展；另一個原因是美國國會拒絕批准《京都議定書》。然而，情況在二〇一五年似乎有了突破；在此之前，美國總統歐巴馬與中國國家主席習近平簽署了一份雙邊協議，要在二〇三〇年做到限制並進一步減少兩國的溫室氣體排放。[87]美國與中國排入大氣的二氧化碳占了全球的四成，因此也要為全球暖化負起四成的責任；這兩國的領袖同意簽署《巴黎協定》，其他一七四個國家（加上歐盟）也就簽署了。在二〇一八年的卡托維治（Katowice，位於波蘭）氣候變遷大會（Climate Change Conference，常被簡稱為「COP24」）上，與會國同意了一系列施行《巴黎協定》的必要事項，[88]美國總統川普則退出該協議。

全球平均氣溫上升造成的影響，目前為止主要以極地或寒冷區域的冰川融化和永凍層解凍最為嚴重。然而有一個更大的威脅是，我們不知道全球氣溫還會上升多少、會不會在某個時刻突然出現意想不到的災難性後果。因此，氣候學家把全球氣溫升高的安全上限設為攝氏一．五度。海平面上升已在阿拉斯加、低窪的太平洋島嶼及孟加拉引發問題，也對各地的沿海地區造成威脅，甚至佛羅里達州的波卡拉頓（Boca Raton）。全球暖化並非對每個地方來說都是負面影響。世界上有一些地區的生長季可能會延長、農業產量可能會提升，前提是降雨模式沒有被擾亂。世界的天氣模式愈來愈變化無常，很可能是全球暖化引起的：暴雨、龍捲風、颱風和颶風愈來愈劇烈，許多地方的夏季氣溫變高，冬季氣溫卻又變得更冷、更低，其他類型的極端多變天氣事件也層出不窮。

人類活動追求經濟成長與發展，也影響了其他自然過程。除了擾亂氮循環與全球氣候之外，人類還為了煤、銅、黃金、鋁土及其他藏在地下的自然資源而挖開大片地表。現在耕地大約占地球陸塊的二〇％，幾乎每條河流都築起了水壩，而全世界的淡水流域有一半被人類掌控。酸雨使美國東部、中國西北部與日本的湖泊變得貧瘠。湖泊和海洋充斥氮肥，藻類大量生長，吸光水中的氧並形成死區。此外，不斷攀升的牛肉消費導致全球牛隻數量增加到二十億，牠們吃、喝、排便、排氣，也加劇了全球暖化。

森林，尤其是熱帶森林，包含了所有生態系當中最多的動植物物種。因此，森林減少也和物種的滅絕有關。事實上，二戰結束以來消失的森林太多，以致全世界也在人類世的「大加速」中失去了愈來愈多物種。現在有些生物學家把這一波人為的物種消失稱為一場「滅絕危機」，其滅絕的速度是自然速度的數百倍。令人擔憂的是，全部的物種裡可能有多達三〇％到五〇％會在二十一世紀中期之前邁向滅絕，[89]而野生動物的數量在一九七〇到二〇一四年之間減少了六〇％。[90]

除了養活大量的動植物物種之外，森林與森林土壤也是重要的碳匯之一，能將二氧化碳從大氣中分離，透過光合作用轉化成纖維素，這是木頭的一項組成要素。森林消失，自然過程從大氣中移除二氧化碳的其中一種方式也隨之消失，使我們在處理全球暖化時面臨到更嚴峻的棘手挑戰。此外，科學家已開始瞭解到，樹木和森林這些生物比我們先前所認為的還要複雜許多，與其他樹木及物種之間存在著可以透過根系互相追蹤的關係，還有能力藉由氣味與振動來向其他樹木發出訊號（交流）。[91]我們已開始將森林視為活的生物體，[92]失去森林就和金絲猴或老虎滅絕一樣令人類悲傷。

伐木和農地擴張破壞了非洲、亞洲及拉丁美洲的大片雨林，改變了當地氣候並導致成千上萬的物種滅絕。自二戰結束以來，鏈鋸成為一種極具破壞性的力量。沒有錯，自從一萬年前上次冰期結束、農業開始以來，人類就一直在焚燒和砍伐樹木。舉例來說，中國、英國等先進的舊生態體系經濟在一八〇〇年時就能有效清除其土地上的森林。砍伐的速度在十九世紀加快，北美洲、俄羅斯和波羅的海的森林一座座倒下，到了二十世紀初期才因為戰爭與經濟大蕭條而放緩。然而，二戰結束後的那五十年卻出現了人類史上對森林最猛烈的襲擊。人類史上所有的森林除伐（deforestation），有一半是發生在最近這半個世紀，導致歷史學家麥可．威廉斯（Michael Williams）稱這個時期為「大突擊」（The Great Onslaught）。[93]近年的森林除伐幾乎全部發生在非洲、亞洲及拉丁美洲的熱帶區域，也就是世界上大多數窮人居住的地方。由於成千上萬的動植物物種滅絕，自然生態系正在遭到徹底單一化，也因此而愈來愈缺乏多樣性與韌性。

那樣所導致的結果，以氣候學家拉迪曼的話來說，就是「人類現在成了地球上的主要環境力量」。[94]歷史學家布魯克也贊同：

> 第二次世界大戰結束以來的歷史軌跡，為人類生存狀態帶來一個煥然一新的起點……。自二戰結束以來，不過短短人生數十寒暑的時間……人類世竟已到來。這

一轉變的速度之快令人警醒，而它令人眩目的速度或許也在暗示人類歷史可能、也應該會在另一個短短人生數十寒暑內再次轉轍。[95]

人類以科技改造生物圈，對其他物種造成的影響非常大。被我們選中的物種會繁殖（例如肉牛），而野生物種的數量則大幅減少——現在的野生動物比一九七〇年少了五成[96]——而且有許多已遭滅絕厄運。今日，人類行為在物種滅絕過程中所起的作用，已遠遠超過自然過程，導致有分析家把當前的狀況稱為「第六次大滅絕」，意指現在由人為所造成的物種滅絕速度，和早前發生在地球上那五次由自然力量所造成的大滅絕相同。[97]生態多樣性的喪失不僅造成負面的環境影響，人為造成物種滅絕也可說是很不道德。

用工業世界的有害汙染物來毒害我們的世界，會是我們的命運嗎？「地球之島」會不會重蹈復活節島民的覆轍？他們耗盡了島上所有自然資源，目睹島上人口減少並墮入交戰不休的深淵，最後蜷縮在寒冷陰暗的洞穴中自相殘殺。[98]如果我們生活的世界取決於過去發生的事情與人類做過的選擇，那麼未來也取決於我們現在的選擇與行動。無可否認，世界面對的兩大問題令人頭痛：一方面是要為迅速增加的世界人口提供像樣的生活水準；另一方面是要停止二十世紀工業發展模式造成的環境退化，並加以逆轉。以現代世界的結構來看，它是否有能力處理這些全球問題？或許吧。[99]

根本問題出在現今對於全球經濟成長與環境之間關係的主流觀點。[100]人類生存不可或缺的經濟活動向來都仰賴自然過程，所以也是自然過程的一部分。過去一個世紀與先前所有人類歷史的主要差異是，早期人類對環境的衝擊太小，或者說太局部了，導致現代經濟理論學家（從十八世紀開始）建構出來的世界運作方式模型並未說明自然環境帶給人類的用處或幫助。在二十世紀，而且直到今日，全球自由貿易、發展主義、消費主義和（直到不久前的）生產主義擁護者都認為全球經濟體系與全球生態系是毫不相干的。[101]現在事實證明這個想法是天大的錯誤。生物圈與人類圈在二十世紀變得密不可分，人類活動逐漸將生物圈的變化推向不可知、也不可預測的方向。愛因斯坦有一句名言說「上帝不會和宇宙擲骰子賭博」，顯然這種說法並不適用於人類與地球之間的關係。

結論

總而言之，在人類與全球環境的關係方面，以及連帶相關的，在地球上的人類數量方面，二十世紀標誌著一個巨大的轉向，與先前的世紀分道揚鑣。這些都不是現代世界有意為之所造成的結果，而我們可能會想知道，現代世界體系的構成要素——領土型主權國家，並以犧牲環境保護來促進經濟持續「成長」的自由市場在全球連結——是否有能力處理那些它們帶來的諸多全球性問題。

二十世紀也標誌著另一個轉向，即全球財富與權力中心從西歐核心地區轉移到美國。有人因此主張二十世紀是美國的世紀。的確，美國在二十世紀初是最大且產能最高的經濟體，但是當時瞭解這一點的人非常少。直到挺過由兩次世界大戰和經濟大蕭條所造成的嚴峻「三十年危機」，美國才真正登上資本主義世界體系的領導者之位。但當美國在二戰後終於坐上那個位子，出面挑戰的是和美國一樣投入大量資源擊敗納粹德國的蘇聯。事實上，我們也可以宣稱二十世紀是蘇聯的世紀，理由就跟說二十世紀是美國的世紀一樣，因為要是沒有蘇聯，二十世紀的歷程就會是另外一副面貌。[102]

此外，把二十世紀說成是美國的世紀，就是掩蓋了過去四十年來東亞崛起的現象。二戰過後日本經濟的復甦；先是打造了一支強大軍隊、現在又打造了一個工業經濟體的中國共產革命；臺灣、南韓、新加坡與香港這「四小龍」的工業化（以及前三者的民主化），加上印度和南亞的變化，所有這些把全球經濟生產與人口的重心又移回了亞洲。全世界僅次於美國的兩大經濟體都在東亞，分別是中國與日本。

事實上，中國的政治、軍事與經濟實力崛起，對美國的利益和在亞洲的影響力都構成了威脅，而且中國無疑打算在東亞展現其歷史影響力，並且逐漸擴展到世界各地。[103]這可能會使日本、韓國與越南感到不安，並且促使這幾個國家尋求與美國建立友好關係，導致美中之間的緊張局勢升高。然而蘇聯與美國在冷戰期間沒有什麼貿易往來，相較之下中國每年銷售價值一千億美元的製造品到美國，是美國的重要貿易夥伴。美國對中國的銷售額少多了，但是有在中國投資，而來自中國的進口產品也有助於降低美國人的生活開銷。世界很有可能正在見證一個「亞洲世紀」的開始，不過這個亞洲世紀會呈現出中國還是印度特色，還不得而知。中國遵循「摸著石頭過河」的原則，由強大的國家從全球戰略著眼推動經濟快速成長，但它毫無興趣與意願徵詢國民對於發展的看法作為政策參考。事實上，中國對自己的發展模型非常有信心，還將這個模型輸出。誠如法蘭西斯·福山所說，「一場發展模式——亦即經濟成長促進戰略——的歷史性競賽已經展開，一邊是中國，另一邊是美國與其他西方國家。雖然這場競賽大部分被隱藏在公眾視野之外，其結果依然會決定歐亞大陸大部分地區未來數十年的命運。」[104]

至於身為民主國家的印度，也向全球開放了經濟，而且由於是民主政府，所以會傾聽農村人口的聲音。於是，現在有較多富人住在印度的六十五萬座村莊裡，減少人口移入到城市的壓力。目前為止，印度的經濟成長一直比中國慢，但是其民主制度或許可以使它的改革比中國更深入、獲得更多支持、影響更廣泛；中國的專制體制則會壓制農村窮人的聲音。

二十一世紀正在見證「亞洲崛起」，世界史很可能會恢復到一四〇〇至一八〇〇年時由亞洲主導的模式。但那還會是同一個亞洲，像原畫再現那樣從過去兩個世紀由歐洲與美國統治所留下的層層掩蓋中浮現出來？不會。因為正如伊斯蘭哈里發國不可能重建，世界上也不會再出現以高產量農業為基礎的亞洲帝國，也就是像建立於早期現代世界那樣的帝國（見第二章）。世界的變化如此之大，富強的祕密也已被主導工業經濟發展的強國揭開。不過，中國、印度和其他開發中國家能否追求美國那種依賴石油的汽車消費型文化就有待商榷了，因為那樣做的環境代價已愈來愈明顯。

從長遠來看，人類與地球環境的關係正在改變，而這種改變意義重大，以致從長遠來看，誰將「擁有」二十一世紀這個問題的重要性很可能會降低。因為促成「大轉向」的不僅是資本主義世界的工業化——還有共產主義模式裡的生產主義、印度與中國的發展主義，以及第三世界大部分地區的農村貧窮現象。無論有意與否，我們都在掏空地球。[105]

結語

改變、延續，以及未來的樣貌

本書扼要地考察了現代世界的歷史。它綜合近來的歷史研究成果，將其化為一道全球敘事。大多數的世界史要不是著力於描繪各個高成就文明的興衰起落而不去探究它們之間的連繫，就是用歐洲中心論把歷史碎片拼貼在一起，有別於上述做法，我發展出一條環繞著全球與環境的故事線來呈現現代世界的形成歷程，同時批判歐洲中心論的相關解釋。這樣做有時候看似矛盾，因為我在開頭時將現代世界定義為結合民族國家體系的工業資本主義，而且被一道「富人」與「窮人」之間的差距劃分開來，這凸顯了歐洲或西方的實力與成就。

要理解現代世界的形成，最重要的就是採用全球與生態觀點，這對於瞭解世界各地發生過的事情和遭遇至關重要。事實上，現代世界形成的故事裡，大部分內容是世界各地區之間的互動，還有人類與環境之間的互動，而不是任何單一地區的文化成就。其實那些成就要是不放在全球脈絡下，也難以理解。所以，整體——在這裡是指世界及其現代歷史——大於各個部分的總和。

無論歐洲人和美國人在現代世界的形成過程中具有多大的影響力，現代世界都不是他們自己獨力創造出來的；而西方絕對沒有因為文化（或種族）的優越而「崛起」在其他地區之上，就和中國近來的「崛起」不能歸功其特有的文化特色一樣。本書已經闡明，在過去一千年人類歷史的大部分時間裡，西方並沒有特別明顯或出類拔萃的優勢，而中國則在二十、二十一世紀之交東山再起，成為西方與美國霸權的一股強大挑戰力量。此外，二十世紀的歷史證明，亞洲人、非洲人與拉丁美洲人在革命、獨立運動和經濟發展中扮演著重要角色，進而塑造了自己的歷史。

二戰後的美國政治思想有一個強烈特徵，被一些喜歡在世界史中闡述「美國例外主義」的學者拿來強調，這個特徵就是認為美國得到了全球階級頂端的獨特地位。這個主導地位其實是在一九一四到一九四五年的三十年危機那種特殊情勢下成真的，尤其是自一九九〇年代冷戰結束至今。而那些擁護者認為，這個地位是西方從希臘城邦與其民主制度開始發展至今兩千多年的成果。在這種觀點中，美國不僅繼承了英國民主自由的衣缽，還實現了最高形式的民主自由。這樣的觀點不僅為無視世界史真實起伏的歐洲中心主義做出最新的體現，也形塑了一些美國領導人的思想，而這些領導人都曾意圖將那些價值觀強加於他人，若有必要還會使用武力。相反的，川普先生身為美國總統的作為似乎是準備把全球領導權交給中國，而中國似乎也很想要。歷史學家保羅·甘迺迪（Paul Kennedy）曾經表示，過去五個世紀的歷史顯示，大國不僅會崛起——也會衰落。[1] 最近艾利森（Graham Allison）則指出在那五百年間，十六個新興國家挑戰既有大國的例子中只有四次未引發戰爭。「當事者若要避免戰爭，挑戰者與被挑戰者都必須在態度和行為上做出巨大且困難的調整。」[2]再加上全球暖化，世界與世界上的人民顯然面臨到重大且急迫的挑戰。瞭解歷史有助於我們在前進的道路上走得平順。

故事總結

由本書敘述可知，一八〇〇年以前，世界上的所有居民幾乎都生活在舊生態體系的環境限制中。在舊生態體系的世界裡，農業帝國是成功的國家形式，提高了人民的生活水準，取得了高度文化成就，也發展出雄厚的政府實力。舊大陸最發達的經濟體和國家——尤其是中國、印度與西歐——在很大程度上可以互相比較；它們都有成熟健全的市場體系、確保農民能從農本經濟中獲取最大利益的制度安排，以及生產力旺盛的製造業，儘管那些產業的運作大抵得依賴每年從太陽獲取的能量。

後來世界上有一個地區——這裡是指在英國帶領下的西歐——藉由開採利用地球所貯藏的能源（煤，以及後來的石油）而得以擺脫舊生態體系的限制，但這純屬一連串的偶然，是一個全球局勢所造成的結果。第一個偶然是中國於十五世紀初決定撤走海軍，放棄在印度洋的主導地位；印度洋是當時的貿易樞紐，在這裡，亞洲用其豐富的產品與其他相形落後的地區進行貿易，換取來自這些地區的原料（包括白銀與黃金）；同時，中國也決定把白銀貨幣化，一股新的全球性白銀需求隨之出現，而新大陸的白銀不久後就滿足了這種需求。有四百年時間（一四〇〇到一八〇〇年），中國與印度憑藉其高產量的農業成就了它在工商業領域的傑出表現，從而使亞洲人得以控制世界經濟，吸引著世界其他地區渴望得到亞洲財富者的注意力和資源。因此，亞洲經濟體對白銀的需求，啟動了另外幾個改變世界的進程。

第二個產生重大影響的偶然是：新大陸及其豐富銀礦資源的意外「發現」、征服者身上所攜疾病隨後造成的原住民滅絕，以及使用非洲奴隸、服務歐洲利益的種植園經濟的建立。第三個偶然則是，十六世紀西班牙人企圖在歐洲建立帝國的行動失敗，催生了一個體系，在這個體系中歐洲國家互相競爭，幾乎時時刻刻處於戰爭狀態，從而推動歐洲的快速軍事革新。

十八世紀時，一個由許多力量形成的大好局勢使英國——歐亞大陸西端外海的一座小島——開始嶄露頭角。法國與英國之間的戰火在七年戰爭（一七五六至一七六三年）畫下句點，英國獲勝，為其支配歐洲、北美洲與印度鋪平了道路。幾乎在同一時間，印度的蒙兀兒勢力主要由於內部因素開始瓦解，英國探險家紛紛趁虛而入建立殖民據點。然而，對當時的英國來說，中國還是太過強大，有能力限制英國人涉足東亞世界，直到來自英國殖民地印度的鴉片和英國的蒸汽動力炮艦導致中國在鴉片戰爭（一八三九至一八四二年）中落敗。鴉片戰爭加上中國內部的難題，開啟了西方與日本對中國長達一個世紀的侵略。

回過頭看，如果英國沒有開始工業化，並且把工業化的成果運用在軍事上，情勢就不會轉而對中國不利。此外，英國的工業化取決於它在新大陸所擁有的一種特殊外圍區，那裡需要英國的製造品，尤其是給非洲奴隸穿著的棉織品。英國的運氣也很好，為了給倫敦人取暖而大肆砍伐島上森林後，另有位置便利的煤礦可開採使用，還有一個有意願也有能力的政府在保護本國新興的紡織業和具有重要戰略意義的煤礦產業。因此，一八〇〇年時，當亞洲與拉丁美洲還在舊生態體系所加諸的種種生態限制下苦苦掙扎，英國與後來的其他歐洲國家（由於擔心輸給英國後果不堪設想）已開始將地球所貯藏的能源（首先是煤，然後是石油）運用在工業與軍事上，從而擺脫了舊生態體系的束縛。

由此而產生的變化改變了經濟發展的動力，也改變了人類與世界環境的關係，導致商業週期出現景氣循環；新的不同社會階級之間以及人民與國家之間的分歧日益擴大；

歐洲國家為了得到日後成為專屬市場與原料保證來源的殖民地而競爭得愈來愈激烈；出現了非洲控制權與中國租界的爭奪戰。對那些在舊生態體系限制下運作的地區來說很不幸的是，五百年來最強大的聖嬰現象環境在十九世紀的最後二十五年形成，三次聖嬰現象（一八七六到一八七九年、一八八九到一八九一年、一八九六到一九〇二年）導致數千萬人死於乾旱所引起的饑荒，並且令亞洲、非洲與拉丁美洲大部分地區進一步陷入我們所謂「第三世界」的狀態（現在比較常被稱為「全球南方」）。

歷史學家王國斌在《轉變的中國》（*China Transformed*）一書裡提到，十九世紀有兩種截然不同的人類社會組織方式開始互相對抗。第一種組織方式是擁有高產能農業經濟的農業帝國，在近一千年的時間裡，它一直是最成功的，中國與印度就是明證。其他民族（例如美洲的阿茲特克人與印加人）也曾找到方法最大化在舊生態體系內所能獲得的利益，但他們的能量來源終究得仰賴年復一年的太陽照射，因此這些國家的勢力、人口規模和經濟生產力都受到限制。另外一種較新的組織方式是民族國家，其經濟是利用化石燃料產生的能量來大幅提高工業產量與軍事力量，最早是在十九世紀的西歐發展起來。這種新的政治經濟為歐洲人帶來強大實力，到一九〇〇年已控制世界上八五％的地區。歐洲人能稱霸，並不是因為他們的文化比其他人優越，儘管他們自詡為「文明的」古希臘繼承人，相形之下亞洲及非洲則是「野蠻人」。文化優越性的觀念是無稽之談，但是若再注入民族主義可就危險了，如同世界在二十世紀遭遇過、如今又再度面臨的情況。[3]我們不如這樣說，「西方崛起」（如果非用這個詞不可的話）其實跟大滅絕、蔗糖、非洲奴隸、偷來的白銀、煤、鴉片、戰爭的關係比較大。

有了上述那些優勢，歐洲人與美國人在二十世紀初統治或控制了亞洲、非洲及拉丁美洲的大部分地區——全球南方。他們對於改變那裡的農業體制並不太感興趣，他們感興趣的是利用它們取得無法製造、但是對現代工業而言必不可少的自然資源。因此，第三世界國家一直等到亞洲人、非洲人與拉丁美洲人建立並統治他們自己的國家，才得以脫離舊生態體系加諸的限制。他們透過反殖民獨立運動與社會革命——亦即重心不在歐洲，而是在亞洲、非洲與拉丁美洲的運動——實現那個目標的經過與原因，是二十世紀歷史不可或缺的一部分。兩次世界大戰與經濟大蕭條摧毀了歐洲與日本的帝國和權力，揭開了美國和蘇聯崛起的序幕，還有兩國之間的冷戰。同時，前殖民地的獨立加上中國的革命，使那些國家得以發展工業，促使人類的生產力與對地球的衝擊在二十世紀後半出現大幅增長。

經濟活動激增，擴大了地球上的人類足跡，在許多方面還超越了生物圈的自然過程。

到了二十一世紀初期，人類行為（不論有意無意）產生的活性氮已比自然過程產生的還要多；我們正持續增加大氣中二氧化碳和甲烷這些溫室氣體的含量，含量之高已是一百萬年以來從未見過的程度，也因此影響到全球氣候進程；我們利用水壩控制地球上超過一半的淡水水文；我們用機器移動的泥土，比風化、水蝕這些自然過程移動的還要多；而透過這些過程，人類正在引發地球上的第六次生物大滅絕。人類的活躍程度已使我們足以抗衡、超越甚或取代全球大自然的力量。雖然自從農業發展以來，人類用盡千方百計想要改造自然，但是舊生態體系為我們能夠對自然造成的衝擊設下了限制。然而，情況在十九世紀時因為工業化而開始迅速改變，並且在一九五〇年達到臨界點，直至今日。我們現在比以往都更徹底地生活在一個人類創造出來的（不過是無意間創造的）「人類圈」裡，而且就人類與地球自然環境的關係而言，我們已經進入一個新紀元——人類世。與過往的歷史模式相比，這是一個「大轉向」。

但這有什麼不好呢？在人類這個物種的漫長演化過程中，我們曾經設法取悅、安撫、改善或引導大自然的力量，在現代科學興起後也曾設法瞭解、利用和操控自然。有些二十世紀的領導人甚至呼籲人類要站起來主宰和訓練任性的大自然。[4]然而，人類已造成的衝擊往往是意外且無心之過，對於即將揭曉在我們與地球身上的後果，我們也尚未完全理解。但是認知到我們生活在一個主要由人類行為（無論是出於目光短淺還是無意之舉）所造就的新紀元，是我們思考如何幫未來做最佳規劃的一項先決條件，而我們必須思考未來。[5]世界上大多數的科學家、相當多的人，還有一些國家領導人都認為，處理全球氣候變遷問題不僅是首要之務，更是人類的當務之急。

此外，人類需要開始正視（及消除或削減）現代世界的幾個關鍵特徵。在蒂克爾（Crispin Tickell）看來，「首先我們需要面對人口激增在各個方面所造成的後果；重新審視經濟情況，不再把消費主義當作目標；想出新的能源生產的方式；管理及適應正在發生的氣候去穩定化（climate destabilization）；更加重視對自然界的保育；最後，在當前這個社會一體化程度空前的世界，應該創造必要的制度手段來處理全球問題。」[6]要達成上述目標，我們需要審視市場經濟、工業主義和民族國家這三塊現代世界基石所應承擔的責任，以尋求和我們所有人居住的脆弱自然界建立更好的關係。

全球化

今日，思想、資訊、細菌、人口、植物、動物和商品在全世界迅速流通，可能使人以為全球化是最近才有的現象。但是如果把全球化理解為市場、政治、價值觀，還有環境變遷在全世界連為一體的進程，那麼它就有一段很長的歷史，而且與這裡所說的現代世界形成的故事密不可分。早在葡萄牙人於一五二一年航行世界一周之前，亞洲人就已建立起像這樣富有活力的經濟體系：商品與思想在印度洋廣泛流通，將中國、日本及「香料群島」，與印度、中東、東非、甚至北歐連繫起來。在那之前，蒙古人於十三世紀建立起世界上前所未有的最大陸權帝國，其後果之一就是使瘟疫得以穿越歐亞大陸從中國傳播到歐洲，對所經各地人口帶來巨大的毀滅性災難。而所謂的「伊斯蘭之家」，是一個文化的、語言的共同體，其規模在十三世紀時西起西班牙和突尼斯，東至今日印尼的亞齊。

儘管這些亞洲人建立的世界極具規模且影響深遠，但是並未涵蓋全球。因此，如果全球化有出生日期的話，那並不是一四九二年，而是一五七一年，這一年西班牙在菲律賓群島的馬尼拉建立了殖民地。[7]即使在此之前已經有人航海環繞地球一周，人員、植物和病原體也已在全球各地隨著木造帆船開始了哥倫布大交換，但那時還沒有人員、商品、植物、動物、病原體及遺傳物質的定期全球交流。馬尼拉使之首次成為可能，新大陸的白銀不僅橫渡大西洋，而且在阿卡普科被裝上西班牙大帆船後向西前進再橫渡太平洋。自一五七一年起，全球白銀的流動找到了直達亞洲的道路，而亞洲商品也源源不絕地流向全世界，抵達歐洲和美洲；那些船上的乘客，還有帶著思想與風俗的人員，以及動物、植物、致命疾病，所有這些也一起飄洋過海在全世界傳播。儘管如此，真正掀起第一波全球化浪潮的，還是亞洲對白銀的貪婪需求。

第二波全球化浪潮始於十九世紀。首先是英國，然後是其他西歐國家，還有美國、日本，它們陸續都把工業化的成果運用在軍事力量上，並且把這股新力量用於殖民亞洲與非洲。帝國主義者所建立的殖民地、半殖民地和屬地，為其工業產品提供穩固的市場，同時穩定供應橡膠、黃金、石油、鋁土等工業原料。第二次全球化期間，在全世界流動的商品與思想更多了，其中包括民族主義，這種思想刺激了亞洲人與阿拉伯人開始夢想能脫離歐洲殖民統治獨立。

十九世紀這第二波的全球化通常被稱為「新帝國主義」，它並未導致全球化立即邁入新階段，而是導致全球化崩潰了。第一次世界大戰與後來的經濟大蕭條把世界劃分成幾個或多或少自給自足的「封閉經濟」區。這些大國想要以自己的方式解決經濟蕭條危機，彼此間的衝突卻日益嚴重，釀成了第二次世界大戰。美國與蘇聯從那場戰爭中崛起，成為世界「超級強國」，雙方都有自己想要打造的未來願景，而這也導致第三波全球化出現在一個兩極化的世界。然而，這兩個國家都參與了二戰結束後為了防止國際衝突升高成全球戰爭而成立的機構——聯合國。去殖民化創造了近一百個新的民族國家，所以到了一九七〇年代，地球上幾乎每個人都生活在宣稱統治他們、甚至得到他們積極效忠的國家內。

第四波，同時也是最近的一波全球化始於一九九一年蘇聯解體，此後主要是在美國的支持下發展。由於蘇聯與東歐的社會主義瓦解，中國也揚棄社會主義模式，美國追求的目標——全球自由貿易、每個州的州營企業（例如土地和工廠）皆民營化、更開放（「透明」）的政治體系——將前社會主義世界和全球南方更緊密地整合進了全球資本主義世界的節奏與需求中。在最近這一次，全球化意味著資本主義在美國領導下，擴張到全世界的每個角落與縫隙。許多觀察家認為貌似強大的美國已處於衰落中，而中國和（或）印度最有希望收穫到當前這一波全球化的成果。

如果還有第五波全球化，可能會和第一波一樣從亞洲開始。中國可能即將成為全世界最大的經濟體，現在的規模僅次美國，超越日本與德國。印度也在迅速發展，而東亞「四小龍」（南韓、臺灣、香港、新加坡）的成功三十年來一直被津津樂道。中國、日本和東南亞加在一起，已經構成了一個明確的經濟單位，它對原料（包含石油）有巨大的需求，工業生產能力極強，這樣一個經濟單位，再結合印度，可能將世界的經濟重心再度拉回亞洲，回復它在一四〇〇到一八〇〇年那段時期的地位。現在中國已打造出它的第一艘航空母艦，有能力將軍事力量延伸到遠洋，也在吉布地設立該國位於紅海的第一座海軍基地，同時正在將南海軍事化；這些舉動都被視為證據，證明中國意圖取代美國、登上全球體系的階級頂端。8

進入未來

一九五〇年代，一名中國共產黨領導人被問到對一七八九年法國大革命的看法。周恩來總理答道：「下結論為時尚早。」他的意思是法國大革命所啟動的歷程都還在進行中，因此它的歷史尚未完結。既然如此，周恩來認為現在下定論還太早。

我們所生活的現代世界，是一個擁有本書所介紹的從起源到發展已超過六百年歷史的世界，但同樣也是一個發展尚未完結的世界。從這方面來說，我們都是局內人，有局內人的優勢，但也有一項劣勢，就是無法像兩、三百年後的人那樣看清楚我們自己和我們的時代。儘管如此，長時段的歷史視角仍能幫助我們對過去和現在得出一些有意義的結論，對未來進行有憑有據的預測，也能指引我們所有人做出個人與政治的選擇，決定我們要給現在的自己和未來的世代什麼樣的世界。

農業帝國與舊生物體系的限制已經消失，大概永遠不會再有了。世界固然還是靠農業來養活所有人，但是由於可以大量使用工廠利用燃燒化石燃料發電製造出來的化學肥料，農業收成一直在大幅增加。因此，地球人口持續攀升。在一八二〇年代初達到十億後，世界人口在接下來的一百年增加一倍，成為二十億，到了一九七〇年代又增加一倍，來到四十億。現在全球人口已超過七十億，而且預計會在二〇五〇年之前超過九十億，可望在二一〇〇年之前達到一百億。

從現在到二一〇〇年增加的三十億人口，其中大部分很有可能加入世界的貧困人口行列，因為中等收入社會與富裕社會的人口規模呈現持平或減少。窮人、被剝奪權利者及受壓迫者與現代世界的運作方式幾乎毫無關係，成為現存世界秩序反對者的潛在大軍。所以全球化與現代世界是有敵人的。從南美洲沿岸的圖皮人為了不想在葡萄牙人的甘蔗種植園遭到奴役而逃進巴西雨林開始，人民就一直在抵抗入侵他們世界的新勢力。賓拉登與基地組織，以及近期的ＩＳＩＳ（伊拉克與敘利亞伊斯蘭國）等聖戰主義勢力，在全世界得到大批窮困的穆斯林支持，還被視為「自由鬥士」，這件事不應令我們訝異。有些人顯然把第四波全球化浪潮的代表國家美國視為仇敵，我們同樣不應訝異。

弔詭的是，雖然美國將基地組織與ＩＳＩＳ定調為「恐怖分子」，也就是對一個國家發動攻擊的非國家行為者，美國的「反恐戰爭」卻是在一六四八年《西發里亞和約》確立的主權國家體系下進行的。美國在二〇〇一年攻擊阿富汗並不是因為塔利班領導人是恐怖分子（美國先前曾經支持塔利班，將其視為推翻親蘇政權的最大希望），而是因為塔利班拒絕控制基地組織在其境內的行為，也拒絕把組織成員移送美國起訴。為了合理化二〇〇三年入侵伊拉克的行為，美國不得不宣稱海珊擁有並且意圖使用大規模毀滅性武器（後來證實是假的）。同樣的，美國在二〇一一年五月二日派遣海豹六隊去巴基斯坦，在黑夜掩護下未經巴基斯坦同意就殺死賓拉登，此舉的法律依據也非常薄弱。

因此，即使有聯合國這樣的國際協調組織，以及因為全球化過程帶來的去疆界化趨勢而備感壓力，民族國家與國家體系仍是處理全球事務的主要框架，在可見的未來也依然會是如此，儘管非國家行為者與他們的軍隊——稱為「戰士」而非「士兵」或「軍人」，以和國家軍隊區隔——才是實際且持續威脅全世界國家及其領土統治的人。

然而，現代世界最重要的影響，無疑是人類與自然環境之間的關係變化。正如我們在本書中所看到的，舊生態體系對人類社會與人口規模加諸了限制。工業革命與化石燃料的使用移除那些限制，開啟了一個經濟與人口以前所未有的速度成長的時代。但是這個新生態體系，也就是我們現在生活的世界，是否也有生態限制？多數情況下，我們表現得像沒有一樣；化石燃料的用量隨著中國和印度的人口增長及高速工業化而持續攀高，很可能正帶來很可怕、但是目前尚不得而知的環境後果。

全球暖化無疑只是我們正在迫近極限的諸多跡象之一，舊生態體系中也出現過這類跡象。十九世紀的中國人面臨耕地與工業原料的短缺，為了生產糧食而不得不在小塊土地上投入愈來愈多勞力。同樣的，我們現在也努力從有限的石油、天然氣儲量與磷酸鹽礦藏中持續榨取，儘管我們有充足理由相信，現在是時候把那些大氣中的二氧化碳來源繼續埋在它們所在的地方了。能源的限制已開始導致過去一個世紀造就的大眾消費／汽車／化石燃料經濟放慢擴張或發展，誰也無法保證可以再來一次媲美工業革命的革新，解除掉這些限制。然而正如過去發生的事並非必然、注定或經過事先計畫，未來也不是由我們的現況所預先決定的。但我們必須瞭解自己的過去和發展到現在的過程，我們所展望的未來才能夠不僅延續過去、更對人類與自然環境之間的關係充滿尊重。邱吉爾曾說：「回顧歷史愈久遠，展望未來就愈深遠。」[9]我希望，藉由反省我們所生活的這個世界得以形成的歷史偶然性，能夠幫助我們做出選擇並付諸行動，以確保全人類有一個永續的未來。

注釋

緒論 西方崛起？

1 IPCC (Intergovernmental Panel on Climate Change), *Special Report: Global Warming of 1.5*C, edited by Valerie Masson-Delmotte et al. (Switzerland, 2018), https:// report.ipcc.ch/sr15/pdf/sr15_spm_final.pdf.

2 World Meteorological Association, "State of the Global Climate in 2018," http:// ane4bf-datap1.s3-eu-west-1.amazonaws.com/wmocms/s3fs-public/ckeditor/files/Draft_Statement_26_11_2018_v12_approved_jk.pdf?

3 James Hansen et al., "Target Atmospheric CO2: Where Should Humanity Aim?" *Open Atmosphere Scientific Journal 2* (2008): 217–31. 對這些議題和其他氣候與人類文明相關議題更廣泛的討論，見William F. Ruddiman, *Plows, Plagues, and Petroleum: How Humans Took Control of Climate, Princeton Science Library* (Princeton, NJ: Princeton University Press, 2010).

4 *Fourth Annual Climate Report (2018)*, vol. 2, *Impacts, Risks, and Adaptation in the United States* (Washington, DC: U.S. Global Change Research Program, 2018); https:// nca2018.globalchange.gov. 為這篇長達一六五六頁的報告所寫的概要，見Brad Plumer and Henry Fountain, "What's New in the Latest U.S. Climate Assessment," *New York Times*, November 23, 2018, https://www.nytimes.com/2018/11/23/climate/highlights-climate-assessment.html.

5 Binyamin Appelbaum, "2018 Nobel in Economics Is Awarded to William Nordhaus and Paul Romer," *New York Times*, October 8, 2018, https://www.nytimes.com/2018/10/08/business/economic-science-nobel-prize.html.

6 這篇聯合國「政府間氣候變化專門委員會」(ICPP)報告的相關討論與諾德豪斯的訪談，見Michael Barbaro, "A New Climate Tipping Point," *The Daily*, *New York Times* podcast, October 19, 2018.

7 "A Global School Walkout to Highlight Climate Change," *New York Times*, March 16, 2019, A9. 亦可見Sarah Kaplan, "How a 7th-Grader's Strike against Climate Change Exploded into a Movement," *Washington Post*, February 16, 2019.

8 Jo Guldi and David Armitage, *The History Manifesto* (Cambridge, UK: Cambridge University Press, 2014).

9 Will Steffen, Jacques Grinevald, Paul Crutzen, and John McNeill, "The Anthropocene: Conceptual and Historical Perspectives," *Philosophical Transactions of the Royal Society A* 369 (2011): 842–67.

10 Karl Marx and Friedrich Engels, *The Communist Manifesto* (New York: Washington Square Press, 1964), 64–65.

11 Philip D. Curtin明智地將「現代化」定義為實現高經濟生產力與高消費水準的動力，而不考慮文化差異。*The World and the West: The European Challenge and the Overseas Response in the Age of Empire* (Cambridge: Cambridge University Press, 2000), 110. 然而，一九五〇年代與一九六〇年代的二戰後「現代化」理論家發展出一份何謂「現代化」的清單，內容幾乎就是以美國為範本。

12 該詞出自E. L. Jones, *The European Miracle* (Cambridge: Cambridge University Press, 1981).

13 尤其是英國經濟歷史學家Patrick O'Brien，見他撰寫的"European Economic Development: The Contribution of the Periphery," *Economic History Review*, 2nd ser., 35 (1982): 1–18.

14 這類論述的例子，見David S. Landes, *The Wealth and Poverty of Nations: Why Some Are So Rich and Some So Poor* (New York: W. W. Norton, 1998) and *The Unbound Prometheus: Technological Change and Industrial Development in Western Europe from 1750 to the Present* (Cambridge: Cambridge University Press, 1969); Lynn White Jr., *Medieval Religion and Technology: Collected Essays* (Berkeley: University of California Press, 1978); Alfred Crosby, *The Measure of Reality: Quantification and Western Society, 1250–1600* (Cambridge: Cambridge University Press, 1997); Geoffrey Parker, *The Military Revolution: Military Innovation and the Rise of the West 1500–1800*, 2nd ed. (Cambridge: Cambridge University Press, 1999).

15 概述見J. Donald Hughes, *What Is Environmental History?* (Malden, MA: Polity Press, 2006); J. R. McNeill, "The State of the Field of Environmental History," *Annual Review of Environment and Resources* 35 (2010): 345–74; and J. R. McNeill and Alan Roe, "Editors' Introduction," *Global Environmental History: An Introductory Reader* (London: Routledge, 2013), xiii–xxvi.

16 對這個概念更深刻的探討，以及歷史理解與我們在當今世上如何行動的迫切相關性，請參考Jo Guldi and David Armitage, *The History Manifesto* (Cambridge, UK: Cambridge University Press, 2014).

17 前美國總統小布希曾說，國際自由貿易是「一種道德律令」，能夠「在世界上建立自由，促進我們半球的發展，維繫美國的永久繁榮」。引自*New York Times*, May 8, 2001, national edition, A7. 他在傳達的就是學者稱之為「新自由主義」的概念，內含一套世界應當如何運行的規則，包括解除對國內與國際貿易的管制，盡量減少政府對公共財或社會服務的管理或資助。這個概念並非沒有批評者，例如：David Harvey, *A Brief History of Neoliberalism* (Oxford: Oxford University Press, 2007), and Naomi Klein, *This Changes Everything: Capitalism vs. the Climate* (New York: Simon & Schuster, 2014), 64–95.

18 歷史學家Paul Kennedy說過，大國的「崛起」也都伴隨著「衰落」。*The Rise and Fall of the Great Powers: Economic Change and Military Conflict from 1500 to 2000* (New York: Vintage Books, 1989).

19 關於這一主題，最近有三本書問世，對於它們的評論見 David D. Buck, "Was It Pluck or Luck That Made the West Grow Rich?" *Journal of World History 10*, no. 2 (Fall 1999): 413–30.

20 J. M. Blaut, *The Colonizer's Model of the World: Geographic Diffusionism and Eurocentric History* (New York: Guilford Press, 1993), 1.

21 Samir Amin, *Eurocentrism* (New York: Monthly Review Press, 1989), vii.

22 Andre Gunder Frank, *ReOrient: Global Economy in the Asian Age* (Berkeley: University of California Press, 1998), 32.

23 Blaut, *Colonizer's Model of the World*, 8–9.

24 科學典範（paradigm）的概念，以及探討哪些條件可能導致科學典範轉移，最早是由孔恩（Thomas Kuhn）在他的經典著作中提出：*The Structure of Scientific Revolutions*, 2nd ed. (Chicago: University of Chicago Press, 1970). 他舉出的最主要例證是哥白尼革命，也就是從原先以地球為太陽系中心的認知（這也是當時天主教會支持的看法），轉移到以太陽為中心的認知。雖然孔恩只討論了科學領域的「典範」與典範轉移，但這一概念已延伸成為社會科學的研究方法。通俗文化也吸收了這些想法，例如《駭客任務》和《楚門的世界》兩部電影。

25 有些人可能表示反對，認為即使採用這一研究取徑，也同樣會陷入歐洲中心主義的泥淖，因為你所使用的分析概念、你認定需要解讀的對象，甚至是歷史作為一種研究方法，都存在著未經驗證的假設，以致所有這些可能都隱含著歐洲中心主義。舉例來說，有些人質疑國家與工業資本主義是否真的重要到需要進行解釋，認為我們的世界也許還有其他面向更值得探索，例如自我、身體、性別、空間、因果關係和故事等概念，並且提議用「解構」、「話語群體」等新的「後現代」方法論，以賦予他們「權力」的「特權語言」來探索這些面向。這個課題極為複雜，如果有讀者想找一本深入淺出的介紹來看，可以從這本書看起：Joyce Appleby, Lynn Hunt, and Margaret Jacob, *Telling the Truth about History* (New York: W. W. Norton, 1994).

26 並非所有故事都是「真實」的，有些是作者虛構的，我們稱之為小說（例如《三隻小熊》或《哈利波特》系列）。歷史和小說都是故事，兩者的差別在於歷史事實是真正發生過的事情。歷史學家發展出了複雜的研究工具與研究方法來撰寫歷史敘事（亦即「真實」的故事）。然而一如後面關於「主導敘事」的討論所示，歷史真相的概念相當複雜，無法直接簡化成真與假，而是必須將我們決定何為真、何為假的標準納入考量。

27 Appleby, Hunt, and Jacob, *Telling the Truth about History*, 232.

28 關於決定論與歷史偶然性的精簡探討，見E. H. Carr, *What Is History?* (New York: Vintage Books, 1961), chap. 4.

29 對彭慕然《大分流》的核心主張提出質疑的例子，見Robert C. Allen, *The British Industrial Revolution in Global Perspective* (Cambridge, UK: Cambridge University Press, 2009).

30 George Huppert, *After the Black Death: A Social History of Modern Europe*, 2nd ed. (Bloomington: Indiana University Press, 1998), 13.

31 James Z. Lee and Wang Feng, *One Quarter of Humanity: Malthusian Myths and Chinese Realities* (Cambridge, MA: Harvard University Press, 1999).

32 見以下著作：Blaut, *Colonizer's Model of the World; Jack Goody, The East in the West* (Cambridge: Cambridge University Press, 1996); Frank, ReOrient; R. Bin Wong, *China Transformed: Historical Change and the Limits of European Experience* (Ithaca, NY: Cornell University Press, 1997); Kenneth Pomeranz, *The Great Divergence: China, Europe, and the Making of the Modern World Economy* (Princeton, NJ: Princeton University Press, 2000).

33 見Giovanni Arrighi, Takeshi Hamashita, and Mark Selden, eds., *The Resurgence of East Asia: 500, 150, and 50 Year Perspectives* (New York: Routledge, 2003).

34 布勞岱（卒於一九八五年）是開創性的歷史學家，他以全球視角闡釋在歐洲奇蹟裡至少占有一席之地的資本主義。他的著作*Civilization and Capitalism, 15th–18th Century* (New York: Harper and Row, 1979– 84)分為三冊，是一部知識傑作。他在書中表示，雖然世上有許多地區發展出成熟的市場經濟，卻只有極少數勉強算是發展出真正的資本主義，而資本主義也只有在歐洲成功。布勞岱提出一個有趣論點，說資本家對自由市場與開放競爭毫無興趣，反倒千方百計想要獲得歐洲君主給予的獨占權：由於有這些特殊條件，資本主義在歐洲的溫室迅速發展成長。我們將於後面章節更詳細地討論布勞岱的想法。

35 見Pomeranz, *Great Divergence*, chap. 1. 世界是不是一個單一的、完整的體系？如果是的話又是在什麼時候統合成單一體系的？這個問題很有意思，在後面章節將有更多討論。現在只需要說，基本選項至少有三個。跟馬克思與亞當．斯密一樣，華勒斯坦(*The Modern World-System,* 3 vols. [New York: Academic Press, 1974–89])與J. M. Blaut (*Colonizer's Model of the World*) 也認為單一世界體系建立的時間是在一四九二至一五〇〇年；Janet Abu-Lughod (*Before European Hegemony: The World System A.D. 1250–1350* [New York: Oxford University Press, 1989])提出有力證據，表示一二五〇至一三五〇年左右有一個世界體系，該體系在現代世界體系形成之前瓦解了；而Andre Gunder Frank與Barry Gillis則主張，單一世界體系有五千年的歷史("The Five Thousand Year World System: An Introduction," *Humboldt Journal of Social Relations* 17, no. 1 [1992]: 1–79).

36 我必須指出，馬克思主義者與資本主義擁護者都相信這個模式，所以我並不是在提議用馬克思主義的敘事來替代歌功頌德的西方崛起敘事，何況這類工作已經做過好幾次了。例如這部分成四冊的著作：Eric J. Hobsbawm, *The Age of Revolution, The Age of Capital, The Age of Empire, and The Age of Extremes* (New York: Vintage, 1994–96) 以及華勒斯坦受到馬克思主義影響的作品*Modern World-System.*

第一章　一四〇〇年前後的物質世界與貿易世界

1 概論見Robert B. Marks, "'Exhausting the Earth': Environment and History in the Early Modern World," in *The Cambridge World History*, vol. 6, *The Construction of a Global World, 1400–1800 CE*, Part 1: *Foundations*, ed. Jerry H. Bentley, Sanjay Subrahmanyam, and Merry E. Wiesner-Hanks (Cambridge: Cambridge University Press, 2015), 29–53.

2 這個說法出自Fernand Braudel, *Civilization and Capitalism, 15th–18th Century*, vol. 1, *The Structures of Everyday Life*, trans. Sian Reynolds (New York: Harper and Row, 1981), chap. 1.

3 當時沒有人口普查，所以這些人口數字都是歷史人口統計學家重新估算出來的。在本書涵蓋的歷史時期裡，凡是牽涉到人口規模、人口分布、人口成長動力等問題，都引起許多討論及爭議。前注提到的布勞岱著作，在討論前現代世界的人口規模時是一個很好的切入點。另可參見Colin McEvedy and Richard Jones, *Atlas of World Population History* (New York: Penguin Books, 1978). 關於一四〇〇到一八〇〇年這段時期的全球人口估計值和趨勢，最新資料可見Jerry H. Bentley, Sanjay Subrahmanyam, and Merry E. Wiesner-Hanks, eds., *The Cambridge World History*, vol. 6, *The Construction of a Global World, 1400–1800 CE* (Cambridge: Cambridge University Press, 2015).

4 現在已有非常多的地球氣候史著作，探討氣候變遷與人類歷史之間關係的著作也愈來愈多。綜合兩者的研究可見John L. Brooke, *Climate Change and the Course of Global History: A Rough Journey* (New York: Cambridge University Press, 2014). 針對氣候變遷與人類社會之間的複雜互動所做的詳盡檢視，見Geoffrey Parker, *Global Crisis: War, Climate Change and Catastrophe in the Seventeenth Century* (New Haven, CT: Yale University Press, 2013).

5 直到不久前，針對氣候變遷對農業收成的影響所做的研究都還局限於邊緣地區，例如斯堪地那維亞。我自己對中國南方的研究結果顯示，氣候變遷其實就連在副熱帶地區都能影響到收成。然而，強調氣候狀況對人口增長的影響不是在暗示某種地理決定論；地理決定論主張人類社會是由該社會所處的氣候與地理條件所決定。我的想法恰好相反，人的適應力極強，可以創造出社會制度來彌補氣候和地理的變化無常。例如十八世紀的中國就有官倉負責在有需要時分發穀物，也有市場將穀物從餘量產區運到缺糧地區；官倉與市場使中國的人口增減不再是對氣候變化的單純回應，不過這是到十八世紀後期才開始發生。見Robert B. Marks, *Tigers, Rice, Silk, and Silt: Environment and Economy in Late Imperial South China* (Cambridge: Cambridge University Press, 1998), chaps. 6–8.

6 Braudel, *Civilization and Capitalism*, vol. 1, 56–57. 布勞岱並未將阿茲特克與印加列為文明，因為這些人沒有鐵器、車輪、犁或大型役用動物。我將其列入則是因為儘管沒有這些工具，阿茲特克人和印加人確實建立了具有城市與社會階級的帝國，而且阿茲特克人還有文字；我認為這些都是文明的象徵。關於為何舊世界有馴化的役用動物而新世界沒有，可參考Jared Diamond, *Guns, Germs, and Steel* (New York: W. W. Norton, 1998).

7 J. R. McNeill, "Global Environmental History: The First 150,000 Years," in *A Companion to Global Environmental History*, ed. J. R. McNeill and Erin Stewart Mauldin (Oxford: Wiley-Blackwell, 2012), 3–17. See also Steven Mithen, *After the Ice: A Global Human History, 20,000–5,000 BC* (Cambridge, MA: Harvard University Press, 2006); David Christian, *Maps of Time: An Introduction to Big History* (Berkeley: University of California Press, 2004), chap. 4; and *Diamond, Guns, Germs, and Steel*, esp. chaps. 4–10.

8 精采的探討可見Clive Ponting, *A New Green History of the World: The Environment and the Collapse of Great Civilizations* (New York: Penguin Books, 2007), chap. 4. Ponting偏好「轉變」(transition）一詞。

9 估算一四〇〇年時的城市規模，並不會比估算其總人口來得精確。不過Tertius Chandler整理出了全球最大城市名單，見*Four Thousand Years of Urban Growth: An Historical Census*, 2nd ed. (Lewiston, ME: Edwin Mellen Press, 1987). 雖然可能有人會對他的數據有異議，但這裡我們更感興趣的是那些城市的相對排名與地理分布情形。

10 John Bellamy Foster, "Marx's Theory of Metabolic Rift: Classical Foundations for Environmental Sociology," *American Journal of Sociology* 105, no. 2 (September 1999): 366–405. Foster把這種斷裂明確歸因於現代資本主義的發展，但來自前資本主義時代和非資本主義地區的證據，完全推翻了這一觀點。見Robert B. Marks, *China: An Environmental History* (Lanham, MD: Rowman & Littlefield, 2015), 177–83. 但我認為只要不全然歸咎於現代資本主義發展，代謝斷層的概念還是很有幫助。

11 關於歐亞大陸乾草原上的流浪游牧民，見Thomas J. Barfield, *The Nomadic Alternative* (Upper Saddle River, NJ: Prentice-Hall, 1993). 繼G. W. Hewes之後，布勞岱列出二十七個可分辨的狩獵採集族群、十七個游牧民族，另外還有十八個「原始農業民族」(*Civilization and Capitalism*, vol. 1, 56–60).

12 農耕用地的位置不會變，所以使人產生農耕者安頓下來，而狩獵採集者是流浪族群的印象。然而Hugh Brody認為實際情況是反過來的：「考察生活方式是如何歷經多代人而逐漸形成的，就會發現農耕者需要特定的土地，而且孩子人數多，所以不得不一直搬遷、重新安頓、開墾新土地。狩獵採集者則是在單一區域間謀生存，所以反倒會完全定居下來。久而久之，發展出『游牧生活』的反而是農耕，而不是狩獵。……在農業文化……的歷史中，定居、大家族與遷徙這三者的組合，導致變動不定的殖民邊界的出現。農業族群不可能以農耕家庭和宗族的形式固定於一個地方。」Hugh Brody, *The Other Side of Eden: Hunters, Farmers, and the Shaping of the World* (New York: North Point Press, 2000), 86.

13 關於在中國人移居邊疆的背景下所產生的「熟蠻」與「生蠻」，精采討論可見John Shepherd, *Statecraft and Political Economy on the Taiwan Frontier, 1600–1800* (Stanford, CA: Stanford University Press, 1993).

14 引述出自Braudel, *Civilization and Capitalism*, vol. 1, 66–67.

15 見Marks, *Tigers, Rice, Silk, and Silt*, chap. 10.

16 Gregory H. Maddox, *Sub-Saharan Africa: An Environmental History* (Santa Barbara, CA: ABC-CLIO, 2006).

17 概述見Christian, *Maps of Time*, 199–202.

18 對前哥倫布時期美洲人口規模與分布的證據所做的討論，見Charles Mann, *1491: New Revelations about the Americas before Columbus* (New York: Vintage Books, 2005), 35–154.

19 William Cronon, *Changes in the Land: Indians, Colonists, and the Ecology of New England* (New York: Hill and Wang, 1983).

20 納粹在一戰後用這一德文術語Lebensraum（生存空間），表達出他們不惜犧牲鄰國也要擴張的欲望，因為他們覺得德國人口已成長到超出德國領土能支持的程度。用這一術語來形容人類不惜犧牲自然世界也要擴張地盤的普遍心態似乎頗為貼切。

21 學界對中國從一四〇〇到一八五〇年的人口規模和人口增長速度有許多爭論。何炳棣先在一九五三年的*Studies on the Population of China* (Chicago: University of Chicago Press)中設下基線，然後是Dwight Perkins, *Agricultural Development in China* (Chicago: Aldine, 1968). Where G. William Skinner認為一八五〇年的四億三千萬到四億五千萬這個得到普遍接受的數字必須減少到三億八千萬左右("Sichuan's Population in the Nineteenth Century: Lessons from Disaggregated Data," *Late Imperial China* 8, no. 1 [1987]: 1–80)，F. W. Mote則認為中國在一六〇〇年到一六五〇年及之後的人口要遠遠高出原先所推測的數量。見他的著作*Imperial China 900–1800* (Cambridge, MA: Harvard University Press, 1999), 743–47, 903–7.

22 歐洲與其他地方的農耕家庭是否決定縮小家庭規模，以及怎麼執行，是一個很重要的問題，在第四章談工業革命時會加以討論。

23 見Kenneth Pomeranz, *The Great Divergence: China, Europe, and the Making of the Modern World Economy* (Princeton, NJ: Princeton University Press, 2000), 36–40.

24 在歐洲大部分地區，教會也向農民「徵稅」，向他們收取產品的十分之一。修道院也有可能是大地主。

25 這種情況與文明的起源同時發生，並且持續很久，直到二十世紀。簡短易讀的歷史概述請見Ponting, *New Green History of the World*, esp. chap. 6.

26 這種主張的完整發展過程，見Amartya Sen, *Poverty and Famines: An Essay on Entitlement and Deprivation* (Oxford: Clarendon Press, 1981). 也可見David Arnold, *Famine: Social Crisis and Historical Change* (New York: Basil Blackwell, 1988).

27 關於農民在創造農業世界時所發揮的力量，見James C. Scott, *Domination and the Arts of Resistance: Hidden Transcripts* (New Haven, CT: Yale University Press, 1990). 另一個同樣引人注意的例子是關於北美洲的黑人奴隸，Eugene Genovese, *Roll, Jordan, Roll: The World the Slaves Made* (New York: Pantheon Books, 1974).

28 Vaclav Smil, *Energy in World History* (Boulder, CO: Westview Press, 1994), esp. the section "Limits of Traditional Farming," 73–91.

29 Vaclav Smil, *Energy Transitions: History, Requirements, Prospects* (Santa Barbara, CA: ABC-CLIO, 2010), 48–50.

30 J. R. McNeill, *Something New under the Sun: An Environmental History of the Twentieth Century* (New York: W. W. Norton, 2000), 12–13.

31 Hugh S. Gorman, *The Story of N: A Social History of the Nitrogen Cycle and the Challenge of Sustainability* (New Brunswick, NJ: Rutgers University Press, 2013).

32 Michael Williams, *Deforesting the Earth: From Prehistory to Global Crisis* (Chicago: University of Chicago Press, 2003).

33 Marks, "*Exhausting the Earth.*"

34 微寄生物和巨寄生物的觀念闡述見William McNeill, *Plagues and Peoples* (New York: Anchor Books, 1976).

35 目前這個體系並不包括美洲、南非，以及大部分的大洋洲。

36 這個說法是基於Janet Abu-Lughod, *Before European Hegemony: The World System A.D. 1250–1350* (New York: Oxford University Press, 1989). 美國歷史學會出版了一本概覽這段歷史的小冊子：*The World System in the Thirteenth Century: Dead-End or Precursor?* (Washington, DC: American Historical Association, 1994).

37 Immanuel Wallerstein, *The Modern World-System*, 3 vols. (New York: Academic Press, 1974–89).

38 Abu-Lughod與華勒斯坦認為一五〇〇年之後的體系是一個由歐洲人建立的全新體系，與之前的體系無關。

39 然而，網際網路應該要使我們更加意識到，在毫無中央控制的情況下確實可以發展出龐大而複雜的組織。舉例來說，架設網站除了註冊網址之外，完全不需要取得任何人的允許。

40 華勒斯坦把資本主義「世界體系」寫成world-system，帶有連字號，見*The Modern World-System*, vol. 1, *Capitalist Agriculture and the Origins of the European World-Economy in the Sixteenth Century* (New York: Academic Press, 1974), 15. 他所說的world-system特指他口中那個最先在歐洲興起，然後自一四九二年起由歐洲人傳播到全球各地的世界體系。其他人使用沒有連字號的world system所指稱的是某種與之類似，卻又不同的體系，例如我先前提到的「多中心」世界體系（亦即不是由歐洲人建立、傳播，也不見得是由歐洲人控制的體系）。

41 這份研究文獻的概要，以及和建構全球化敘事的關聯，見Lynn Hunt, *Writing History in the Global Era* (New York: W. W. Norton, 2014), 61–72.

42 Kenneth Pomeranz and Steven Topik, *The World That Trade Created: Society, Culture, and the World Economy, 1400 to the Present*, 3rd ed. (New York: Routledge, 2015).

43 Monica H. Green, "Editor's Introduction to 'Pandemic Disease in the *Medieval World*: Rethinking the Black Death,' " *Medieval Globe 1* (2014): 9. Green在這篇序言中概略講述了我們對黑死病已知與未知的地方，包含近年微生物學研究分析過的領域，以及尚待未來研究分析的領域。

44 有效證據的分析與結合見Robert Hymes, "Epilogue: A Hypothesis on the East Asian Beginnings of the *Yersinia pestis* Polytomy," *Medie val Globe* 1 (2014): 285–308. Hymes這篇文章是以中國微生物學家崔玉軍和歷史學家曹樹基創新卻鮮為人知的研究為根據。

45 Paul D. Buell, "Qubilai and the Rats," *Sudhoffs Archiv: Zeitscrift für Wissenschaftesgeschichte* 96, no. 2 (2012)主張腺鼠疫不可能由蒙古人從中國傳播到歐洲，這種看法反駁了McNeill, *Plagues and Peoples*, chap. 4的重大分析結果。我認為蒙古人與腺鼠疫從中國傳播到歐洲還是有關聯，甚至就是他們傳播的。後來的研究發現，今日所稱的雲南在當時是腺鼠疫的傳染窩，而且從八世紀起就是自成一體的「南方絲路」貿易世界的中心；這條南方絲路把雲南和印度洋連結起來，並且經由西藏與中亞連結起來。見Bin Yang, "Horses, Silver, and Cowries: Yunnan in Global Perspective," *Journal of World History* 15, no. 3 (2004): 281–98. Robert Hymes也提出極有力的理由來主張腺鼠疫起源於青藏高原，由戰勝的蒙古軍隊傳播到中國，然後再從中國傳播到歐洲(Hymes, "Hypothesis"). Monica Green也承認，要說腺鼠疫是從中國傳到歐洲的，尚有許多問題需要釐清，但是她說「微生物學分析指出腺鼠疫確實有移動……日常進行長途貿易或畜養動物促使鼠疫桿菌從青藏高原傳播到遙遠地方的證據尚待發掘，然而鼠疫桿菌確實傳開來了，而且原因無疑是特定的人類活動，儘管可能是無心之舉。」(Green, "Editor's Introduction," 12, 15).

46 Stuart Borsch, "Plague Depopulation and Irrigation Decay in Medieval Egypt," *Medieval Globe* 1 (2014): 125–56.

47 Michael Dols, *The Black Death in the Middle East* (Princeton, NJ: Princeton University Press, 1977). 最近期的學術研究見二〇一四年底出版的*The Medieval Globe*創刊特別號，主標題為Pandemic Disease in the Medieval World: Rethinking the Black Death.

48 以下兩本著作都用了這個詞：Braudel, *Civilization and Capitalism*, vol. 1, 70–72, and Ponting, *New Green History of the World*, chap. 12.

49 例外請見Ponting, *New Green History of the World*, chaps. 1, 5, and 17.

50 E. A. Wrigley, *Continuity, Change, and Chance* (Cambridge: Cambridge University Press, 1990).

第二章　從中國談起

1 Gerardus Mercator, "The Ancient World," from the *Atlas sive Cosmographicae Meditationes de Fabrica Mundi et Fabricati Figura* (Duisburg, 1595), https://www.artres.com/CS.aspx?VP3=ViewBox_VPage&VBID=2UN365BJKJRVQ&IT=ZoomImageTem plate01_VForm&IID=2UNTWA531ZOS&PN.

2 Philippe Beaujard, "The Indian Ocean in Eurasian and African World-Systems before the Sixteenth Century," *Journal of World History* 16, no. 4 (December 2005): 411–65.

3 本節的依據為Louise Levathes, *When China Ruled the Seas: The Treasure Fleet of the Dragon Throne, 1405–1433* (New York: Simon and Schuster, 1994), and Frederick W. Mote and Denis Twitchett, eds., *The Cambridge History of China*, vol. 7, *The Ming Dynasty, 1368–1644, Part 1* (Cambridge: Cambridge University Press, 1988), and vol. 8, *The Ming Dynasty, 1368–1644, Part 2* (Cambridge: Cambridge University Press, 1998). 亦請見Robert Finlay, "The Treasure Ships of Zheng He: Chinese Maritime Imperialism in the Age of Discovery," *Terrae Incognitae* 23 (1991): 1–12. 引起當代學界關注鄭和下西洋的原因在於二〇〇五年是他首度下西洋的六百週年；二〇〇八年北京奧運開幕典禮的盛大表演節目中有一段的主題是鄭和下西洋；以及近來中國以鄭和下西洋的歷史紀錄為證，堅稱南海是中國的領土。關於影像、歷史重現表演或學術討論，YouTube影片很值得參考，尤其是"The Great Voyages of Zheng He," Penn Museum, October 10, 2013這場四十八分鐘的講座由Adam Smith博士主講(http://www.youtube.com/watch?v=le7r93whykg); 以及"Zheng He: The Great Voyager, 1405–1433 AD," June 9, 2012這支五分鐘的概覽影片(http://www.youtube.com/watch?v=UPxUZOUUMLI).

4 孔子是公元前六世紀的一個小吏和教師。他的思想強調家庭的重要性和理想政府的作用，在後來的哲學家闡釋下發展成儒家哲學，是兩千年來中國政權的意識形態基石。

5 Richard von Glahn, *Fountain of Fortune: Money and Monetary Policy in China, 1000–1700* (Berkeley: University of California Press, 1996). 關於貨幣經濟對明代中國社會的影響，見Timothy Brook, *The Confusions of Pleasure: Commerce and Culture in Ming China* (Berkeley: University of California Press, 1998).

6 馬歡把這次與後來出使的經歷寫了下來，由J. V. G. Mills英譯為*The Overall Survey of the Ocean's Shores* (Cambridge: Cambridge University Press, 1970).

7 Levathes, *When China Ruled the Seas*是最理想易讀的參考資料。

8 以我們這個時代來說，類似的情況可能是美國決定發射載人太空梭到月球，後來又因為花費太高，難以負擔而決定終止計畫。

9 這一分期和本節大部分的資料是取自K. N. Chaudhuri, *Trade and Civilization in the Indian Ocean: An Economic History from the Rise of Islam to 1750* (Cambridge: Cambridge University Press, 1985).

10 關於麻六甲與和它同類型城市的討論，見M. N. Pearson, "Merchants and States," in *The Political Economy of Merchant Empires: State Power and World Trade 1350–1750*, ed. James D. Tracy (Cambridge: Cambridge University Press, 1991).

11 關於歐洲人在印度洋進行貿易活動的情況，詳細描述見R. J. Barendse, *The Arabian Seas, 1640–1700* (Leiden: Leiden University Press, 1998)和這本書的北美版*The Arabian Seas, 1640–1700: The Western Indian Ocean of the Seventeenth Century* (New York: M. E. Sharpe, 2001). Barendse的視角——評估歐洲貿易公司的作用——與Chaudhuri的視角差異甚大，所以他對歐洲人造成的衝擊所做的描述也很不同。關於他的主張，在下面這篇文章可以看到概述："Trade and State in the Arabian Seas: A Survey from the Fifteenth to the Eighteenth Century," *Journal of World History* 11, no. 2 (Fall 2000): 173–226.

12 Mote and Twitchett, *Cambridge History of China*, vol. 8, 378.

13 關於印度的棉紡織業與棉織品貿易，詳細描述與分析見Prasannan Parthasarathi, *Why Europe Grew Rich and Asia Did Not: Global Economic Divergence, 1600–1800* (New York: Cambridge University Press, 2011), esp. chaps. 2 and 4.

14 見Ross E. Dunn, *The Adventures of Ibn Battuta: A Muslim Trader of the 14th Century* (Berkeley: University of California Press, 1986).

15 見Herbert S. Klein, *The Atlantic Slave Trade* (Cambridge: Cambridge University Press, 1999), esp. chaps. 1, 3, and 5.

16 R. A. Austen, *Africa in Economic History* (London: James Currey/Heinemann, 1987), 36.

17 John Thornton, *Africa and Africans in the Making of the Atlantic World, 1400– 1800*, 2nd ed. (Cambridge: Cambridge University Press, 1998), 105.

18 Thornton, *Africa and Africans in the Making of the Atlantic World*, chap. 4.

19 R. A. Austen, "The Trans-Saharan Slave Trade: A Tentative Census," in *The Uncommon Market: Essays in the Economic History of the Atlantic Slave Trade*, eds. H. A. Gemery and J. S. Hogendorn (New York: Academic Press, 1979).

20 Gregory H. Maddox, *Sub-Saharan Africa: An Environmental History* (Santa Barbara, CA: ABC-CLIO, 2006).

21 Martin W. Lewis and Karen Wigen, *The Myth of Continents: A Critique of Metageography* (Berkeley: University of California Press, 1997). 該書對這些明顯的地理決定論進行了批判。

22 本節的依據是Joseph Needham, "The Epic of Gunpowder and Firearms, Developing from Alchemy," in *Science in Traditional China: A Comparative Perspective* (Cambridge, MA: Harvard University Press, 1981), chap. 2.

23 Geoffrey Parker, *The Military Revolution: Military Innovation and the Rise of the West, 1500–1800*, 2nd ed. (Cambridge: Cambridge University Press, 1996), chaps. 1–2.

24 相關討論見Parker, *Military Revolution*, chap. 1.

25 細節見Janet Abu-Lughod, *Before European Hegemony: The World System A.D. 1250–1350* (New York: Oxford University Press, 1989), chap. 4.

26 狄亞士為這個地方取名「暴風角」，但葡萄牙君主認為這樣的名字會嚇到水手，所以將那裡改名為「好望角」。無論叫什麼名字，好望角其實都不是非洲最南端——阿古哈斯角（Cape Agulhas）才是。

27 引述自Chaudhuri, *Trade and Civilization*, 65.

28 Chaudhuri, *Trade and Civilization*, 63.

29 雖然香料持續經由紅海路線流入歐洲，但連結亞洲與歐洲的海上直接航線建立後，卻導致威尼斯這個歐洲經濟強權衰落。

30 三項要素的說法出自Chaudhuri, *Trade and Civilization*, 17.

31 Andre Gunder Frank, *ReOrient: Global Economy in the Asian Age* (Berkeley: University of California Press, 1998).

第三章　帝國、國家，以及新大陸，一五〇〇至一七七五年

1 Dennis O. Flynn與Arturo Giraldez主張第一次全球化真正開始的時候是一五七一年，因為世界上所有區域間的接觸是在那之後才成為常態。"Born with a Silver Spoon: The Origin of World Trade in 1571," *Journal of World History* 6, no. 2 (Fall 1995): 201–21.

2 見Geoffrey Parker, *Global Crisis: War, Climate Change and Catastrophe in the Seventeenth Century* (New Haven, CT: Yale University Press, 2013), xxiii, and John L. Brooke, *Climate Change and the Course of Global History: A Rough Guide* (New York: Cambridge University Press, 2014), 438–66.

3 針對這兩種迥然不同的政治經濟所做的學術比較，見R. Bin Wong, *China Transformed: Historical Change and the Limits of European Experience* (Ithaca, NY: Cornell University Press, 1997), part 2.

4 關於較冷天氣與征服戰爭在中國造成的「致命綜效」，參見Parker, *Global Crisis*, chap. 5.

5 見Takeshi Hamashita, "The Intra-Regional System in East Asia in Modern Times," in *Network Power: Japan and Asia*, ed. Peter J. Katzenstein and Takashi Shiraishi (Ithaca, NY: Cornell University Press, 1997), chap. 3.

6 Parker, *Global Crisis*; see also Geoffrey Parker and Lesley M. Smith, eds., *The General Crisis of the Seventeenth Century*, 2nd ed. (London: Routledge, 1997).

7 例外請見C. A. Bayly, *Imperial Meridian: The British Empire and the World, 1780–1830* (London: Longman, 1993).

8 關於一四九二年之前的美洲人口規模與分布，以及這些民族「開化」美洲的方式，相關討論見Charles C. Mann, *1491: New Revelations of the Americas before Columbus* (New York: Alfred A. Knopf, 2005), chaps. 3–4, 8.

9 人類有可能早在三萬五千年前就移居到美洲了，但是學者之間的共識是公元前一萬五千年左右。見Richard E. W. Adams and Murdo J. MacLeod, eds., *The Cambridge History of the Native Peoples of the Americas*, vol. 2, part 1 (New York: Cambridge University Press, 2000), 28. See also Mann, *1491*, 105–9, 150–51.

10 十九世紀的歷史學家開始稱墨西加人為阿茲特克人，這個名稱來自他們可能的發源地阿茲特蘭（Aztlan）。

11 戰俘在墨西加的宗教習俗中扮演很重要的角色。墨西加人相信——至少祭司是這樣對他們說的——神祇是透過人民的個人犧牲讓宇宙開始運作的，所以為了讓世界繼續運轉，尤其是為了確保太陽每天早晨都會升起，他們必須以人獻祭，向神致敬。因此，他們每天都會在城裡的中央祭壇舉行放血儀式。此外，墨西加人特別偏愛戰神維齊洛波奇特利（Huitzilopochtli），而祂需要額外的祭品。戰神的神廟於一四八七年建成後，據傳有八萬人被獻祭給祂。

12 更多見解請見Jared Diamond, *Guns, Germs, and Steel* (New York: W. W. Norton, 1998), chap. 3.

13 見Alfred W. Crosby, *The Columbian Exchange: The Biological and Cultural Consequences of 1492* (Westport, CT: Praeger, 2003). Crosby的論文已經過檢驗、證實，並得到詳盡闡釋；在Google檢索「哥倫布大交換」的英文Columbian Exchange可得到約一百五十萬筆搜尋結果。

14 Bruce G. Trigger and Wilcomb E. Washburn, eds., *The Cambridge History of the Native Peoples of the Americas*, vol. 1, *North America* (Cambridge: Cambridge University Press, 1996), part 1, 361–69.

15 Leslie Bethell, ed., *The Cambridge History of Latin America*, vol. 2 (Cambridge: Cambridge University Press, 1984), chap. 1.

16 關於一四九二年之前美洲人口的相關精采討論與學術重建，參見Charles C. Mann, *1491: New Revelations of the Americas Before Columbus*, 2nd ed. (New York: Vintage Books, 2011), 35–151.

17 Walter F. Ruddiman, *Plows, Plagues, and Petroleum: How Humans Took Control of Climate* (Princeton, NJ: Princeton University Press, 2010), chap. 12. 也可參見Charles C. Mann, *1493: Uncovering the New World Columbus Created* (New York: Alfred A. Knopf, 2011), 31–34.

18 簡短概述見Thomas A. Brady Jr., "The Rise of Merchant Empires, 1400–1700: A European Counterpoint," in *The Political Economy of Merchant Empires: State Power and World Trade 1350–1750*, ed. James D. Tracy (Cambridge: Cambridge University Press, 1991), 117–60.

19 Dennis O. Flynn and Arturo Giraldez, "Spanish Profitability in the Pacific: The Philippines in the Sixteenth and Seventeenth Centuries," in *Pacific Centuries: Pacific and Pacific Rim History since the Sixteenth History*, ed. Dennis O. Flynn, Lionel Frost, and A. J. H. Latham (London: Routledge, 1999), 23.

20 Andre Gunder Frank, *ReOrient: Global Economy in the Asian Age* (Berkeley: University of California Press, 1998), 131.

21 這幾個段落所引述的資料見Frank, *ReOrient*, chap. 4.

22 William Atwell, "Ming China and the Emerging World Economy, c. 1470–1650," in *The Cambridge History of China*, vol. 8, *The Ming Dynasty, 1368–1644, Part 2*, ed. Denis Twitchett and Frederick W. Mote (Cambridge: Cambridge University Press, 1998), 400– 402.

23 引自Fernand Braudel, *Civilization and Capitalism, 15th–18th Century*, vol. 2, *The Wheels of Commerce* (New York: Harper and Row, 1981), 178.

24 蔗糖與奴隸的故事可參見Sidney W. Mintz, *Sweetness and Power: The Place of Sugar in Modern History* (New York: Viking Press, 1985)，以及Bethell, *Cambridge History of Latin America*, vols. 1–2.

25 見Alfred Crosby, *Ecological Imperialism: The Biological Expansion of Europe, 900– 1900* (Cambridge: Cambridge University Press, 1986), chap. 4.

26 Richard Grove, *Green Imperialism: Colonial Expansion, Tropical Island Edens and the Origins of Environmentalism, 1600–1800* (Cambridge: Cambridge University Press, 1995), chap. 6.

27 J. R. McNeill, *Mosquito Empires: Ecology and War in the Great Caribbean, 1620– 1914* (New York: Cambridge University Press, 2010).

28 John Thornton, *Africa and Africans in the Making of the Atlantic World, 1400– 1800*, 2nd ed. (Cambridge: Cambridge University Press, 1992), 14.

29 見Herbert S. Klein, *The Atlantic Slave Trade* (Cambridge: Cambridge University Press, 1999); Thornton, *Africa and Africans in the Making of the Atlantic World*.

30 英國國家海事博物館有一場展覽的介紹文字說道：「奴隸交易是全球貿易體系的一部分。英國產品與印度商品被運到西非，換取奴隸。奴隸被帶到美洲去生產糖、菸草和其他熱帶農產品。而後這些產品被銷售到英國去加工，做成消費品，並且有可能重新輸出到國外。」

31 Jan de Vries, "The Limits of Globalization in the Early Modern World," *The Economic History Review* 63 (New Series), no. 3 (2010): 710–33, https://www.jstor.org/stable/40929823.

32 本節所談到的遷徙現象有相關地圖可參考，見Russell King et al., *The Atlas of Human Migration: Global Patterns of People on the Move* (Oxon, UK: Earthscan, an imprint of Taylor & Francis, 2010), esp. pp. 18–27.

33 Patrick Manning with Tiffany Trimmer, *Migration in World History*, 2nd ed. (New York: Routledge, 2013), 12.

34 前哥倫布時期的北美洲有一個引人注意的例子，見Larry Benson, Kenneth Petersen, and John Stein, "Anasazi (Pre-Columbian Native-American) Migrations during the Middle-12th and Late-13th Centuries—Were They Drought Induced?," *Climate Change* 83, nos. 1/2 (2007): 187–213.

35 這個說法出自Eliot Dickinson, *Globalization and Migration: A World in Motion* (Lanham, MD: Rowman & Littlefield, 2017).

36 John C. Chasteen, *Born in Blood and Fire: A Concise Chronicle of Latin America*, 4th ed. (New York: W. W. Norton, 2016), 68–75. 感謝Daniela Vega讓我注意到這些資料。Chasteen也舉出許多動人的例子，說明原住民、奴隸，以及西班牙女性在征服與殖民時期的親身經歷。

37 這類混合社會的引人入勝故事，參見John E. Wills, Jr., *1688: A Global History* (New York: W. W. Norton, 2001).

38 Eugene D. Genovese, *Roll, Jordon, Roll: The World the Slaves Made* (New York: Random House, 1972).

39 Olaudah Equiano, *The Interesting Narrative of the Life of Olaudah Equiano, Or Gustavus Vassa, the African*, various editions.

40 Solomon Northup, *12 Years a Slave* (New York: Penguin Books, 2012).

41 關於中國的北方國界，參見Jonathan Schlesinger, *A World Trimmed in Fur: Wild Things, Pristine Places, and the Natural Fringes of Qing* (Stanford, CA: Stanford University Press, 2017), chap. 4.

42 史學史角度的概論，參見Parker, *Global Crisis*, xv–xx, xxi–xxix, 710–13.

43 Parker, *Global Crisis*, chap. 13.

44 Parker, *Global Crisis*, chaps. 5–12.

45 Charles Tilly, *Coercion, Capital, and European States, A.D. 990–1990* (Oxford: Basil Blackwell, 1990), 176–77.

46 Tilly, *Coercion, Capital, and European States*, 38–43. Tilly在一九九〇年時說歐洲有二十五到二十八個國家，這是一九九一年蘇聯解體前的數字。

47 關於英國及其美洲殖民地的人民主權觀念發展，具啟發性的歷史描述可參見Edmund S. Morgan, *Inventing the People: The Rise of Popular Sovereignty in England and America* (New York: W. W. Norton, 1988).

48 Tilly, *Coercion, Capital, and European States*, 47–54. 根據Tilly的說法，周圍地區與這些城市的距離遠近，導致形成三種不同類型的歐洲國家。富裕的城市有能力自己花錢僱請傭兵軍團（「資本密集」型的國家形成方式）；遠離城市與資本的統治者要依靠農村貴族動員的軍隊來建立國家（「高壓統治密集」型）；而城市若有附屬的鄉村地區，就使用前述兩者的混合方式。Tilly認為最後一種形式以英國及法國為代表，證實在競爭激烈的歐洲國家體系中是最成功的一種。

49 關於《航海法案》，見John J. McCusker and Russell R. Menard, *The Economy of British America, 1607–1789* (Chapel Hill: University of North Carolina

Press, 1985), 46–50.

50 Prasannan Parthasarathi, *Why Europe Grew Rich and Asia Did Not: Global Economic Divergence, 1600–1850* (New York: Cambridge University Press, 2011), chap. 5. 更多關於英國的細節，見Brooke, *Climate Change and the Course of Global History*, 451–66.

51 引自Geoffrey Parker, "The Emergence of Modern Finance in Europe, 1500–1730," in *The Fontana Economic History of Europe*, vol. 2, ed. Carlo M. Cipolla (Glasgow: William Collins Sons, 1974), 530.

52 「〔西班牙國王〕腓力二世的軍隊所需的武器，大多不能在西班牙半島取得。他多次試圖建立工廠以生產槍炮和其他必需品，但一直沒有成功。在西班牙看來，恰恰是那君主的意志無法到達的地方，才能成為經濟活動和武器生產的中心……舉例來說，鄰近西屬尼德蘭但不受西班牙統治的列日采邑主教區就成為荷蘭的戰爭軍備生產中心，同時為西班牙與荷蘭兩方軍隊提供它們所需的大量物資。」William McNeill, *The Pursuit of Power: Technology, Armed Force, and Society since A.D. 1000* (Chicago: University of Chicago Press, 1982), 113.

53 Werner Sombart, 引用於Braudel, *Civilization and Capitalism*, vol. 2, 545.

54 參見Fred Anderson, *Crucible of War* (New York: Alfred A. Knopf, 2000)，該書針對這些事件與華盛頓扮演的角色有精采敘述。

55 E. J. Hobsbawm說：「該世紀〔十八世紀〕戰爭頻仍所取得的成就，大於有史以來任何一個國家〔比如英國〕曾經取得的成就：海外殖民地與全球海軍勢力幾乎全部由歐洲列強壟斷。」引自Andre Gunder Frank, *World Accumulation, 1492- 1789* (New York: Monthly Review Press, 1978), 237.

第四章　工業革命及其後果，一七五〇至一八五〇年

1 中國人早在兩千年前的漢朝就曾經將煤當作燃料使用，而一千多年前宋朝的中國人與十六世紀的英國倫敦居民則同樣因為木柴供應枯竭而改用煤。中國的部分參見Robert B. Marks, *China: An Environmental History* (Lanham, MD: Rowman & Littlefield, 2017), 158–62. 英國的部分參見John L. Brooke, *Climate Change and the Course of Global History: A Rough Journey* (New York: Cambridge University Press, 2014), 459–66. 亦可參考Jack A. Goldstone, "Efflorescences and Economic Growth in World History: Rethinking the 'Rise of the West' and the Industrial Revolution," *Journal of World History* 13, no. 2 (2002): 323–89.

2 就和反對用「農業革命」一詞一樣，也有人反對用「革命」來描述工業化歷程。我認為這個現象的效應確實具有革命性，而且用法存在已久，所以我繼續在本書使用「工業革命」一詞。關於這個用法的爭議，見E. A. Wrigley, *Continuity, Chance, and Change: The Character of the Industrial Revolution in England* (Cambridge: Cambridge University Press, 1988), chap. 1.

3 詳盡而清晰的分析參見Prasannan Parthasarathi, *Why Europe Grew Rich and Asia Did Not: Global Economic Divergence, 1600–1850* (New York: Cambridge University Press, 2011), esp. chaps. 4–5.

4 引自Prasannan Parthasarathi, "Rethinking Wages and Competitiveness in the Eighteenth Century: Britain and South India," *Past and Present* 158 (February 1998): 79.

5 Parthasarathi, "Rethinking Wages and Competitiveness."

6 關於消費者的愛好如何創造進口需求的詳細情況，見Carole Shammas, *The Pre-Industrial Consumer in England and America* (Oxford: Oxford University Press, 1990).

7 Parthasarathi, "Rethinking Wages and Competitiveness," 79.

8 「在這些保護性的壁壘之下，英國棉紡織業者利用進口的原料（棉花）進行試驗，設法模仿並超越印度產品。這樣的國家介入手段直到十九世紀都經常出現在英國決策中。」Parthasarathi, *Why Europe Grew Rich*, 145.

9 Geoffrey Parker, "Europe and the Wider World, 1500–1750: The Military Balance," in *The Political Economy of Merchant Empires: State Power and World Trade 1350– 1750*, ed. James D. Tracy (Cambridge: Cambridge University Press, 1991), 179–80.

10 Parker, "Europe and the Wider World," 180.

11 首先明確提出奴隸制度與全球資本主義興起過程密不可分的學者是Eric Williams, *Capitalism and Slavery* (Chapel Hill: University of North Carolina Press, 1994 [1944]). 近來從美國的角度闡述這一觀點的是Edward E. Baptist, *The Half That Has Never Been Told: Slavery and the Making of American Capitalism* (New York: Basic Books, 2014).

12 John J. McCusker and Russell R. Menard, *The Economy of British America, 1607– 1789* (Chapel Hill: University of North Carolina Press, 1985), 46–49, 77, 161.

13 Parthasarathi, *Why Europe Grew Rich*, 90.

14 McCusker and Menard, *The Economy of British America*, 121.

15 一八三〇年代，蘭開夏地區將四億磅的原棉紡成紗線。「然而這是在生產過程中所用能源沒有太大變化的情況下做到的。」(Parthasarathi, *Why Europe Grew Rich*, 153–54).

16 Jan DeVries, "The Industrial Revolution and the Industrious Revolution," *Journal of Economic History* 54 (1994): 249–70.

17 有關論述和評論，見Kenneth Pomeranz, *The Great Divergence: China, Europe, and the Making of the Modern World Economy* (Princeton, NJ: Princeton University Press, 2000), 40–41.

18 文化因素也經常被加入這個解釋中，尤其是韋伯的「新教倫理」論述。簡而言之，韋伯主張新教中很獨特的一支，即喀爾文主義，向其信徒灌輸了一套教導人要誠實、勤奮、節儉、理性思考與努力生產的信仰。這些只存在於部分歐洲西北部人身上的文化特質——韋伯所謂的「新教倫理」——引導信徒成為第一批資本主義者及工業領袖。他的「證據」有一部分來自對中國和印度的宗教進行檢視（在*The Religion of China: Confucianism and Taoism*以及*The Religion of India: The Sociology of Hinduism and Buddhism*這兩部著作中），顯示那兩套信仰都不包含與他所謂「新教倫理與資本主義精神」相似的內容，所以中國和印度沒有發展出資本主義。韋伯的這些著作都對比較宗教史做了很有意思的探索，但我認為還有更好的解釋能說明工業革命，一如本章的討論。與我意見相反、支持韋伯論點的說法，參見David S. Landes, *The Wealth and Poverty of Nations: Why Some Are So Rich and Some So Poor* (New York: W. W. Norton, 1998), esp. 174–79.

19 引自Robert B. Marks, *Tigers, Rice, Silk, and Silt: Environment and Economy in Late Imperial South China* (Cambridge: Cambridge University Press, 1998), 284–85.

20 James Z. Lee and Wang Feng, *One Quarter of Humanity: Malthusian Mythology and Chinese Realities* (Cambridge, MA: Harvard University Press, 1999), 105.

21 James L. Brooke主張，十九世紀中期的中國處於馬爾薩斯所說的人口過剩危機中。見*Climate Change and the Course of Global History*, 472–75. 中國在十八世紀出現「人口爆炸」的說法頗受質疑，見F. W. Mote, *Imperial China 900–1800* (Cambridge, MA: Harvard University Press, 1999), 743–49, 903–7.

22 見Marks, *Tigers, Rice, Silk, and Silt*; Peter Perdue, *Exhausting the Earth: State and Peasant in Hunan, 1500–1850* (Cambridge, MA: Harvard University Press, 1987); Anne Osborne, "The Local Politics of Land Reclamation in the Lower Yangzi Highlands," *Late Imperial China* 15, no. 1 (June 1994): 1–46.

23 中國農業生態的概論，參見Marks, *China*, esp. chap. 6, "Environmental Degradation in Modern China, 1800–1949."

24 Carol Shiue and Wolfgang Heller, "Markets in China and Europe on the Eve of the Industrial Revolution," *American Economic Review* 97, no. 4 (September 2007): 1189–1216.

25 Pierre-Etienne Will and R. Bin Wong, *Nourish the People: The State Civilian Granary System in China, 1650–1850* (Ann Arbor: University of Michigan Press, 1992).

26 見Marks, *Tigers, Rice, Silk, and Silt*, chap. 8.

27 Pomeranz, *Great Divergence*, chap. 2.

28 概論參見Marks, *China*, 195, 231–32.

29 我們所稱的「工業革命」為什麼最先發生在英國某個地區，關於這件事的歷史與知識問題向來是許多學術調查與討論的主題。關於以新方式去思考「為何是英國，而不是中國」的深入討論，參見Jack A. Goldstone, "Efflorescences and Economic Growth in World History: Rethinking the 'Rise of the West' and the Industrial Revolution," *Journal of World History* 13, no. 2 (2002): 323–89.

30 Pomeranz, *Great Divergence*, 242-43.

31 Francesca Bray, *Technology and Gender: Fabrics of Power in Late Imperial China* (Berkeley: University of California Press, 1997); Jack Goldstone, "Gender, Work, and Culture: Why the Industrial Revolution Came Early to England but Late to China," *Sociological Perspectives* 39, no. 1 (1996): 1–21; Pomeranz, *Great Divergence*, 249–50.

32 這個小標題出自Perdue, *Exhausting the Earth*. See also Robert B. Marks, " 'Exhausting the Earth': Environment and History in the Early Modern World," in *The Cambridge World History*, ed. Jerry H. Bentley, Sanjay Subrahmanyam, and Merry E. Wiesner-Hanks (Cambridge: Cambridge University Press, 2015).

33 John F. Richards, *The Unending Earth: An Environmental History of the Early Modern World* (Berkeley: University of California Press, 2003).

34 根據James L. Brooke的說法，「農業與土地開墾是重要的暖化因素。清除森林通常是透過焚燒，而森林遭清除後的土地會排放大量二氧化碳，每年的犁地整土也一樣。農業也會排放大量的甲烷到大氣中，途徑之一是牛隻的消化系統，之二是稻田：稻田基本上就是人工溼地，也是天然甲烷的釋放來源之一。」(*Climate Change and the Course of World History*, 477).

35 Tamara L. Whited et al., *Northern Europe: An Environmental History* (Santa Barbara, CA: ABC-CLIO, 2005), 80.

36 Anne Osborne, "Highlands and Lowlands: Economic and Ecological Interactions in the Lower Yangzi Region under the Qing," in *Sediments of Time: Environment and Society in Chinese History*, ed. Mark Elvin and Ts'ui-jung Liu (New York: Cambridge University Press, 1998), 203–34.

37 Conrad Totman, *The Green Archipelago: Forestry in Preindustrial Japan* (Berkeley: University of California Press, 1989).

38 Parthasarathi, *Why Europe Grew Rich*, 181–82.

39 Robert B. Marks, "Explanations of Species Extinction in Europe and China," in *Alan Karras and Laura Mitchell*, eds., *Encounters Old and New in World History: Essays Celebrating and Inspired by Jerry Bentley* (Honolulu: University of Hawaii Press, 2017), 121–35.

40 Parthasarathi, *Why Europe Grew Rich*, 161.

41 E. J. Hobsbawm, *The Age of Revolution, 1789–1848* (New York: New American Library, 1964), 51.

42 Parthasarathi, *Why Europe Grew Rich*, 151. 這個現象的成因受到激烈爭論：是英國引起的，還是有其他原因？這些爭論的簡短概述，見Pomeranz, *Great Divergence*, 294.

43 Brooke, *Climate Change and the Course of Global History*, 464–65.
44 Pomeranz, *Great Divergence*, chap. 6.
45 Parthasarathi, *Why Europe Grew Rich*, 155.
46 除了Brooke與Parthasarathi的著作，也請參見E. J. Hobsbawm較早期的分析：*Industry and Empire* (New York: Penguin, 1968), chap. 2.
47 James L. Brooke將此視為「十七世紀英國能源革命」的一部分(*Climate Change and the Course of Global History*, 459–66).
48 Parthasarathi, *Why Europe Grew Rich*, 157–62. 關於中國北宋時期（九六〇至一一二六年）蓬勃發展的鐵、煤工業為何原本似乎有可能發展成第一波工業革命，超前英國數百年，早期有一篇精采的論述，見Robert Hartwell, "A Revolution in the Chinese Iron and Coal Industries during the Northern Sung [Song], 960–1126 A.D.," *Journal of Asian Studies* 21, no. 2 (1962): 153–62.
49 Hobsbawm, *Age of Revolution*, 63–65.
50 見Andre Gunder Frank, *ReOrient: Global Economy in the Asian Age* (Berkeley: University of California Press, 1998), 297–317.
51 E. A. Wrigley, *Continuity, Chance, and Change: The Character of the Industrial Revolution in England* (Cambridge: Cambridge University Press, 1988), 54–55; Pomeranz, *Great Divergence*, 59–60.
52 Pomeranz, *Great Divergence*, 274–76.
53 Parthasarathi, *Why Europe Grew Rich*, 164–70.
54 Parthasarathi, *Why Europe Grew Rich*, 170–75. See also R. Bin Wong, *China Transformed: Historical Change and the Limits of European Historical Experience* (Ithaca, NY: Cornell University Press, 1999).
55 David Landes闡述了這個論點，見*The Unbound Prometheus: Technological Change and Industrial Development in Western Europe from 1750 to the Present* (Cambridge: Cambridge University Press, 1969), esp. 61, 104.
56 Lissa Roberts and Simon Schaffer, as discussed in Parthasarathi, *Why Europe Grew Rich*, 219–22.
57 關於這些議題的出色討論，見Frank, *ReOrient*, 185–95，以及Pomeranz, *Great Divergence*, 43–68. John M. Hobson的探討更加深入，他認為幾乎所有的現代科學與技術，以及其他文化產物都源自亞洲，並且從那裡傳播到歐洲。見*The Eastern Origins of Western Civilization* (Cambridge: Cambridge University Press, 2004).
58 Dennis O. Flynn and Arturo Giraldez對白銀流向亞洲的方式提出了不同看法，見"Cycles of Silver: Global Economic Unity through the Mid-18th Century," *Journal of World History* 13, no. 2 (Fall 2002): 391–427. Flynn和Giraldez認為並不是對茶的需求導致英國人以白銀購買茶，他們主張中國對白銀的需求使得白銀在當地的價格升高——比黃金還有價值，也比在歐洲還高。中國的問題在於如何向英國人「購買」白銀，結果發現茶是最理想的商品。從這個角度來看，是中國人讓英國人愛上喝茶，在英國激起了對這種溫和興奮劑的需求，並藉此收到流入中國經濟的白銀。
59 Sidney W. Mintz, *Sweetness and Power: The Place of Sugar in Modern History* (New York: Viking Press, 1985), 112–13.
60 Frederick Wakeman Jr., *The Fall of Imperial China* (New York: Free Press, 1975), 123.
61 這封信的完整內容，見Harley Farnsworth MacNair, *Modern Chinese History: Selected Readings* (Shanghai: Commercial Press, 1923), 2–9.
62 當時有一個非常複雜的三角貿易體系，參與者不僅有英國東印度公司的商人，也有印度和蘇格蘭的民間貿易商；這個體系將原棉運到中國，在中國購買茶，然後在倫敦銷售。見Wakeman, *Fall of Imperial China*, 123–25. 此外，英國東印度公司還發明了可以兌換的紙幣，使股票持有人在倫敦就可以獲得收益回報，這種情況可能已經開始減低了用真正在世界上流動的白銀進行結算的重要性。然而英國政府繼續採取措施，表現得好像白銀外流真的是一個隱患。

63 W. D. Bernhard, *Narrative of the Voyages and Services of the Nemesis, from 1840 to 1843; and of the Combined Naval and Military Operations in China*, vol. 1 (London: Henry Colburn, 1844), 4.

64 見Daniel Headrick, *The Tools of Empire: Technology and European Imperialism in the Nineteenth Century* (New York: Oxford University Press, 1981).

65 William H. Roberts, *Civil War Ironclads: The U.S. Navy and Industrial Mobilization* (Baltimore, MD: Johns Hopkins University Press, 2007), 9–12. 感謝Astra Yatroussis提供此見解與來源。

66 Louis Dermigny, quoted in Parker, "Europe and the Wider World," 184.

67 「人類世」一詞最早是在二〇〇二年由荷蘭大氣化學家Paul J. Crutzen提出的（他在一九九五年與F. Sherwood Rowland以及Mario J. Molina因為發現「臭氧洞」而共同獲頒諾貝爾化學獎）。地質學家提出了一份地球演化史的年表（宙、代、紀），並且闡述區分每個年代的地質標準，例如侏羅紀（一百五十萬到兩百萬年前）。地球現在處於地質時期第四紀中年代最晚的部分，稱為「全新世」，開始於大約一萬五千年前，也就是上一次的冰期結束之後。一萬年前到四千年前農業出現，開啟了所謂的「文明」歷史，而這段歷史是在全新世相對有利的氣候條件下發展出來的。Crutzen認為，兩個世紀前、亦即一八〇〇年左右開始的工業革命所產生的二氧化碳與甲烷排放，開啟了一個由人類行為造成、而非自然所創造的新地質時代；他稱這個地質時代為「人類世」。此後其他學者都接受了Crutzen的觀念，但是對人類世開始的時間有所爭議。William Ruddiman主張人類世是在大約六千年前隨著定耕農業，以及農耕排放二氧化碳和甲烷就開始了；J. R. McNeill等人則認為人類世其實是到了一九五〇年左右才和二戰後時期一起展開的。人類世的開始應該定於何時的相關論述及論據，見Will Steffen, Paul T. Crutzen, and John R. McNeill, "The Anthropocene: Are Humans Now Overwhelming the Great Forces of Nature?," *Ambio* 36, no. 8 (December 2007): 614–21, and Will Steffen, Jacques Grinevald, Paul Crutzen, and John McNeill, "The Anthropocene: Conceptual and Historical Perspectives," *Philosophical Transactions of the Royal Society A* 369 (2011): 842–67.

68 中國宋朝（九六〇至一二七九年）的「中古工業革命」就是一例。此外，Jack A. Goldstone用「勃興」(efflorescences）的概念來描述某些時期與地點；那些時期與地點的條件和開啟工業革命的主要條件相似，最後卻沒有導致像英國那樣的工業突破。他具體檢視十七世紀的荷蘭、十二到十三世紀的歐洲西北部，以及十八世紀的中國清朝，判斷十八世紀後期與十九世紀早期的英國與這些例子最主要的差異在於發展出蒸汽機。Jack A. Goldstone, "Efflorescences and Economic Growth in World History: Rethinking 'the Rise of the West' and the Industrial Revolution," *Journal of World History* 13, no. 2 (Fall 2002): 323–89.

69 得出這一結論的理由和論據，見Pomeranz, *Great Divergence*.《大分流》論述的精簡版本，見Kenneth Pomeranz, "Two Worlds of Trade, Two Worlds of Empire: European State-Making and Industrialization in a Chinese Mirror," in *States and Sovereignty in the Global Economy*, ed. David A. Smith, Dorothy J. Solinger, and Steven C. Topik (London: Routledge, 1999), 74–98.《大分流》論述的相關評論，見P. H. H. Vries, "Are Coal and Colonies Really Crucial? Kenneth Pomeranz and the Great Divergence," *Journal of World History* 12 (Fall 2001): 407–46. 在*Why Europe Grew Rich and Asia Did Not*中，Prasannan Parthasarathi在彭慕然的見解中加入了全球競爭的觀點、不同的生態環境，以及政府所扮演的獨特角色。

第五章　差距

1 GDP（國內生產毛額）是一個經濟體中，所有商品及服務的總產值，通常以國家為單位。

2 Fernand Braudel, *Civilization and Capitalism, 15th–18th Century*, vol. 2, *The Wheels of Commerce*, trans. Sian Reynolds (New York: Harper and Row,

1982), 134.

3 Braudel, *Civilization and Capitalism*, vol. 2, 134.

4 二戰之後，第一世界的美國（及其歐洲盟國）與第二世界的蘇聯冷戰，「第三世界」一詞就是在這個脈絡下出現的，用以說明一條有別於美國與俄國的發展路線，而印度、埃及、印尼等「發展中」但仍很貧窮的國家逐漸被稱為第三世界。到了一九七〇年代，更窮困的地方開始被視為第四世界，尤其是非洲。所有這些術語都反映了現代世界財富與權力的分配，並且決定了現代世界的樣貌。

5 內陸省分雲南種植鴉片一事與十九世紀後期的一次淋巴腺鼠疫情爆發有關，詳見Carol Benedict, *Bubonic Plague in Nineteenth-Century China* (Stanford, CA: Stanford University Press, 1996).

6 Carl A. Trocki, *Opium, Empire, and the Global Political Economy: A Study of the Asian Opium Trade, 1750–1950* (London: Routledge, 1999), 126.

7 見Edward R. Slack Jr., *Opium, State, and Society: China's Narco-Economy and the Guomindang, 1924–1937* (Honolulu: University of Hawaii Press, 2001).

8 近期的例子參見David Clinginsmith and Jeffrey G. Williamson, "India's Deindustrialization in the 18th and 19th Centuries," August 2005, http://www.tcd.ie/Eco nomics/staff/orourkek/Istanbul/JGWGEHNIndianDeind.pdf.

9 印度棉紡織業的興衰過程（至少在孟加拉），見Debendra Bijoy Mitra, *The Cotton Weavers of Bengal, 1757–1833* (Kolcata: Temple Press, 1978), 98.

10 S. Ambirajan, *Classical Political Economy and British Policy in India* (Cambridge: Cambridge University Press, 1987), 54–55.

11 Trocki, *Opium, Empire, and the Global Political Economy*, xiii, 8–9.

12 Jack A. Goldstone, "Efflorescences and Economic Growth in World History: Rethinking 'the Rise of the West' and the Industrial Revolution," *Journal of World History* 13, no. 2 (Fall 2002): 336.

13 David Harvey, *Paris, Capital of Modernity* (New York: Taylor & Francis, 2006). 謝謝Alicia Pennypacker惠賜洞見和資料。

14 Brian DeLay, *War of a Thousand Deserts: Indian Raids and the U.S.-Mexican War* (New Haven, CT: Yale University Press, 2008).

15 Benjamin Madley, *An American Genocide: The United States and the California Indian Catastrophe* (New Haven, CT: Yale University Press, 2017). McNeill對美墨戰爭有精采的解釋，將這場戰爭置於環境的脈絡下來檢視，見J. R. McNeill, *Mosquito Empires: Ecology and War in the Greater Caribbean, 1620–1914* (New York: Cambridge University Press, 2010), 287–95.

16 Sergei Witte, "An Economic Policy for the Empire," in *Readings in Russian Civilization*, 2nd ed., vol. 2, ed. Thomas Riha (Chicago: University of Chicago Press, 1969), 419. 假使俄國沒有在一戰中被德國打敗，假使一九一七年布爾什維克革命沒有成功，那麼維特的計畫很有可能按他所設想的方式改變俄國。但事實是，西歐的資本主義國家和美國斷絕了對蘇聯的貸款和其他形式的直接外國投資，而維特的計畫需要依賴這些因素才能將俄國工業化。於是，蘇聯不得不開闢一條新的道路，自一九二〇年代後期開始實施一系列的「五年計畫」，其中工業投資所需的資金是從不久前才集體化的農業勉強榨取出來的。雖然蘇聯徵收城市與鄉村的私有財產、廢除自由市場，並且因而建立起由共產主義官僚控制的「計畫經濟」，工業成長程度卻相當驚人，尤其是重工業，而且一直成長到俄國捲入二戰。

17 A. J. H. Latham, *The International Economy and the Underdeveloped World, 1865– 1914* (London: Routledge, 1978), 175: "China's large trade deficit [caused by opium] in these years was an important feature of the international economy."

18 本段和後面兩段的引述與資料來源是Anthony N. Penna, *The Human Footprint: A Global Environmental History* (Malden, MA: Wiley-Blackwell, 2010), 181–87, 193–95. 全世界有數百個實例，從十九世紀前期到現今都有，因為現在地球上汙染最嚴重的地方就是工業化速度最快的地方，特別是中國與印度。

19 Gregory T. Cushman, *Guano and the Opening of the Pacific World: A Global Ecological History* (New York: Cambridge University Press, 2013).

20 中國的部分，參見Robert B. Marks, *China: An Environmental History* (Lanham, MD: Rowman & Littlefield, 2017)頁177–83「被建造的環境：城市與垃圾」(The Built Environment: Cities and Waste）一節。對日本體系的描述，參見"Fecal Matters: A Prolegomenon to Shit in Japan"這篇尚未發表的文章，由哈佛大學歷史系的David L. Howell熱心提供。

21 關於水肥在中國、日本、印度及西歐的使用情形，有一篇相當傑出的比較分析，其內容也考量到本書討論的那些較大的歷史議題，見Dean T. Ferguson, "Nightsoil and the 'Great Divergence': Human Waste, the Urban Economy, and Economic Productivity, 1500–1900," *Journal of Global History* 9 (2014): 379–402.

22 Hugh S. Gorman, *The Story of N: A Social History of the Nitrogen Cycle and the Challenge of Sustainability* (New Brunswick, NJ: Rutgers University Press, 2013), 64–69.

23 John L. Brooke, *Climate Change and the Course of Global History* (New York: Cambridge University Press, 2014), 479, 488.

24 Adam Hochschild, *King Leopold's Ghost: A Story of Greed, Terror, and Heroism in Colonial Africa* (Boston: Houghton Mifflin Harcourt, 1998).

25 日本的情況參見Mikiso Hane, Peasants, *Rebels, Women, and Outcastes: The Underside of Modern Japan* (Lanham, MD: Rowman & Littlefield, 2003).

26 美國的情況參見Jeremy Brecher, *Strike* (San Francisco: Straight Arrow Books, 1972).

27 Karl Marx and Friedrich Engels, *The Communist Manifesto* (New York: Washington Square Press, 1964), 57–59, 78–79.

28 本節討論的兩種遷徙的相關地圖，見Russell King et al., *The Atlas of Human Migration: Global Patterns of People on the Move* (Oxon, UK: Earthscan, an imprint of Taylor & Francis, 2010), esp. pp. 26–37.

29 其他關於歐洲人移民到美洲的故事，參見Eliot Dickinson, *Globalization and Migration: A World in Motion* (Lanham, MD: Rowman & Littlefield, 2017), 30–38.

30 Dickinson, *Globalization and Migration*, 39.

31 本節的依據主要是Adam McKeown, "Global Migration, 1846– 1940," *Journal of World History* 15, no. 2 (June 2004): 155–89; 引文依序出自pp. 166, 171, 173, and 175.

32 Trevor R. Getz and Liz Clarke, *Abina and the Important Men: A Graphic History* (New York: Oxford University Press, 2012). 這段圖像化歷史故事的基礎是一八七六年一場審判的文字紀錄，內容是一名女性成為奴隸（儘管她是被用非法手段強迫為奴），生產棕櫚油供出口到歐洲並用於當地工業製程的經歷。感謝Kelsey Sherman與我分享這個資料。

33 這個定義是基於E. J. Hobsbawm, *Nations and Nationalism since 1780*, 2nd ed. (Cambridge: Cambridge University Press, 1992), 80.

34 Ernest Gellner, *Nations and Nationalism* (Ithaca, NY: Cornell University Press, 1983), esp. chaps. 1 and 7.

35 簡短討論請參見Lynn Hunt, *Writing History in the Global Era* (New York: W. W. Norton, 2014), 1–11.

36 見Joyce Appleby, Lynn Hunt, and Margaret Jacob, *Telling the Truth about History* (New York: W. W. Norton, 1994), chaps. 2 and 3.

37 Hobsbawm, *Nations and Nationalism*, 88.

38 Madley, *An American Genocide*.

39 舉例來說，參見Brian Bond, ed., *Victorian Military Campaigns* (New York: Frederick A. Praeger, 1967).

40 這個精采的故事見Hochschild, *King Leopold's Ghost*.

41 引用於Daniel Headrick, *The Tools of Empire: Technology and European Imperialism in the Nineteenth Century* (New York: Oxford University Press, 1981), 118.

42 這句話或許捕捉到了當時非洲與歐洲之間的勢力平衡，但是總體來說，歐洲與其他地區、尤其是和那些以游擊戰術抵抗歐洲軍隊的地方之間，勢力差距卻在縮小，而且會在二十世紀完全消失。英國軍隊在十八世紀末時可以擊敗規模為自身六到七倍的印度軍隊，到了十九世紀前期卻只能擊敗兩倍規模的。最後，到了一八四〇年代，英國軍隊的規模必須和印度軍隊相同，再加上火力優勢，才能擊敗對方。顯然，後來的第三世界人民很快就學會了使用最先進的歐洲武器來排除歐洲的科技優勢。到了一九五〇與一九六〇年代，法國和美國都在越南學到同樣的教訓，那就是遭到占領、一心尋求獨立的人民能夠有效利用游擊戰術讓最進步的軍隊陷入困境。要擊敗那種動員人力，需要用上游擊兵多四到五倍的兵力才行。一九六〇年代後期，情勢已經很明顯，美國民間不會同意把兵力從五十萬逐步增加到數百萬。由於那些軍事與政治現實，美國在越南戰敗便成為定局。關於歐洲軍隊在非洲與亞洲的軍事優勢逐漸縮小一事，見Philip D. Curtin, *The World and the West: The European Challenge and the Overseas Response in the Age of Empire* (Cambridge: Cambridge University Press, 2000), chap. 2.

43 就像摩洛哥的一小部分保持獨立一樣，由返回的美洲奴隸建立的西非國家利比亞也保持獨立。

44 C. A. Bayly, *Indian Society and the Making of the British Empire* (Cambridge: Cambridge University Press, 1988), 138–39.

45 Warren Dean, *With Broadax and Firebrand: The Destruction of the Brazilian Atlantic Forest* (Berkeley: University of California Press, 1995), 181.

46 Richard H. Grove, *Green Imperialism: Colonial Expansion, Tropical Island Edens and the Origins of Environmentalism, 1600–1860* (Cambridge: Cambridge University Press, 1995), chaps. 5 and 6.

47 全球森林除伐的故事，見Michael Williams, *Deforesting the Earth: From Prehistory to Global Crisis* (Chicago: University of Chicago Press, 2003).

48 Brooke, *Climate Change and the Course of Global History*, 498.

49 Mike Davis, *Late Victorian Holocausts: El Niño Famines and the Making of the Third World* (London: Verso Press, 2001).

50 請特別參見Michael Adas, *Machines as the Measure of Men: Science, Technology, and Ideologies of Western Dominance* (Ithaca, NY: Cornell University Press, 1989).

51 引用於Eugen Weber, *A Modern History of Europe: Men, Cultures, and Societies from the Renaissance to the Present* (New York: W. W. Norton, 1971), 1001.

52 對於種族主義在促使歐洲人征服陌生地區上所扮演的角色，相關探討參見John M. Hobson, *The Eastern Origins of Western Civilization* (Cambridge: Cambridge University Press, 2004), chap. 10.

第六章　大轉向

1 這個觀點出自John M. Hobson, *The Eastern Origins of Western Civilization* (Cambridge: Cambridge University Press, 2004), chap 10.

2 Vaclav Smil稱這段時期為「協同增效時期」(the Age of Synergy)，見See *Creating the Twentieth Century: Technical Innovations of 1867–1914 and Their Lasting Impact* (Oxford: Oxford University Press, 2005).

3 Eric Hobsbawm, *The Age of Extremes: A History of the World, 1914–1991* (New York: Pantheon, 1996), 12.

4 在Eliot Dickinson的論述中，全球北方包含歐洲與北美洲那些富裕的工業化國家，而全球南方則是非洲、亞洲、拉丁美洲與中東的貧窮國家。Eliot Dickinson, *Globalization and Migration* (Lanham, MD: Rowman & Littlefield, 2017), 17.

5 除去特別標注之處，這段講述氮與合成氨重要性的精采故事引自Vaclav Smil, *Enriching the Earth: Fritz Haber, Carl Bosch, and the Transformation of World Food Production* (Cambridge, MA: MIT Press, 2001). 詳盡闡述與延伸說明參見Hugh S. Gorman, *The Story of N: A Social History of the Nitrogen Cycle and the Challenge of Sustainability* (New Brunswick, NJ: Rutgers University Press, 2013).

6 一九九五年，Timothy McVeigh以一枚用氮肥與煤油製作的炸彈炸毀了奧克拉荷馬市的默拉聯邦大樓。

7 若要從生產農用兼軍用化學品的角度來看這段關係，參見Edmund Russell, *War and Nature: Fighting Humans and Insects with Chemicals from World War I to Silent Spring* (New York: Cambridge University Press, 2001).

8 Gregory T. Cushman, *Guano and the Opening of the Pacific World: A Global Ecological History* (New York: Cambridge University Press, 2013).

9 相關探討參見Hannah Ritchie, "How Many People Does Synthetic Fertilizer Feed?," *Our World in Data*, November 7, 2017, https://ourworldindata.org/how-many-people-does-synthetic-fertilizer-feed.

10 Vaclav Smil, *Enriching the Earth: Fritz Haber, Carl Bosch, and the Transformation of World Food Production* (Cambridge, MA: The MIT Press, 2004).

11 如果世界人口真如人口學家所預測的那樣，會在二〇五〇年左右達到大約九十億的顛峰，那麼二十世紀的人口成長就會是有史以來規模最大的一次，在世界歷史上獨樹一幟。參見William McNeill, "Demography and Urbanization," in *The Oxford History of the Twentieth Century*, ed. Michael Howard and Wm. Roger Louis, 10–21 (New York: Oxford University Press, 1998). 人口學家預測到時候人口會穩定下來，是因為隨著社會都市化及工業化，社會上的人口也會經歷「人口轉型」，家庭規模會縮小，家中小孩的人數大約是替代雙親所需的二．一個。

12 一戰的頭三年「主要是靠農業資源在打」，而不是靠工業資源。C. A. Bayly, *The Birth of the Modern World, 1780–1914* (Oxford: Blackwell, 2004), 455.

13 Hobsbawm, *Age of Extremes*, 97–98.

14 Thomas Piketty, *Capital in the Twenty-First Century* (Cambridge, MA: Belknap Press, 2014), 146–49.

15 Daniel Immerwahr, *How to Hide an Empire: A History of the Greater United States* (New York: Farrar, Straus and Giroux, 2019), 10–11, 17.

16 Immerwahr, *How to Hide an Empire*, 262–77.

17 Immerwahr, *How to Hide an Empire*, 14. 反抗美國支配的運動有時候會演變成血腥事件，例如在菲律賓，而國家對其領地的獨斷決策也相當複雜，完整細節參見part II: "The Pointillist Empire," chaps. 13–22.

18 日本的「大東亞共榮圈」本來很有可能將歐洲及美國逐出亞洲，改以日本作為這個體系的工業核心，而亞洲其他地區仍要供應糧食與原料給日本。

19 一九四七年印巴分治時，巴基斯坦被分割成東、西兩個部分。政府所在的西巴基斯坦忽視冷落東巴基斯坦數十年，導致東巴基斯坦反叛，並於一九七一年建立孟加拉這個新國家。

20 這個說法出自Eric Hobsbawm, *The Age of Empire, 1875–1914* (New York: Pantheon, 1987).

21 日本在位於朝鮮和滿州的殖民地強化工業發展，一方面是因為當地容易取得煤、鐵礦及石油，另一方面是因為這兩塊殖民地距離日本很近，比較易於直接治理。而一八九五年從中國取得的臺灣則被規劃成生產稻米與蔗糖的農業殖民地。

22 針對「核子冬天」這個概念與人類滅絕相關問題的探討，見Jonathan Schell, *The Fate of the Earth* (New York: Alfred A. Knopf, 1982).

23 Paul Kennedy在*The Rise and Fall of the Great Powers: Economic Change and Military Conflict from 1500 to 2000* (New York: Random House, 1987)清楚說明，經濟生產力與軍事力量之間的那種關係，過去五百年來一直存在。

24 蘇聯的環境史，參見Paul Josephson et al., *The Environmental History of Russia* (New York: Cambridge University Press, 2013)，以及Douglas Weiner的創新研究：*Models of Nature* (Pittsburgh, PA: University of Pittsburgh Press, 2000)和*A Little Corner of Freedom* (Berkeley: University of California

Press, 2002).

25 出自Judith Shapiro, *Mao's War on Nature: Politics and the Environment in Revolutionary China* (New York: Cambridge University Press, 2001).

26 探討中國環境問題的論著相當多。概論可參見Robert B. Marks, *China: An Environmental History* (Lanham, MD: Rowman & Littlefield, 2017)第七章，以及Judith Shapiro, *China's Environmental Challenges* (Malden, MA: Polity Press, 2012).

27 接下來的描述許多是源自David Reynolds, *One World Divisible: A Global History since 1945* (New York: W. W. Norton, 2000), chap. 5.

28 Vince Beiser, "Concrete Is the Stuff Civilization Is Made of. But for All Its Blessings, There Are Huge Environmental Costs," *Los Angeles Times*, June 17, 2018.

29 見Smil, *Creating the Twentieth Century*, chap. 2, "The Age of Electricity."

30 Herbert Marcuse, *One-Dimensional Man* (Boston: Beacon, 1964).

31 這兩個詞出自J. R. McNeill, *Something New under the Sun* (New York: W. W. Norton, 2000), 296–97.

32 對汽車、石油與環境的擴大探討，參見McNeill, *Something New under the Sun*, esp. chap. 7.

33 見Hobson, *Eastern Origins of Western Civilization*, chap. 11.

34 二十世紀後期的「東亞崛起」是一個包含中國與日本的區域性現象，對「四小龍」的任一國而言也都是很獨特的經驗。參見Giovanni Arrighi, Mark Selden, and Takeshi Hamashita, eds., *The Resurgence of East Asia: 500, 150 and 50 Year Perspectives* (New York: Routledge, 2003)，特別是引言與第七章。

35 與本節談到的遷徙有關的地圖，見Russell King et al., *The Atlas of Human Migration: Global Patterns of People on the Move* (Oxon, UK: Earthscan, an imprint of Taylor & Francis, 2010)，尤其是第二部分"A World in Flux: Contemporary Global Migration Patterns," and part three, "The Age of Migration: Hybrid Identities of Human Mobility."

36 Dickinson, *Globalization and Migration*, 116–17. 關於世界劃分成全球北方與全球南方的討論，見pp. 17–18, and chaps 3–4.

37 這些估計數字的兩個主要來源為Zbigniew Brzezinski, *Out of Control: Global Turmoil on the Eve of the Twenty-First Century* (New York: Touchstone, 1993); 以及Matthew White, *Historical Atlas of the Twentieth Century* [electronic resource], https:// trove.nla.gov.au/work/29888341. 亦可參照"Necrometrics: Estimated Totals for the Entire 20th Century," http://necrometrics.com/all20c.htm.

38 Adam McKeown, "Global Migration, 1846–1940," *Journal of World History* 15, no. 2 (2004): 184.

39 這個現象與其他移民相關議題的討論，參見Joyce P. Kaufman, *Introduction to International Relations*, 2nd ed. (Lanham, MD: Rowman & Littlefield, 2018), 238–49.

40 Shapiro, *China's Environmental Challenges*, 44–45.

41 Peter Jay, *The Wealth of Man* (New York: Public Affairs, 2000), 246–47.

42 Hobsbawm, *Age of Extremes*, 363.

43 二〇〇一年時，在撒哈拉以南非洲的大部分地區，半數以上的兒童沒有接受初等學校教育，每一千個嬰兒中有一百人死亡，一半的人口每天生活花費低於一美元。這些統計資料也呈現了印度、巴基斯坦、東南亞與中國許多人民的生活狀況。一篇關於中國農村的報導，深刻描繪了這些數字對日常生活造成的影響。中國農村有數億人缺乏健康保險或者無法到政府補助的醫療院所就醫。由於付不出二十五到六十美分的就醫費用，人民只能在家中痛苦地死去：「每年都有數億中國農村居民……面臨健康與貧窮的衝突，他們知道自己如果治病，就會缺錢結婚、念書，有時候也買不起食物。」該篇報導請見"Wealth Grows, but Health Care Withers in China," *New York Times*, January 14, 2006, A1, A7.

44 見World Bank, "Heavily Indebted Poor Countries," http://web.worldbank.org/WBSITE/EXTERNAL/TOPICS/EXTDEBTDEPT/0,,contentMDK:20260049~menuPK:64166739~pagePK:64166689~piPK:64166646~theSitePK:469043,00.htm.

45 二〇〇一年，國際社會通過了「千禧年發展目標」，其中一個目標是在二〇一五年之前讓赤貧的人數減半（赤貧的定義是一天的收入低於一美元）；見http://www.un.org/millenniumgoals.

46 Dana Cordell, Jan-Olof Drangert, and Stuart White, "The Story of Phosphorus: Global Food Security and Food for Thought," *Global Environmental Change* 19, no. 2 (2009): 294.

47 見"Promises, Promises," editorial, *New York Times*, August 22, 2005, A16.

48 見"U.S.-Africa Leaders Summit," White House, http://www.whitehouse.gov/us-africa-leaders-summit.

49 本節的討論基礎是Thomas Piketty, *Capital in the Twenty-First Century*, Arthur Goldhammer trans. (Cambridge, MA: Harvard University Press, 2014), esp. part 3, "The Structure of Inequality," 237–467.

50 關於Piketty著作重要性的討論，參見Jo Guldi and David Armitage, *The History Manifesto* (Cambridge, UK: Cambridge University Press, 2014), 79–81.

51 S&P Capital IQ, Global Credit Portal, Economic Research, "How Increasing Income Inequality Is Dampening U.S. Economic Growth, and Possible Ways to Change the Tide," August 5, 2014, https://www.globalcreditportal.com/ratingsdirect/renderArticle.do?articleId=1351366&SctArtId.

52 Hobsbawm, *Age of Extremes*.

53 Francis Fukuyama, *The End of History and the Last Man* (New York: Free Press, 1992).

54 Samuel Huntington, *The Clash of Civilizations and the Remaking of the TwentiethCentury World Order* (New York: W. W. Norton, 2000).

55 然而，如同Jamal Nassar的告誡，「恐怖分子」的歸類非常含糊：這個稱呼是遭到這些人攻擊的國家定下的，而在遭到剝奪、追求主權的人來眼中，他們很可能是自由鬥士。Nassar審視了最近這一輪「反恐戰爭」是如何，以及為什麼變得與全球化進程與激進伊斯蘭主義密不可分，見*Globalization and Terrorism: The Migration of Dreams and Nightmares* (Lanham, MD: Rowman & Littlefield, 2005).

56 這個關於現代世界體系的論點，最早是由華勒斯坦做出簡練而有力的描述，見他的突破性著作*The Modern World-System: Capitalist Agriculture and the Origins of the European World-Economy in the Sixteenth Century* (New York: Academic Press, 1974).

57 見Herman E. Daly, "The Perils of Free Trade," *Scientific American* (November 1993): 50–57.

58 Michael Hardt and Antonio Negri, *Empire* (Cambridge, MA: Harvard University Press, 2000).

59 最近一次呼籲是在二〇一八年十二月二十六日訪視駐伊拉克美軍的時候："US Won't Be World's 'Policeman,' Trump Says during Surprise Visit to Iraq," *Straits Times*, December 27, 2018, https://www.straitstimes.com/world/united-states/in-a-first-trump-makes-surprise-visit-to-us-troops-in-iraq.

60 各時期能源使用情形與變遷的相關討論，參見Vaclav Smil, *Energy Transitions: History, Requirements, Prospects* (Santa Barbara, CA: Praeger, 2010).

61 去疆界化的概念最早是在一九七〇年代從法國社會理論與哲學界發展出來的，被用在許多學派和脈絡中，以說明各種社會、政治與文化現象。全球化與資本的跨國流動使領土型民族國家的管控能力受到懷疑，而去疆界化的討論主要就集中在這方面。一些理論家進一步主張去疆界化之後就是再疆界化，那些遭到去疆界化國家的人民會被併入一塊更大的、或者不同的領土，那不是他們的民族國家，而是另一種模糊且具有威脅性的全球性領土。這裡我使用了本節稍後由歷史學家Lynn Hunt提出的常識性定義。對這個概念較早期的探討與應用，參見Gearo'id O' Tuathail and Timothy W. Luke, "Present at the (Dis)integration: Deterritorialization and Reterritorialization in the New Wor(l)d Order," *Annals of the Association of American Geographers* 84, no. 3 (1994): 381–98.

62 不同時間點與觀點的討論，見Joseph E. Stiglitz, *Globalization and Its Discontents Revisited: Anti-Globalization in the Era of Trump* (New York: W. W. Norton, 2018), and J. Ann Tickner, *Gendering World Politics: Issues and Approaches in the Post–Cold War Era* (New York: Columbia University Press, 2001).

63 David Harvey, *A Brief History of Neoliberalism* (Oxford: Oxford University Press, 2005).

64 G8 Delegations and Documents 2001, Genoa, Italy, http://www.g8.utoronto.ca/summit/2001genoa. 原始的G7成員國是加拿大、法國、德國、義大利、日本、英國，以及美國。俄羅斯在一九九八年受邀加入G7，所以該集團現在有時被稱為「G8」，或者「G7及俄羅斯」。

65 Lynn Hunt, *Writing History in the Global Era* (New York: W. W. Norton, 2014), 54–55. Hunt對去疆界化的討論是引述Jan Aart Scholte, *Globalization: A Critical Introduction* (Hampshire, UK: Palgrave Macmillan, 2000).

66 European Union, "The History of the European Union," https://europa.eu/euro pean-union/about-eu/history_en.

67 引用於Dickinson, *Globalization and Migration*, 109.

68 引用於Eleanor Busby, "Merkel Appears to Take Aim at Trump with Vow to Take on More Responsibility in World," *Independent*, January 1, 2018, https://www.inde pendent.co.uk/news/world/europe/angela-merkel-trump-germany-chancellor-new-year-speech-us-president-rebuke-a8706416.html.

69 Mitchell Learner, "The Trump Presidency Marks the End of the American Century," *Washington Post*, September 3, 2018; Kori Schake, "The Trump Doctrine Is Winning and the World Is Losing," *The New York Times Sunday Review*, June 17, 2018.

70 厄瓜多的經驗顯示，這個策略對中國或者對向中國借貸巨額資金來建設基礎設施的國家，可能都不會有好的成效。見Nicholas Casey and Clifford Krauss, "It Doesn't Matter If Ecuador Can Afford This Dam. China Still Gets Paid," *New York Times*, December 24, 2018.

71 James Dobbins, "The Global Order Will Outlast U.S. Leadership," *Wall Street Journal*, July 24, 2018.

72 Michael Pillsbury, *The Hundred-Year Marathon: China's Secret Strategy to Replace America as the Global Superpower* (New York: St. Martin's Press, 2016).

73 「大轉向」(The Great Departure）一詞是仿效Karl Polanyi的*Great Transformation: The Political and Economic Origins of Our Time* (Boston: Beacon Press, 1957)，以及Kenneth Pomeranz的*The Great Divergence: China, Europe, and the Making of the Modern World Economy* (Princeton, NJ: Princeton University Press, 2000)這兩本書。

74 本節內容大部分是根據McNeill, *Something New under the Sun*.

75 Daly, "Perils of Free Trade," 56.

76 關於人類世的影響，若想參考比此處樂觀的預測，請見Diane Ackerman, *The Human Age: The World Shaped by Us* (New York: W. W. Norton, 2014).

77 J. R. McNeill and Peter Engelke, *The Great Acceleration: An Environmental History of the Anthropocene since 1945* (Cambridge, MA: Harvard University Press, 2014). 亦可參見Will Stefan et al., "The Trajectory of the Anthropocene: The Great Acceleration," *Anthropocene Review* 2, no. 1 (2015): 81–98.

78 Millennium Ecosystem Assessment, *Ecosystems and Human Well-Being: Synthesis* (Washington, DC: Island Press, 2005), 1.

79 J. D. Edixhoven, J. Gupta, and H. H. G. Savenije, "Recent Revisions of Phosphate Rock Reserves and Resources: A Critique," *Earth System Dynamics* 5,

no. 2 (2014): 491– 507.

80 James Elser and Elena Bennett, "A Broken Biogeochemical Cycle," *Nature* 478 (October 2011): 29–31.

81 Gorman, *Story of N*, 102–7, 111, 125, 132–47. 關於戰後環境改善措施更廣泛的討論，見Brooks, *Climate Change and the Course of Global History: A Rough Journey* (Cambridge: Cambridge University Press, 2014), 543–46.

82 Johan Rockström et al., "A Safe Operating Space for Humanity," *Nature* 461 (September 2009): 472–75; Stockholm Resilience Center, "The Nine Planetary Boundaries," https://www.stockholmresilience.org/research/planetary-boundaries/planetary-boundaries/about-the-research/the-nine-planetary-boundaries.html.

83 Cordell et al., "The Story of Phosphorus," 300.

84 Smil, *Enriching the Earth*, chap. 7.

85 William Ruddiman認為，農業所排放的甲烷早在公元前五〇〇〇年就開始影響全球氣候，並且可能阻止了自然氣候循環引領地球進入另一個冰期。參見Plows, *Plagues, and Petroleum: How Humans Took Control of Climate* (Princeton, NJ: Princeton University Press, 2010), esp. part 3 and "Afterword to the Princeton Science Library Edition," 195–214.

86 Brooke, *Climate Change and the Course of Global History*, 547–48. Brooke在該書頁548–52也說明了溫室氣體增多與全球氣溫上升之間的因果關係為什麼比單純的一對一關係更加複雜。

87 簡短討論參見Marks, *China: An Environmental History*, 360–62.

88 UNFCCC (United Nations Framework Convention on Climate Change), "Katowice Climate Change Conference, 2–14 December 2018," https://unfccc.int. COP24是「第二十四次締約國大會」(Conference of the Parties 24）的縮略。

89 The Center for Biological Diversity, "The Extinction Crisis," https://www.biologi caldiversity.org/programs/biodiversity/elements_of_biodiversity/extinction_crisis. See also Elizabeth Kolbert, *The Sixth Extinction: An Unnatural History* (New York: Henry Holt, 2014).

90 WWF (World Wildlife Fund), M. Grooten and R. E. A. Almonds, eds., *Living Planet Report 2018: Aiming Higher* (Gland, Switzerland: WWF, 2018).

91 Peter Wohlleben, *The Hidden Life of Trees: What They Feel, How They Communicate*, trans. Jane Billinghurst (Vancouver, BC: David Suzuki Institute, 2016).

92 Richard Powers最近出版的小說*The Overstory* (New York: W. W. Norton, 2018)有這樣的情節。

93 Michael Williams, *Deforesting the Earth: From Prehistory to Global Crisis* (Chicago: University of Chicago Press, 2003), 420.

94 Ruddiman, Plows, *Plagues, and Petroleum*, 149.

95 Brooke, *Climate Change and the Course of Global History*, 529–30.

96 R. McLellan, L. Iyengar, B. Jeffries, and N. Oerlemans, eds., *Living Planet Report 2014: Species and Spaces, People and Places* (Gland, Switzerland: World Wide Fund for Nature [WWF], 2014).

97 概論參見Elizabeth Kolbert, *The Sixth Extinction: An Unnatural History* (New York: Henry Holt, 2014).

98 以下兩本著作都引用了復活節島的警世故事：Clive Ponting, *A Green History of the World: The Environment and the Collapse of Great Civilizations* (New York: Penguin, 1993)以及David Christian, *The Maps of Time: An Introduction to Big History* (Berkeley: University of California Press, 2004). Jared Diamond則在*Collapse: How Societies Choose to Fail or Succeed* (New York: Viking, 2005)中探討文明的毀滅。

99 這些問題非常複雜，而我們對未來唯一確知的就是：未來無法預測。然而，社會與自然科學家模擬了四種不同的情境，以檢測可能會有的壓力與後果。相關探討參見Bert de Vries and Johan Goudsblom, eds., *Mappae Mundi: Humans and Their Habitats in a Long-Term Socio-Ecological Perspective; Myths, Maps, and Models*, 2nd ed. (Amsterdam: Amsterdam University Press, 2003), chap. 8. See also Ruddiman, *Plows, Plagues, and Petroleum*, chap. 19, "Consuming Earth's Gifts," 190–94.

100 關於這個論點，用詞犀利的詳細探討參見Naomi Klein, *This Changes Everything: Capitalism vs. the Climate* (New York: Simon & Schuster, 2014).

101 見Klein, This Changes Everything; 較早期的論述可參見Herman E. Daly and John B. Cobb Jr., *For the Common Good: Redirecting the Economy toward Community, the Environment, and a Sustainable Future*, 2nd ed. (Boston: Beacon, 1994), esp. chap. 11.

102 Hobsbawm在*Age of Extremes*裡提出了這個說法。

103 Bruce Cumings有一篇很有啟發性的論文，討論中國與美國相對戰略力量，使人對「中國崛起」並取代美國全球地位的敘事產生懷疑。見Bruce Cumings, "The 'Rise of China'?," in *Radicalism, Revolution, and Reform in Modern China: Essays in Honor of Maurice Meisner*, ed. Catherine Lynch, Robert B. Marks, and Paul G. Pickowicz, 185–207 (Lanham, MD: Lexington Books, 2011).

104 Francis Fukuyama, "Exporting the Chinese Model," Project Syndicate, https:// www.project-syndicate.org/onpoint/china-one-belt-one-road-strategy-by-francis-fukuyama-2016-01. 另可見Pillsbury, *The Hundred-Year Marathon*.

105 Peter Perdue最先使用這句話來描述帝制晚期的中國，見*Exhausting the Earth: State and Peasant in Hunan, 1500–1850* (Cambridge, MA: Harvard University Press, 1987).

結語　改變、延續，以及未來的樣貌

1 Paul Kennedy, *The Rise and Fall of the Great Powers: Economic Change and Military Conflict from 1500 to 2000* (New York: Random House, 1987).

2 Graham Allison, "The Thucydides Trap: Are the U.S. and China Headed for War?" *Atlantic*, September 24, 2015, https://www.theatlantic.com/international/archive/2015/09/united-states-china-war-thucydides-trap/406756. 他的完整說法與證據，見Graham Allison, *Destined for War: Can America and China Escape Thucydides's Trap?* (Boston: Houghton Mifflin Harcourt, 2017).

3 在一戰結束一百週年的紀念儀式上，法國總統馬克宏對六十名世界領袖警告民族主義對世界和平與穩定的危險。這些世界領袖包含美國總統川普、俄國總統普丁，以及其他在自己國內煽動民族主義的領導人。新聞界把馬克宏的演說描述為對這些領導人的「斥責」。David Nalamura, Seung Min Kim, and James McAuley, "Macron Denounces Nationalism as a 'Betrayal of Patriotism' in Rebuke to Trump at WWI Remembrance," *Washington Post*, November 12, 2018. 亦可參見Noah Bierman, "Trump Walks Alone as Macron Rips into Nationalism," *Los Angeles Times*, November 12, 2018.

4 中國共產黨領導人毛澤東在一九五〇年代提出「人定勝天」的口號。參見Robert B. Marks, *China: An Environmental History* (Lanham, MD: Rowman & Littlefield, 2017), 313–15.

5 一九七〇年代對於這一思想的表述，見Keep America Beautiful組織於第二屆世界地球日，亦即一九七一年四月二十二日在電視上播出的公益廣告"Crying Indian", https://www.youtube.com/watch?v=j7OHG7tHrNM.

6 Crispin Tickell, "Societal Responses to the Anthropocene," *Philosophical Transactions of the Royal Society A* 369 (2011): 926–32.

7 見兩篇Dennis O. Flynn與Arturo Giraldez撰寫的文章"Path Dependence, Time Lags, and the Birth of Globalization: A Critique of O'Rourke and

Williamson," *European Review of Economic History* 8 (2004): 83; 以及"Born Again: Globalization's Sixteenth-Century Origins (Asian/Global versus European Dynamics)," *Pacific Economic Review* 13 (2008): 359–87. 我使用了他們對全球化的定義，但是也有人質疑這個觀念。有些人認為這種研究方法沒有考量到全球經濟進程。反之，他們強調案例研究，關注消費者喜好如何創造出以咖啡、巧克力、蔗糖等原料製成的商品，以及能夠凸顯跨國商人網絡越過文化界線的案例。Lynn Hunt稱前者為「由上而下」的全球化研究方法，後者則是「由下而上」。她認為這兩者沒有優劣之分，而兩種方法長期累積的研究結果可能有助我們對全球化有更全面的理解，亦即她所謂的「替代典範」(alternative paradigm)。相關探討參見Lynn Hunt, *Writing History in the Global Age* (New York: W. W. Norton, 2014), 44–77. 讀者會發現，我很關注人如何經歷、引導以及改變造成全球化的力量。

8 請特別參見Michael Pillsbury, *The Hundred-Year Marathon: China's Secret Strategy to Replace America as the Global Superpower* (New York: St. Martin's Press, 2015). 根據他對中國軍事文件的研讀與對中國官員做的專訪，Pillsbury認為中國計畫崛起成為世界霸權已經有一段時間，而現在則有了一套實現該願景的戰略規畫。

9 引用於Jo Guldi and David Armitage, *The History Manifesto* (Cambridge, UK: Cambridge University Press, 2014), 14.

Summit
春山之巔
O16

現代世界六百年：15-21世紀的全球史與環境史新敘事

The Origins of the Modern World: A Global and Environmental Narrative from the Fifteenth to the Twenty-First Century

作　　者　馬立博（Robert B. Marks）
譯　　者　向淑容
總 編 輯　莊瑞琳
責任編輯　盧意寧
行銷企畫　甘彩蓉
美術設計　廖韡
內文排版　丸同連合 Un-Toned Studio
法律顧問　鵬耀法律事務所戴智權律師

出　　版　春山出版有限公司
地　　址　11670 臺北市文山區羅斯福路六段297號10樓
電　　話　02-29318171
傳　　真　02-86638233

總 經 銷　時報文化出版企業股份有限公司
地　　址　33343 桃園市龜山區萬壽路二段351號
電　　話　02-23066842

製　　版　瑞豐電腦製版印刷股份有限公司
印　　刷　搖籃本文化事業有限公司
初版一刷　2022年7月
初版二刷　2024年6月
定　　價　550元

填寫本書線上回函

春山出版
Email　SpringHillPublishing@gmail.com
Facebook　www.facebook.com/springhillpublishing/

國家圖書館預行編目資料

現代世界六百年：15-21世紀的全球史與環境史新敘事/馬立博（Robert B. Marks）作；向淑容譯—初版—臺北市：春山出版有限公司，2022.07
面；　公分—(春山之巔；16)
譯自：The origins of the modern world : a global and environmental narrative from the fifteenth to the twenty-first century
ISBN 978-626-96129-0-1(平裝)

1.CST: 世界史　2.CST: 近代史　3.CST: 文明史
12.4　　　111008264

World as a Perspective

世界作為一種視野